ŒUVRES COMPLÈTES

DE

DUCLOS.

ON TROUVE AUSSI CET OUVRAGE

Chez DEBRAY, libraire, rue St.-Honoré, barrière des Sergens.

MONGIE, libraire, cour des Fontaines, n.º 1.

DELAUNAY, libraire, Palais du Tribunat, galeries de bois, n.º 243.

RENOUARD, libraire, rue St-André-des-Arcs.

BOSSANGE, BESSON et MASSON, libraires, rue de Tournon.

TREUTTEL et WURTZ, libraires, rue de Lille.

LEVRAULT et SCHOEL, libraires, rue de Seine, hôtel de La Rochefoucault.

B. Roger sc.

Charles Pinot
DUCLOS,
de l'Académie Françoise;
Né en 1705, Mort en 1772.

ŒUVRES COMPLÈTES

DE

DUCLOS,

Historiographe de France, Secrétaire perpétuel de l'Académie françoise, Membre de celle des Inscriptions et Belles-Lettres;

Recueillies *pour la première fois*, revues et corrigées sur les manuscrits de l'auteur, précédées d'une notice historique et littéraire, ornées de six portraits,

Et dans lesquelles se trouvent plusieurs écrits inédits, notamment des *Mémoires* sur sa vie, des *Considérations sur le goût*, des *Fragmens historiques* qui devoient faire partie des MÉMOIRES SECRETS, etc., etc.

TOME PREMIER.

IMPRIMERIE DE FAIN ET COMPAGNIE.

A PARIS,

Chez COLNET, libraire, au coin de la rue du Bac et du quai Voltaire.
Et FAIN, imprimeur, rue St.-Hyacinthe, n.° 25.

M. DCCC. VI.

NOTICE
SUR DUCLOS.

Duclos avoit entrepris d'écrire les *Mémoires* de sa vie. Ce travail, commencé peu de temps avant sa mort, n'a pas été achevé : il ne contient que l'histoire de son enfance et de sa première jeunesse. Ce précieux fragment, dont on ignoroit l'existence, est placé au commencement du dixième et dernier volume de cette collection. Nous y renvoyons le lecteur, pour tout ce qui concerne Duclos jusqu'à son entrée dans le monde. Pourquoi faut-il qu'il n'ait pas eu le temps de tracer lui-même le période le plus long et le plus important de sa vie, celui où répandu dans la meilleure société et jouant un grand rôle dans la littérature, il avoit des relations journalières et intimes avec les personnages du dernier siècle les plus distingués par la naissance, l'esprit ou les talens? Avec quel intérêt n'auroit-on pas parcouru cette vaste galerie de portraits, faits par un peintre dont le coup d'œil étoit si juste et si pénétrant, le pinceau si ferme et si vrai, la manière si franche et si originale! Avec toute la liberté du genre, toute celle de sa plume et de son caractère, que d'anecdotes curieuses, que de réflexions piquantes l'historien des mœurs du dix-huitième siècle n'auroit-il pas semées dans une pareille narration! Ce que nous en avons, procure un trop grand plaisir pour ne pas causer aussi de grands regrets.

Nous n'avons certainement point la prétention de continuer les *Mémoires* de Duclos; mais il nous paroît convenable de donner quelques détails sur sa vie, son caractère et ses écrits, à la tête de l'édition complète de ses œuvres. Nous pouvons affirmer qu'à défaut de tout autre mérite, notre notice aura du moins celui de ne contenir que des faits de la plus exacte vérité. Ils nous ont tous été fournis ou confirmés par un homme respectable qui a été, pendant plus de quarante ans, l'ami intime de Duclos, qui l'a vu mourir dans ses bras, qui a été le dépositaire et l'exécuteur de ses dernières volontés, et qui nous a permis de le prendre à témoin de la fidélité du récit qu'on va lire (*).

Nous commençons ce récit où Duclos a laissé le sien, c'est-à-dire à l'époque où, son honnêteté naturelle l'emportant sur l'ardeur de ses sens, il s'éloigna sans retour de certains personnages encore moins délicats sur l'article des devoirs que sur celui des plaisirs, pour se procurer des sociétés et des jouissances plus choisies. Son goût pour la littérature, entretenu jusque-là par des lectures assez suivies, lui fit rechercher la fréquentation des beaux-esprits et des savans qui brilloient alors, tels que La Motte, Saurin, Maupertuis, Fréret, Terrasson, Du Marsais, Boindin, La Faye et autres. Mais il ne les voyoit guère que dans les lieux publics et notamment dans deux cafés célèbres entre lesquels ils se partageoient. Il se lia plus étroitement avec quelques jeunes gens, de familles nobles, amis des lettres qu'ils n'osoient cultiver ouvertement, mais partisans très-déclarés du plaisir. Telle étoit la société de MM. de Maurepas, de Pont-de-Veyle, de Caylus, de Surgères, de Voisenon, etc. Ces messieurs avoient admis à leurs réunions un petit nombre d'autres jeunes gens, de familles bourgeoises, qui devoient un jour figurer plus ou moins honorablement dans la littérature, et parmi lesquels on distinguoit alors, à cause de leur gaîté, Collé et Crébillon fils. On faisoit des couplets qui couroient la ville; des parades qui se jouoient dans les sallons et quelquefois même *en plein vent;* enfin de petits écrits en prose, presque toujours plus libres que plaisans, dont on donnoit la collection au public. *Le Recueil de ces Messieurs* est un des ouvrages de cette société, qui en a composé beaucoup d'autres du même genre. Ce *Recueil* est terminé par une critique des différens opuscules qu'il renferme, et cette critique est attribuée à Duclos, dont on y reconnoît tout à fait la tournure d'idées et d'expressions. Sans vouloir lui faire un honneur dont il peut très-bien se passer, nous dirons que ce morceau

(*) Cet ami intime de Duclos est M. Abeille, autrefois inspecteur général des manufactures de France, maintenant membre du conseil général de commerce établi près du ministère de l'intérieur. Il est auteur d'un grand nombre d'écrits sur l'administration commerciale, qui, composés d'après la demande des ministres, sont restés ensevelis dans leurs archives. Il n'a manqué à M. Abeille, pour avoir une grande fortune et une grande réputation, que moins de désintéressement et de modestie.

est sans contredit le meilleur du volume, qui n'est guère qu'un ramas de sottises et de gravelures. On aura peine à concevoir comment Duclos, d'un esprit sage et réglé dans ses écrits, pouvoit prendre quelque goût à ces ridicules productions que d'Alembert appelle justement *une crapule plutôt qu'une débauche d'esprit*. Mais il étoit jeune alors, naturellement gai, comme l'attestent ceux de ses ouvrages où la gravité n'est pas de rigueur; enfin il n'étoit point de ceux qui se rendent difficiles sur la manière de s'amuser (*).

Il paya assez cher le plaisir qu'il put trouver dans la société de *ces messieurs*. Ceux-ci, comme nous l'avons déjà fait entendre, auroient cru déroger aux bienséances du rang, s'ils eussent donné des ouvrages au public sous leur nom. Mais l'amour-propre littéraire, d'autant plus vif en eux qu'il étoit plus gêné par ces prétendues convenances, imaginoit toutes sortes d'expédiens pour se satisfaire. Ils commandoient à quelques écrivains qui avoient plus de talent que de fortune et de réputation, des romans et sur-tout des pièces de théâtre, qu'ils ne corrigeoient point assez pour les gâter tout à fait, mais auxquels ils faisoient assez de changemens pour que la vanité finît par leur persuader à eux-mêmes que l'ouvrage tenoit d'eux tout ce qu'il avoit de bon, et qu'en conséquence ils en étoient les véritables auteurs. Celui qui l'étoit réellement, payé de son travail avec plus ou moins de générosité et de délicatesse, n'osoit les démentir; l'ouvrage se donnoit anonyme; en cas de succès, on répandoit discrètement le bruit qu'il étoit d'un grand seigneur dont on ne confioit le nom qu'à l'amitié, et qui vouloit rester inconnu; et le secret étoit recommandé tant de fois, que la chose devenoit entièrement publique. Tel étoit le manége qu'on employoit ordinairement; mais Duclos n'étoit pas homme à s'y prêter : on s'y prit avec lui d'une autre manière. Soit qu'il ne connût pas encore ses forces, soit qu'il fût entraîné par l'exemple de la frivolité, soit enfin qu'il crût devoir préluder, par des compositions légères, à des ouvrages plus graves, Duclos avoit fait successivement trois romans : la

(*) Un exemple prouvera avec quelle facilité il se laissoit aller à un genre de gaîté qui n'étoit pas tout à fait le sien. Collé avoit fait une parade fort plaisante, intitulée, à ce que nous croyons, *Léandre Hongre*. Duclos, voulant exprimer son admiration pour ce chef-d'œuvre, dit à Collé, en style même de tréteaux : *Léandre Hongre est le Cidre de la parade, et tu en es la Corneille*.

Baronne de Luz, les *Confessions du comte de* ***, et *Acajou*. Ce dernier, comme on sait, étoit une espèce de pari; M. le comte de Tessin, ministre de Suède en France, et qui étoit à Paris de la société de *ces messieurs*, avoit composé un petit roman de féerie intitulé : *Jaunillane* ou *l'Infante jaune*, et il avoit fait graver, d'après les dessins de Boucher, une douzaine d'estampes pour en décorer les exemplaires quand il seroit imprimé. Rappelé en Suède pour y être ministre d'état et gouverneur du prince royal, il emporta son manuscrit, et laissa les dessins et les planches à Boucher qui les montra à Duclos pour savoir ce qu'il en pourroit faire. MM. de Caylus, de Surgères, de Voisenon et autres, virent aussi ces estampes dont les sujets étoient bizarres et inintelligibles; on les regarda comme une espèce de problème dont il seroit piquant de trouver la solution. Chacun s'évertua à composer un conte dont les différentes situations pussent convenir aux gravures et les expliquer. Il y en eut quatre de faits ainsi : un par M. de Caylus, un par Duclos et deux par l'abbé de Voisenon. Celui de Duclos est le seul qui ait été connu du public : *Acajou* parut en 1744, avec les gravures, et la même année Favart le mit en opéra-comique (*). MM. de Caylus, de Voisenon et Duclos, ayant travaillé d'après la même donnée, bien que séparément et d'une manière différente, on en induisit apparemment que les deux premiers avoient contribué à l'ouvrage du troisième, ou même l'avoient fait en entier. On en avoit déjà dit autant, quoiqu'avec bien moins de vraisemblance encore, de *la Baronne de Luz* et des *Confessions du comte de* ***. On peut supposer, sans trop de malignité, que, si ceux à qui ces bruits profitoient n'en étoient pas les premiers auteurs, du moins ils ne faisoient pas d'efforts pour les détruire, ou n'en faisoient que de manière à les fortifier. Tout le monde sait que l'abbé de Voisenon se laissoit attribuer les plus jolis ouvrages de Favart, auxquels les siens prouvent qu'il n'a pas eu la moindre part; on sait encore que M. de Caylus mettoit sans cesse à contribution la plume de plusieurs gens de lettres et savans qui l'entouroient; et Collé, dans un manuscrit que nous avons sous les yeux, nous apprend que M. de Pont-de-Veyle, quoique mieux partagé

(*) On a donné, en 1759, une imitation d'*Acajou*, intitulée *Les Têtes folles*, qui passe pour une bagatelle assez ingénieuse.

peut-être que les deux autres du côté du vrai talent, ne se faisoit point scrupule de prendre à son compte des comédies dont un nommé Sallé étoit l'auteur. De quelque manière que *ces messieurs* se soient comportés envers Duclos, qu'ils se soient sourdement attribué ses écrits, ou qu'ils aient simplement permis que le public leur en fît honneur, il n'en est pas moins constant qu'on disputa long-temps à Duclos ses productions; que Fréron, répondant à son *Épitre dédicatoire d'Acajou*, au nom du public à qui elle étoit adressée, donna fort clairement à entendre qu'il n'étoit que le prête-nom de ses ouvrages (*); et qu'encore après sa mort, ce même Fréron inséra dans sa feuille un article tiré d'une gazette de Hollande, dans lequel on faisoit connoître les véritables auteurs des livres publiés sous son nom (**). Afin de rendre cette révélation plus piquante, on ne se bornoit pas à restituer en entier à une seule personne, chacun des romans qui avoient passé pour être de lui; on nommoit plusieurs coopérateurs pour un même ouvrage; on désignoit exactement le contingent que chacun d'eux y avoit fourni; et, pour que rien ne manquât à la singularité du fait, on faisoit entrer jusqu'à des femmes dans ces charitables associations dont le but étoit de mettre en réputation Duclos *à qui l'on vouloit du bien*. Tous ces détails avoient été communiqués à l'auteur de l'article par un homme d'esprit *qui les tenoit des auteurs eux-mêmes*. Ce que ceux-ci n'avoient pas revendiqué, pouvoit bien être de Duclos; on consentoit à le lui laisser. Quant à l'*Histoire de Louis XI*, elle n'étoit que la réduction de celle que M. l'abbé Legrand, commis des affaires étrangères, avoit composée autrefois et laissée en manuscrit à sa famille. Restoient les *Considérations sur les Mœurs* et les *Mémoires pour servir à l'histoire du dix-huitième siècle*. Ces ouvrages appartenoient réellement à Duclos; mais ils étoient si inférieurs aux premiers, qu'il en demeuroit d'autant mieux prouvé qu'il n'étoit que le père putatif de ceux-ci.

Nous avons rapporté ces absurdités parce qu'elles tiennent à l'histoire de Duclos et de ses ouvrages; mais nous croyons presque inutile de les réfuter. Du vivant de l'hom-

(*) Opuscules de M. F.... (Fréron), tom. I.er, pag. 66. et suiv.
(**) *Année littéraire* de 1773, n.º 5, lettre XV, pag. 339 et suiv.

me, la sottise crédule et maligne a pu accueillir avec complaisance ces contes ridicules forgés par l'envie; mais l'envie laisse-là sa victime dès qu'elle n'existe plus, et la sottise qui n'est presque jamais qu'un écho, cesse de répéter ce qu'on cesse de dire. Il y a trente-quatre ans que Duclos est mort; il n'en coûte plus de lui rendre justice, et chacun aujourd'hui se dira avec nous : Duclos a prouvé, par toute sa vie, qu'il étoit incapable de l'espèce de platitude qu'on lui impute; son amour-propre eût suffi pour l'en garantir. Les personnes qui composoient, dit-on, les livres qu'il publioit sous son nom, ne composoient seulement pas ceux qu'ils donnoient sous le leur; et quelques écrits réellement sortis de leurs plumes, témoignent à la fois et qu'on faisoit leurs ouvrages, et qu'ils ne faisoient pas ceux des autres. Quant à Duclos, tous ses écrits, comparés entre eux, offrent cet accord singulier d'idées, de style et de ton qui existoit entre ses écrits et sa conversation. C'est dans tous la manière vive et concise d'un moraliste ingénieux, accoutumé à convertir ses observations en résultats, et à présenter ceux-ci sous cette forme de saillie et de trait qui donne à des réflexions générales le piquant d'une épigramme personnelle. Cette identité, déjà si frappante dans la façon de voir et de montrer les objets, l'est encore bien davantage dans le mécanisme de la diction et l'arrangement même des mots. Elle a été poussée au point qu'elle n'a échappé à aucune classe de lecteurs, et est devenue la matière d'un reproche assez fondé. Mais il faut être conséquent : si l'on veut blâmer Duclos d'avoir tout écrit du même style, on doit lui accorder que tous ses ouvrages sont de lui.

En 1739, Duclos fut reçu à l'académie des inscriptions et belles-lettres. Il n'avoit alors que trente-quatre ans, et n'avoit encore publié aucun écrit, puisque la *Baronne de Luz*, qui est son premier ouvrage connu, a été imprimée, pour la première fois, en 1741. On peut être surpris que cette compagnie si distinguée ait ouvert ses portes à un homme qui n'avoit point fait ses preuves publiques. Cela ne peut s'expliquer que par la haute réputation d'esprit et de savoir qu'il s'étoit faite dans la société, et que firent valoir sans doute les grands seigneurs et les gens de lettres avec qui il étoit lié.

En 1747, l'académie françoise l'adopta en remplacement

de M. l'abbé Mongault; mais alors il avoit fait cette même *Baronne de Luz*, les *Confessions du comte de ****, *Acajou et Zirphile*, l'*Histoire de Louis XI*, et plusieurs *Mémoires* lus à l'académie des inscriptions. En 1755, Mirabaud, le traducteur du Tasse et de l'Arioste, se voyant forcé, par son grand âge, de donner sa démission de la place de secrétaire perpétuel de l'académie françoise, désira Duclos pour successeur. Duclos fut élu; mais il n'accepta qu'à condition que Mirabaud conserveroit, jusqu'à sa mort, le logement au Louvre et la pension qu'on lui avoit accordés pour le dédommager du double droit de présence qu'il avoit refusé de recevoir comme secrétaire.

En 1744, Duclos avoit reçu une distinction qui, pour un homme de son caractère, n'étoit sûrement pas moins flatteuse que tous les honneurs littéraires. Les habitans de Dinant, ses concitoyens, l'avoient nommé maire de leur ville, quoiqu'il eût fixé sa résidence à Paris. Quatre ans après, il fut, en cette qualité, député par le tiers-état aux états de Bretagne, et il s'acquitta de sa commission de la manière la plus distinguée. En 1750, il se démit de la charge de maire de Dinant; et la même année, en considération de son *Histoire de Louis XI*, le roi lui donna la place d'historiographe de France, vacante par la retraite de Voltaire en Prusse (*), et lui accorda les entrées de sa chambre. Ce même livre qui lui valoit alors un emploi et des honneurs, avoit été vivement censuré, à sa naissance, par un arrêt du conseil, comme *contenant plusieurs endroits contraires, non-seulement aux droits de la couronne sur différentes provinces du royaume, mais au respect avec lequel on doit parler de ce qui regarde la religion ou les règles des mœurs, et la conduite des principaux ministres de l'église*. Cet arrêt, qui est du 28 mars 1745, fait *très-expresses inhibitions et défenses* de réimprimer l'ouvrage avant que ces endroits aient été corrigés. Nous ne savons pas si Duclos a besoin d'être justifié sur la liberté avec laquelle il écrivit l'*Histoire de Louis XI*,

---

(*) Cette place valoit deux mille livres. La vérité nous oblige à dire que Duclos l'obtint par le crédit de madame de Pompadour, et que dans le temps on trouva injuste que M. de Foncemagne, qui la lui disputoit, ne lui eût pas été préféré. Collé, qui faisoit profession d'amitié et d'estime pour Duclos, rapporte ce fait dans son *Journal historique*, pag. 297.

et nous ne l'essairons pas. Nous nous bornerons à dire qu'il ne fit point les corrections exigées par l'arrêt du conseil (*), et que le gouvernement ne lui en sut pas plus mauvais gré, puisque, comme nous venons de le dire, ce même ouvrage le fit nommer historiographe de France, et qu'en 1755 il fut anobli sur la désignation et d'après le vœu unanime des états de Bretagne. Les lettres patentes rappellent également ses services politiques et ses succès littéraires (**).

Les véritables gens de lettres sont sédentaires par état, et presque toujours étrangers par goût aux affaires publiques. Le plus souvent leur histoire n'est que celle de leurs travaux et de quelques relations peu importantes, soit avec les autres gens de lettres, soit avec les gens du monde. De telles particularités peuvent prendre de l'intérêt sous leur plume, mais elles n'en ont point sous la plume d'un autre, fût-il beaucoup mieux informé qu'il ne peut ordinairement l'être. Aussi le cours assez long de la vie de Duclos ne nous offriroit-il plus rien à dire, si, par suite des plus nobles sentimens, il ne se fût trouvé comme engagé dans une affaire d'état dont il faillit d'être victime. On sait jusqu'à quel point les Bretons en général portent l'amour de leur pays et de leurs compatriotes. Autant qu'aucun d'eux, Duclos ressentit cette louable affection. Dès sa première jeunesse, il s'étoit lié étroitement avec M. de La Chalotais; et les voyages qu'il faisoit de temps en temps à Rennes com-

(*) Nous en avons la preuve dans une *dénonciation à l'académie françoise*, où sont relevés plusieurs passages prétendus répréhensibles dans le sens de l'arrêt du conseil, passages qui se trouvent tous et eu entier dans les dernières, comme dans les premières éditions de l'*Histoire de Louis XI*. L'auteur de ce pamphlet, qui n'est point *d'un état qui lui permette d'aspirer à l'honneur d'être de l'académie*, traite Duclos *d'ignorant*, qui n'est *ni bon chrétien, ni bon François*, et dont le style est *bien éloigné de la pureté académique*.

(**) C'est sans doute en vertu de cet anoblissement que plusieurs personnes, et notamment un des derniers éditeurs des *Considérations sur les Mœurs*, ont partagé en deux le nom de Duclos, faisant de la première syllabe de ce nom la particule nobiliaire *du*. Nous sommes certains que Duclos n'autorisa point ce changement par son exemple. Nous profitons de cette occasion pour dire qu'il se nommoit Charles Duclos Pinot, et non point *Dineau*, comme presque tous les biographes l'ont écrit, et qu'il étoit fils d'un fabricant de chapeaux, ce que lui-même ne dit pas dans ses *Mémoires*.

me député aux états, resserroient de plus en plus les liens de cette amitié. Le duc d'Aiguillon fut nommé commandant en chef pour le roi dans la province de Bretagne. Dès son arrivée, il conçut pour M. de La Chalotais, alors procureur général du parlement de Rennes, une haine des plus violentes. Les causes en sont si misérables qu'on refuseroit de les croire si nous les rapportions. Une circonstance bien connue vint mettre le comble à cette inimitié. En 1750, les Anglois firent une descente sur les côtes de Bretagne; la noblesse du pays les repoussa avec un courage qui lui fit beaucoup d'honneur. Le duc d'Aiguillon se tint, dit-on, renfermé dans un moulin pendant l'action, et nombre de gens prétendent que M. de La Chalotais dit à ce sujet : *Notre commandant s'est plus couvert de farine que de gloire*. Le propos, vrai ou faux, fut rapporté, et M. d'Aiguillon n'attendit plus que l'occasion de se venger. Elle se présenta, ou plutôt l'homme offensé et puissant la fit naître. Les détails de cette malheureuse affaire sont à la connoissance de tout le monde; et d'ailleurs ils ne sont point de notre sujet : nous n'en rappellerons que ce qui a directement rapport à Duclos. M. de La Chalotais fut exilé à Saintes. M. le duc de Duras qui avoit remplacé M. d'Aiguillon dans le commandement de la Bretagne, et qui portoit à M. de La Chalotais un intérêt où il entroit peut-être un peu de haine et de mépris pour son prédécesseur, fut chargé par la cour de faire tout ce qui seroit en son pouvoir pour appaiser la querelle. Il engagea donc Duclos à se rendre auprès du magistrat exilé, afin d'obtenir de lui qu'il sacrifiât certains Mémoires dont on savoit qu'il étoit occupé. M. de Duras fit les frais de ce voyage, que Duclos, qui connoissoit le courage opiniâtre de son ami, entreprit sans espoir de réussir dans sa négociation, et peut-être avec le secret désir d'y échouer. Il trouva M. de La Chalotais inébranlable comme il s'y étoit attendu, et bientôt après il revint à Paris (*). Cependant la persécution s'accrut : la perte

(*) C'est à tort que M. de La Harpe dit dans son *Cours de littérature*, tom. XV, pag. 273 et 274, que *Duclos fut envoyé en Bretagne par le gouvernement, pour tempérer les fougues tout au moins indiscrètes de ce pétulant parlementaire* (M. de La Chalotais), *et ouvrir la voie à l'indulgence que l'on vouloit avoir pour lui*. Ce n'est point par l'ordre du gouvernement, mais d'après l'invitation particulière de M. de Duras que Duclos fit ce voya-

de M. de La Chalotais étoit jurée. Il fut enfermé dans la citadelle de St.-Malo, et des commissaires furent nommés pour lui faire son procès. Duclos, habitué à s'exprimer librement sur tout ce qui paroissoit blesser l'ordre et l'équité, ne rabattit rien de sa franchise dans une occasion où la qualité d'ami lui en faisoit un devoir, en même temps qu'elle en augmentoit le danger. Quoiqu'il fût plus observé que de coutume, il s'expliquoit hautement et presque en public sur cette procédure inouie, où toutes les formes étoient violées, où l'on voyoit un chef de la justice traduit devant une commission, espèce de tribunal institué, non point pour juger, mais pour condamner, et qui ne s'acquitte ordinairement que trop bien de son odieux devoir. Calonne, l'un des commissaires, venoit de faire paroître un rapport contre l'accusé : on le vendoit aux Tuileries un dimanche, quoique la consigne de ce jardin fût alors très-sévère, et qu'il fût défendu d'y faire aucun commerce. Duclos s'y promenoit ce jour-là. Un de ses amis indigné vint lui dire : *Le croiriez-vous ? Ici, aux Tuileries, en plein jour, voilà cet infâme rapport qui se vend!.... Comme le juge*, répondit Duclos. Ses sarcasmes étoient d'autant plus redoutables pour les oppresseurs de M. de La Chalotais, qu'ils étoient plus spirituels et répétés par plus de bouches. On auroit bien voulu arrêter cette circulation de bons mots, en en mettant l'auteur à la Bastille ; mais la mesure n'eût peut-être pas été sans danger à l'égard d'un homme aussi répandu, aussi considéré, et dans un temps où les esprits étoient déjà révoltés de la conduite qu'on tenoit envers le procureur général du parlement de Rennes. Duclos étoit allé passer quelque temps en Bretagne : on se contenta de le rappeler à Paris, où sa présence étoit encore moins inquiétante que dans cette province, principal foyer du trouble qu'on vouloit étouffer. Ses amis, et entre autres M. de Duras, craignant qu'on ne poussât plus loin les précautions contre lui, lui conseillèrent de s'éloigner pour quelque temps de la France. Il avoit toujours

ge ; il n'alla point *en Bretagne*, mais à Saintes. Nous ne relevons que les erreurs de fait. Quant au ton inconsidéré et dénigrant avec lequel M. de La Harpe parle d'un homme qui a excité l'intérêt et l'admiration de toute la France, par ses malheurs et son courage ; un homme de lettres, compatriote de Duclos et de M. de La Chalotais, a déjà pris soin d'en venger la mémoire de celui-ci. (Voyez la *Revue littéraire*, troisième trimestre de l'an XIII, pag. 543).

eu envie de voir l'Italie. Il partit pour ce beau pays, le 16 mars 1766, et il en étoit revenu le 17 juin 1767. Ce voyage nous a valu un ouvrage charmant dont nous parlerons en son lieu (*).

Duclos avoit reçu, pendant son retour, la nouvelle de la mort de sa mère (**). Il ne lui survécut que cinq ans : il mourut à Paris le 26 mars 1772, âgé de soixante-huit ans, un mois et quatorze jours, étant né le 12 février 1704. Il fut peu de jours alité ; un journaliste dit dans le temps : « A la faveur de la brièveté de sa maladie, il s'est échappé » de ce monde sans bruit et sans scandale ». Cette phrase, que quelques gens ont trouvée bonne puisqu'ils l'ont répétée, n'est qu'une espèce de saillie sans vérité. Il sembleroit que Duclos s'est dépêché de mourir pour éluder les formalités religieuses. Ce qui est moins plaisant, mais plus vrai, c'est qu'il vit son curé, s'entretint avec lui et se soumit à ce qu'exigeoit l'église (***). M. l'abbé de Vauxcelles, dans les notes dont nous avons déjà parlé, prétend que Duclos *s'échappa, comme il put, vers l'autre monde* (car il se sert aussi de la phrase), *persuadé qu'il n'y avoit qu'un purgatoire*; et il ajoute que Duclos lui dit à ce sujet : *Mon credo s'est accru ; mais je n'admets pas encore un enfer*. Nous ignorons s'il se rendit sur ce dernier point, *et ce sont des secrets entre le ciel et lui;* mais ce qu'on sait mieux, et ce qu'humai-

(*) M. l'abbé Bourlet de Vauxcelles, dans des notes qu'il a écrites à la marge d'un exemplaire des *Mémoires Secrets*, que nous avons entre les mains, dit : « Pour le punir d'avoir trop parlé dans l'affaire » de La Chalotais, on s'amusa à lui *faire peur*, et il *s'enfuit* jus- » qu'en Italie. Il fut très-bien traité par le cardinal de Bernis; mais » les Romains ne lui pardonnoient pas de ne les avoir jamais voulu » appeler que les *Italiens de Rome*, pour ne les pas confondre » avec le *populum late regem* ». Il y a beaucoup de malignité dans cette manière de présenter les faits. D'abord il n'étoit pas très-facile de *faire peur* à Duclos ; et puis pourquoi appeler *fuite* un voyage que ses amis et la prudence lui conseilloient, et auquel son inclination le portoit ? Nous aurons encore occasion plus d'une fois de redresser les erreurs de fait et les torts d'opinion de M. de Vauxcelles envers Duclos, à qui pourtant il avoit fait une cour très-assidue.

(**) Elle est morte en 1767, dans sa cent deuxième année.

(***) M. Chapeau, curé de St.-Germain-l'Auxerrois, sortant d'une longue et dernière conférence avec Duclos, dit à M. Abeille : *Je suis content*.

nement parlant, il est plus curieux de savoir, c'est la destination qu'il donna en mourant au bien qu'il avoit amassé par son talent et son économie. Duclos avoit, en emplois littéraires, en pensions et en rentes, un revenu d'environ trente mille livres, et il sembloit n'en dépenser qu'une très-foible partie. Il mangeoit presque toujours en ville, et son habillement étoit simple jusqu'à la négligence. Sur ces seules apparences, on crut qu'il étoit avare, et, après sa mort, le bruit se répandit qu'il laissoit une fortune considérable : les plus modérés dirent trois cent mille francs; l'abbé de Vauxcelles va jusqu'à cinq cent mille. Cette dernière estimation est fort exagérée. Nous avons eu entre les mains les comptes de l'exécution testamentaire : la succession de Duclos montoit à deux cent soixante mille francs, dont près de cinquante mille francs en or trouvés dans son secrétaire, et qu'il tenoit en réserve, avoit-il dit, pour le cas où il seroit obligé, non plus d'aller faire un voyage en pays étranger, mais de s'y fixer tout à fait. Qu'étoit donc devenue une partie des fruits de cette longue parcimonie? on l'ignoroit. Il n'avoit dit son secret à personne pendant sa vie, et il n'en laissoit aucune trace écrite après sa mort. La reconnoissance révéla ce qu'avoit tu sa délicatesse. On sut de plusieurs côtés à la fois qu'il avoit fait nombre de bonnes actions cachées. Un M. de Laissac, lieutenant au régiment de Limosin, témoin de l'affliction profonde et universelle que sa mort répandoit dans la ville de Dinant, en apprit les causes et les fit connoître à d'Alembert. « On feroit un long
» détail, lui écrivoit-il, de tous les services publics et particuliers que M. Duclos a rendus à sa patrie; des grâces
» qu'il a obtenues pour plusieurs de ses compatriotes; des
» pensions qu'il a fait avoir à d'anciens militaires; des jeunes gens qu'il a placés ou *soutenus; des nombreuses aumônes qu'il a répandues. Il envoyoit, régulièrement
» chaque année, une certaine somme pour être distribuée
» aux pauvres de cette ville ; et dans les années où la misère
» publique s'est fait sentir davantage, il a doublé cette somme.* Enfin son zèle et sa bienfaisance à l'égard de ses concitoyens étoient inépuisables. Quand il alloit à Dinant,
» c'étoit une allégresse publique, et sa mort y a causé un
» deuil général ».

Duclos institua son légataire universel M. de Noual, son

neveu à la mode de Bretagne. M. de Vauxcelles rapporte que quelqu'un à qui il lut son testament (*), s'étonna de ce qu'il avoit préféré à ses autres héritiers ce M. de Noual qui avoit le moins d'esprit de tous, et même en manquoit absolument : *Pourquoi*, lui dit cet ami, *n'avez-vous pas choisi M.*** qui est votre parent aussi proche ? C'est un homme d'esprit*, répondit Duclos, *qui mangeroit la succession.* Cette préférence donnée à un sot pour conserver la succession, paroît à M. de Vauxcelles un trait assez bizarre. Duclos n'a point dit la véritable raison : il s'est tiré d'embarras, comme il a pu, par une saillie en effet un peu étrange, parce que l'honneur lui interdisoit de faire connoître le motif de prédilection très-particulier qui lui avoit fait nommer M. de Noual héritier de tous ses biens. Dans l'ordre de la nature, rien n'étoit plus juste que sa conduite. Nous n'en pouvons pas dire davantage.

Le caractère de Duclos étoit tout à la fois singulier et estimable. Comme, à ce double titre, il ne peut manquer d'intéresser nos lecteurs, nous allons le leur faire examiner avec quelque détail. On a déjà vu qu'il poussoit le courage de l'amitié jusqu'à l'imprudence, et que, presqu'avare de son bien pour lui-même, il en étoit prodigue envers les autres. De semblables qualités ne vont jamais seules : elles prouvent une belle âme et un bon cœur qui sont la source de nos plus nobles vertus. Duclos eut toutes celles d'un honnête homme ; il n'y mêla aucun vice ; on n'eut à lui reprocher que quelques légers travers.

Nous ne le louerions point de sa probité, s'il ne l'avoit portée à un point qui la rendît célèbre. Le défiant J.-J. Rousseau a dit : « Je dois à Duclos de savoir que la droiture et » la probité peuvent quelquefois s'allier avec la culture des » lettres (**) ». Les exemples n'en sont sûrement pas aussi rares que Rousseau le prétend ; mais plus il en restreint le nombre, plus il est honorable d'en faire partie. J.-J. définissoit encore Duclos un homme *droit et adroit*. Il se repen-

---

(*) Nous avons placé ce testament à la fin du dernier volume de cette collection. Les pièces de ce genre sont rarement piquantes. Celle-ci fait exception. Chaque disposition est, pour ainsi dire, un trait de caractère. Ce testament est une des choses qui font le mieux connoître Duclos.

(**) *Confessions*, liv. VIII, pag. 224, de l'édition de Kehl.

tit peut-être plus d'une fois de n'avoir pas écouté davantage ce qu'il appeloit sa *sage sévérité*. L'*Emile* étoit sous presse : Duclos en parla à Rousseau. « Je lui lus, dit celui-ci, » la *Profession de foi du vicaire Savoyard*; il l'écouta » très-paisiblement, et, ce me semble, avec grand plaisir. » Il me dit, quand j'eus fini : *Quoi! citoyen, cela fait » partie d'un livre qu'on imprime à Paris? Oui*, lui dis- » je, *et l'on devroit l'imprimer au Louvre par ordre du » roi. J'en conviens*, me dit-il; *mais faites-moi le plai- » sir de ne dire à personne que vous m'ayez lu ce mor- » ceau* (*) ». Duclos eut la sollicitude et la sincérité d'un ami en avertissant J.-J. des malheurs qu'il alloit s'attirer ; il fut sage en ne voulant pas partager un danger qu'il ne dépendoit pas de lui d'écarter ; il fut généreux en restant constamment attaché à un homme que les mieux intentionnés repoussèrent bientôt comme un fou dangereux. Cette constance d'amitié étonne bien moins de la part de Duclos que de celle de J.-J. De tous les hommes de lettres avec qui celui-ci s'étoit lié, Duclos fut le seul pour qui sa tendresse ne se changea point en haine. Ce n'est pas la seule exception dont il l'ait honoré : il lui fit sa *première et unique dédicace* (**); celle du *Devin du village*. Duclos y avoit droit à plus d'un titre : il étoit parvenu, à force de démarches, à faire jouer cet opéra, et la chaleur qu'il avoit mise à défendre les intérêts de l'auteur, lui avoit presque attiré une affaire d'honneur avec Cury, l'intendant des menus.

La franchise est l'expression de la droiture; elle dégénère quelquefois en brusquerie et même en rudesse, lorsqu'un homme ayant naturellement l'humeur prompte et un sentiment vif de l'injuste et du ridicule, n'a pas travaillé ou n'a pas réussi à réprimer l'une et à émousser l'autre. Tel étoit Duclos : » Il m'est impossible, a-t-il dit lui-même, de cacher mes » sentimens, les mouvemens de mon âme. Je l'ai essayé, » non pour tromper, mais pour me garantir des piéges.

(*) *Confessions*, liv. XI, pag. 289, même édition.

(**) J.-J. s'est servi en effet de ces termes : *Ma première et unique dédicace*. Il en fit pourtant une seconde, celle du *Discours sur l'origine et les fondemens de l'inégalité parmi les hommes*, qu'il adressa à la république de Genève; mais il demanda à Duclos son consentement pour cette seconde dédicace. « Duclos, dit-il, a » dû se tenir encore plus honoré de cette exception que si je n'en » avois fait aucune. (*Confessions*, liv. VIII, pag. 248) ».

» J'ai bientôt vu l'inutilité de mes efforts; j'en ai abandon-
» né le projet, et je me suis livré à mon caractère. *Je ne*
» *connois personne plus sincère que moi* ». Ailleurs il
s'accuse d'être emporté et de manquer de politesse. On voit
qu'il s'est rendu justice sur le mal comme sur le bien, et
que sa franchise ne s'exerçoit pas seulement envers les autres. Aussi personne ne l'a révoquée en doute, hors M. de
Vauxcelles, qui prétend que *sa brusquerie étoit de commande*, et cite à l'appui de son opinion le propos d'un *homme
d'esprit*, qui appeloit Duclos *le Faux Sincère* du nom d'une
comédie célèbre de Dufresny. Cet *homme d'esprit* qui, de
toute manière, pourroit bien être M. de Vauxcelles lui-même, auroit bien dû dire sur quoi il fondoit cette imputation.
Mais c'est à quoi la malignité songe le moins. Cet homme a
une vertu; elle est fausse : un défaut; il est joué. En a-t-on
des preuves? aucune. En inventera-t-on? non ; cela est dangereux; le mensonge ne doit point donner cette prise sur soi
à la vérité : de plus cela est inutile; les hommes ont trop de
plaisir à croire le mal pour exiger qu'on le leur démontre.
Que faire contre cette tactique perfide? Comment détruire
des allégations vagues qu'on ne sait par où saisir? Nous
l'ignorons; et cette fois le silence tiendra lieu d'apologie.

Cependant, en cherchant ce qui auroit pu rendre suspecte la
franchise, ou, si l'on veut, la brusquerie de Duclos, nous
croyons en avoir trouvé une espèce de raison; c'est que cette
brusquerie n'étoit pas toujours chez lui l'accent du blâme, ou
de la contradiction; qu'elle étoit quelquefois celui de la louange, ou de l'assentiment; et qu'alors elle sembloit servir à
leur donner plus de force et de grâce. On en cite un exemple. Duclos, étant malade, appelle un médecin fameux,
dont il ne goûtoit point l'esprit ni les manières, et contre
lequel il s'étoit souvent déclaré dans la société, quoique
d'ailleurs il fît grand cas de ses talens dans l'art de guérir.
Ce médecin lui dit qu'il étoit très-flatté de sa confiance,
mais qu'il n'en étoit pas moins surpris, ayant des raisons
de croire qu'il ne lui étoit point agréable. *Cela est vrai*,
répondit Duclos; *mais, pardieu! je ne veux pas mourir.*
Sans doute un compliment, ainsi assaisonné, dut plaire
plus qu'un autre; mais faut-il croire pour cela que Duclos
ait toute sa vie affecté la franchise et même la dureté, dans
le dessein de rendre plus vraisemblables et plus piquantes

des louanges qu'il donnoit assez rarement, et qu'au surplus il ne donnoit jamais qu'à ceux qui les méritoient bien? N'est-il pas plus simple d'imaginer que, naturellement et habituellement brusque, il ne pouvoit s'empêcher de louer du même ton dont il blâmoit, et que ce n'étoit point sa faute si l'éloge gagnoit à cette singularité?

Si Duclos savoit quelquefois renfermer, dans les bornes d'une sage circonspection, son zèle pour ses amis, et sa générosité envers les opprimés, à qui moins de prudence de sa part eût été souvent plus préjudiciable qu'à lui-même, il savoit aussi, dans certains cas et sur certaines matières, mettre un frein à la liberté de ses discours. Ce droit, qu'il s'étoit arrogé de dire hautement sa façon de penser, fut un jour ratifié solennellement par Louis XV, qui l'estimoit trop pour craindre qu'il n'en abusât. Un courtisan citoit devant ce prince un de ses propos sur lequel il fondoit sûrement l'espoir de lui nuire. *Oh! pour Duclos*, dit le roi, *il a son franc-parler*. Duclos le sut, et il n'en fut ni plus ni moins hardi dans son langage.

C'est peut-être ici le cas de rappeler ses relations avec les écrivains du dernier siècle, qui se sont décorés eux-mêmes du nom de *philosophes*, nom que depuis on a voulu leur appliquer comme une flétrissure. Duclos, ami sincère de la vérité, dut d'abord se lier avec des hommes qui faisoient profession de la chercher. Il marcha long-temps sur la même ligne qu'eux; long-temps il se para du même titre. Mais on abuse des meilleures choses; les intentions les plus pures conduisent quelquefois aux plus coupables projets; l'esprit de recherche et d'examen se change en une vaine et dangereuse curiosité; le doute raisonnable en amour effréné du problème et bientôt du paradoxe; la hardiesse devient audace; la liberté, licence; on a ébranlé ce qu'on ne vouloit que sonder, on veut renverser ce qu'on a ébranlé. Après qu'on a dissous les plus solides principes en les soumettant imprudemment à l'analyse, on crée; on combine des élémens chimériques pour en former d'extravagans systèmes. Enfin, on veut détromper les autres de ce dont on se trouve désabusé, leur persuader ce dont on se croit convaincu; on divulgue les erreurs qu'on pense avoir détruites, les vérités qu'on prétend avoir découvertes; et cette divulgation est un crime lorsqu'elle tend à rompre le lien de la religion nécessaire au plus grand nombre, et celui de la morale nécessaire à tous. Telle a été, telle a dû être inévitablement la marche de certains esprits, plus présomptueux qu'éclairés, plus ardens que forts, qui, n'ayant pas su atteindre le but ou s'y arrêter, se sont jetés dans de fausses routes, et ont eu ensuite la foiblesse coupable de vouloir y attirer les autres. Duclos, esprit ferme et libre, mais sage et mesuré, sentoit que s'il est permis à chacun de penser, à sa manière, sur tout ce qui est du ressort de la pensée, il ne l'est pas de manifester son opinion, lorsqu'elle est contraire à l'opinion générale et à l'ordre établi. Dès qu'il vit que cette association, d'abord secrète et, pour ainsi dire, inconnue à elle-même, d'hommes qui se livroient paisiblement et de bonne foi à l'étude de la philosophie, se transformoit en un parti déclaré et organisé, ayant ses chefs et ses soldats, son mot d'ordre et son point de ralliement; que l'amour du bruit et de la domination, l'ardeur du prosélytisme, et le zèle persécuteur s'emparoient d'un grand nombre de têtes; que sous le prétexte, ou peut-être avec le dessein réel de faire la guerre aux préjugés nuisibles, on attaquoit non-seulement les préjugés utiles, mais même les vérités nécessaires; dès que Duclos vit toutes ces choses, il crut devoir, non point déclamer contre la philosophie, mais s'élever contre l'abus qu'on en faisoit; non point abjurer ses principes, mais les expliquer, afin de ne point encourir le même blâme que ceux dont la façon de penser et d'agir n'étoit plus la sienne. Il conserva son estime et son attachement aux hommes du parti philosophique qui allioient une conduite louable à de simples travers d'esprit, et son admiration à ceux qui unissoient de grands talens à de grands torts. Mais il déploya toute l'énergie de son indignation et de son mépris contre ce troupeau de petits sectaires fanatiques qui, enchérissant sur les erreurs de leurs maîtres, sans avoir, comme eux, l'excuse d'une imagination ardente ou d'une raison égarée dans les profondeurs de la science, débitoient des sophismes rebattus, des impiétés froides, et même des obscénités dégoûtantes pour la plus grande gloire de la philosophie, et le plus grand bien de l'humanité. C'est d'eux et d'eux seuls que Duclos disoit ce mot souvent cité, et toujours inexactement: *Ils sont-là une bande de petits impies qui finiront par m'envoyer à confesse.* Les chefs de la philosophie voyoient, sans beaucoup de chagrin, que l'on tombât sur leur livrée, dont ils n'osoient eux-mêmes réprimer les écarts, de peur de refroidir en même temps son zèle. Mais si Duclos n'avoit pas eu pour les maîtres les ménagemens qu'on doit à des hommes d'un mérite distingué, dont on a été l'ami, ceux-ci n'auroient pas manqué de s'en venger, et de le traiter en transfuge, c'est-à-dire avec mille fois plus d'animosité que s'il eût toujours été du parti contraire.: or, nous ne voyons pas qu'aucun d'eux se soit permis sur son compte la moindre parole désobligeante.

Duclos a dit : *Je laisserai une mémoire chère aux gens de lettres.* Il ne s'est point trompé : les gens de lettres lui ont une grande obligation, celle d'avoir soutenu, dans toutes les occasions, la dignité de leur titre. On n'a point oublié avec quelle fermeté et quelle adresse à la fois il défendit les droits de l'égalité académique contre les prétentions ridicules que de sots complaisans avoient suggérées à M. le comte de Clermont, lors de son admission à l'académie françoise (*). On se rappelle aussi avec quelle force et quel succès il combattit, en semblable occasion, les prétentions plus ridicules encore du maréchal de Belle-Isle qui vouloit être dispensé de faire en personne les visites que les candidats sont dans l'usage de faire aux académiciens. *Ce ne sont pas les tyrans qui font les esclaves*, dit-il à ce sujet ; *ce sont les esclaves qui font les tyrans.* Il se présente ici un problème anecdotique qui n'est pas sans difficulté, ni peut-être sans quelqu'intérêt. Collé, dans son *Journal historique*, prétend que ce fut à cette élection de M. de Belle-Isle, que Duclos, prévoyant quelque noirceur de la part de ceux dont il avoit combattu la lâcheté, eut la précaution de garder sa boule noire, et lorsque la vérification du scrutin vint à offrir une de ces boules injurieuses, jeta la sienne sur la table, en disant qu'il avoit oublié d'en faire usage, et repoussa ainsi, à la confusion de ses ennemis, le soupçon qu'ils avoient voulu attirer sur lui, comme seul opposant à l'élection du maréchal (**). Marmontel, dans ses *Mémoires*,

(*) La continuation de l'*Histoire de l'académie françoise*, faite par Duclos, et imprimée dans le neuvième volume de cette collection, contient tous les détails de l'affaire, et les deux *Mémoires* qu'il fut obligé de rédiger.

(*) Pour répandre toute la clarté possible sur ce récit, nous

raconte cette même aventure, en y ajoutant quelques circonstances qui la rendent plus dramatique et un peu moins vraisemblable; comme celle de quatre boules noires trouvées dans l'urne, et de quatre autres boules de la même couleur retenues par autant d'académiciens qui, l'un après l'autre, en auroient fait l'exhibition. Mais ce n'est point là que gît la difficulté; voici en quoi elle consiste: Collé place le fait à l'élection de M. de Belle-Isle en 1749, et Marmontel à celle de M. l'abbé de Radonvilliers en 1763. Collé, qui consignoit les événemens dans son *Journal*, jour par jour et à mesure qu'ils arrivoient, ne peut pas être soupçonné d'avoir confondu les dates. D'un autre côté, Marmontel, qui avoit été le concurrent de l'abbé de Radonvilliers, n'a pas dû être trompé par sa mémoire au point de rapporter involontairement à cette époque marquante pour lui, un fait antérieur de quatorze ans, et dont on avoit beaucoup parlé dans le temps. Enfin il n'y a point d'apparence que ce fait soit arrivé deux fois, à si peu de distance et entre les mêmes hommes; ceux qui y avoient été pris déjà, ne devant pas être tentés de subir de nouveau une si forte humiliation. Faut-il donc croire que Marmontel, accoutumé à composer des romans, a quelquefois cédé à la force de l'habitude en écrivant ses mémoires, et n'a pu résister à l'envie d'embellir d'un incident assez plaisant le récit d'un événement où lui-même avoit joué un rôle? Quelqu'opinion qu'on ait à ce sujet, il reste toujours à Duclos l'honneur d'un trait singulier de prévoyance.

Il fut un de ceux qui opinèrent pour Piron toutes les fois qu'il fut question de lui pour être de l'académie. On opposoit sans cesse à ce poëte sa trop fameuse ode; voici de

allons transcrire un passage des *Mémoires* de Marmontel, où se trouve expliquée la manière dont on procédoit à l'élection d'un académicien: « L'usage de l'académie, en allant au scrutin des
» boules, étoit de distribuer à chacun des électeurs, deux bou-
» les, une blanche et une noire. La boîte dans laquelle on les
» faisoit tomber, avoit aussi deux capsules et au-dessus deux gobe-
» lets, l'un noir et l'autre blanc. Lorsqu'on vouloit être favorable
» au candidat, on mettoit la boule blanche dans le gobelet blanc,
» la noire dans le noir; et lorsqu'on lui étoit contraire, on mettoit
» la boule blanche dans le gobelet noir, la noire dans le blanc.
» Ainsi, lorsqu'on vérifioit le scrutin, il falloit retrouver le nombre
» des boules, et en trouver autant de blanches dans la capsule noire
» qu'il y en avoit de noires dans la capsule blanche ». (*Mémoires de Marmontel*, tom. II, liv. VII, pag. 270 et 271.

quelle manière Collé prétend que Duclos réfutoit l'objection: *S'il y avoit eu une académie romaine, auroit-on refusé d'y admettre Virgile, Horace et Ovide, les deux premiers parce qu'ils ont fait, l'un des églogues et l'autre des odes un peu libres, et le dernier parce qu'il a composé l'*Art d'aimer *et d'autres poésies licencieuses? La postérité trouveroit-elle aujourd'hui ces raisons suffisantes? Si vous n'en avez point d'autres que celles-là pour donner l'exclusion à Piron, je ne les crois pas assez fortes. Je le dis d'une façon d'autant plus désintéressée que moi personnellement je n'aime point Piron; mais j'estime ses ouvrages à beaucoup d'égards* (*).

On auroit tort de conclure de cette apologie de Piron, que Duclos avoit du goût ou seulement de l'indulgence pour les productions obscènes. Un auteur ayant envoyé au concours de 1768 une pièce de vers du genre et même du style le plus licencieux, et ayant eu l'impudence de se faire connoître, Duclos lui écrivit une lettre très-forte pour lui dire que cette fois l'académie vouloit bien ne pas le dénoncer à la police, et lui épargner le châtiment qu'il méritoit.

Jaloux de l'honneur de cette académie, il vouloit avec raison qu'on y admît l'auteur de la *Métromanie*, malgré le tort de son ode, et le tort plus grave encore, littérairement parlant, d'un grand nombre d'ouvrages de mauvais goût; mais il s'opposoit de toutes ses forces à ce qu'on y reçût de ces hommes frappés de nullité, qui croient mériter l'académie parce qu'il y a long-temps qu'ils y aspirent, à peu près comme un soldat, sans avoir fait campagne, gagne les Invalides, parce qu'il est devenu vieux. Quelqu'un sollicitoit des voix pour l'abbé Trublet: *Il y a tant d'années*, disoit-il, *qu'il est sur les rangs sans arriver, qu'il en est tombé malade. L'académie*, répondit Duclos, *n'a point été établie pour les incurables* (**).

(*) *Journal historique* de Collé, pag. 247. M. Abeille pense que Duclos n'a pas pu tenir ce discours, qui auroit prouvé de sa part une ignorance totale des mœurs des anciens. En effet la licence des discours et des écrits n'étoit pas chez eux au même degré de blâme et de mépris que parmi nous; et leurs poëtes les plus chastes sont quelquefois très-obscènes. Le lecteur prononcera.

(**) On rapporte un autre trait tellement semblable à celui-ci pour le fond que ce pourroit bien être le même, avec quelques changemens dans les circonstances. M. de Bougainville, dit-on,

On lui reprochoit de ne point remplir avec assez de dignité les fonctions de secrétaire perpétuel dans les assemblées publiques de l'académie; en un mot, de *se mettre trop à son aise*. Il paroît au moins certain qu'il s'y mettoit beaucoup dans les assemblées particulières. Il lui arrivoit quelquefois d'y laisser échapper d'assez gros jurons. *Monsieur,* lui dit un jour l'abbé du Resnel, *sachez qu'on ne doit prononcer dans l'académie que des mots qui se trouvent dans le dictionnaire.*

Ce dictionnaire, toujours critiqué et toujours suivi, fut l'objet des soins constans et particuliers de Duclos. Il tint la plume pour l'édition de 1762, et contribua plus que personne à son amélioration par ses connoissances grammaticales, et son talent pour la définition juste, claire et précise. Ce fut lui qui fit substituer aux insipides lieux communs de morale proposés jusqu'alors pour sujets du prix d'éloquence, les éloges des grands hommes de la nation, et qui par conséquent nous valut les discours éloquens, ingénieux ou littéraires de MM. Thomas, Chamfort, Laharpe et quelques autres. L'académie des inscriptions et belles-lettres lui dut aussi une réforme, celle des approbations que des commissaires pris dans son sein donnoient aux ouvrages de ses membres. Ces approbations se rédigeoient au gré des commissaires et dans des termes plus ou moins louangeurs, selon le degré de liaison qui existoit entre les examinateurs et les auteurs examinés. Sur la proposition de Duclos, elles furent réduites à une formule uniforme et invariable, qui prévenoit à la fois l'inconvénient de trop louer un ouvrage médiocre, et celui de mécontenter un auteur qui se trouvoit moins loué que les autres (*).

Cette activité vigilante, ce zèle ardent pour la gloire, et les intérêts des deux académies, et particulièrement de l'académie françoise, firent accuser Duclos de se mêler de trop de choses, et d'aimer trop à paroître. C'est un petit ri-

sollicitant Duclos pour être de l'académie, lui faisoit entendre qu'étant atteint d'une maladie qui le minoit, il laisseroit bientôt la place vacante; à quoi Duclos répondit : *Ce n'est point à l'académie à donner l'extrême-onction.*

(*) Duclos donna dans l'académie des inscriptions un exemple de rare désintéressement. Il renonça à la pension où il étoit près d'arriver, et passa à la vétérance.

dicule que les gens qui ne font rien, se sont toujours plu à jeter sur ceux qui font beaucoup.

C'est ainsi que dans le monde on accuse de vouloir dominer dans la conversation et briller aux dépens des autres, ceux qui ont beaucoup d'esprit et le montrent. Duclos pouvoit moins que personne échapper à cette accusation. *De tous les hommes que je connois*, disoit d'Alembert, *Duclos est celui qui a le plus d'esprit dans un temps donné*. Cette phrase mathématique confirme ce qu'on a souvent dit de son genre de conversation. Il causoit moins qu'il ne parloit : pour lui l'entretien n'étoit pas une alternative de questions et de réponses, de discours et de silence; c'étoit une succession rapide de saillies vives, de traits piquans, de mots tournés comme pour produire de l'effet et se graver dans la mémoire : tout cela exprimé avec une précision tranchante, débité d'un ton de voix élevé et mordant, et appuyé d'un geste court et significatif (*). Duclos avoit montré de bonne heure du goût et du talent pour la dispute, et c'est peut-être sur cet indice que ses parens avoient cru trouver en lui de grandes dispositions pour la profession d'avocat; mais dans la suite il renonça à la contradiction, quoiqu'il l'eût, dit-il lui-même, plus gaie qu'amère. Son opinion paroissoit arrêtée et sa phrase faite à peu près sur tout : dès qu'il avoit jeté son mot, il laissoit le champ libre à la controverse, et ne s'y engageoit pas. De pareilles formes de conversation, en repoussant la discussion et presque l'examen, sembloient commander la soumission aux esprits, et par conséquent blessoient l'amour-propre de beaucoup de gens. C'est là sans doute ce qui fit donner à Duclos, par un grand seigneur, la qualification de *bavard impérieux* (**). Au surplus, ses ennemis eux-mêmes conviennent qu'à part le ton absolu et dominateur, son entretien étoit aussi agréable qu'instructif, attendu qu'il le montoit toujours sur quelque point intéressant, et y semoit une foule d'anecdotes curieuses. Il aimoit beaucoup les anecdo-

(*) Les idées se présentoient à lui avec tant d'abondance, dit M. Abeille, que s'il n'eût pas eu la phrase serrée, il eût été bègue.

(**) Un autre grand seigneur, auteur d'un mauvais livre, choqué apparemment de la liberté avec laquelle Duclos s'expliquoit sur les vices et les ridicules des gens de la cour, ne l'appeloit que *ce Plébéien révolté*.

tes, et alloit sans cesse les recueillant auprès de ceux qui les savoient d'original. « Mais il les aimoit trop, dit M. de » Vauxcelles, pour n'en être pas quelquefois la dupe (*). Il » étoit plein tout à la fois de probité et de malice. Il étoit » porté à croire qu'un récit malin étoit vrai, et qu'un récit » vrai devoit être malin ». Ce portrait est un de ceux dont le naturel et l'air de vérité garantissent presque la ressemblance. En effet, la curiosité va rarement sans la malignité, et l'une n'est jamais plus satisfaite que quand l'autre est un peu flattée (**).

Il est facile de se figurer qu'avec son caractère franc et son tour d'expressions vif et piquant, Duclos a dû passer pour caustique. C'est encore un reproche que presque tous les gens d'esprit ont eu le malheur, ou, si l'on veut, le tort de s'attirer. Heureusement il ne leur est guère fait que par les sots. Il est cependant à remarquer que ceux-ci ont beaucoup moins de véritable indulgence que les premiers. Dès qu'un ridicule est assez grossier pour ne point leur échapper, ils fondent dessus sans retenue, sans pitié; mais comme leurs coups mal dirigés retombent ordinairement sur eux-mêmes, on oublie leur intention à laquelle le fait n'a point répondu, et ils deviennent un objet de compassion ou de risée plutôt que de haine ou de crainte. Les gens d'esprit au contraire aperçoivent trop de ridicules pour n'en pas épargner beaucoup; et quand ils ne peuvent résister à l'envie d'en attaquer un, c'est presque toujours sans animosité et avec des ménagemens que la sottise ne connoît pas, ou dont elle feroit un usage maladroit; mais leur bras est plus assuré, leurs armes sont de meilleure trempe, les blessures

(*) M. de Malesherbes s'est cru obligé de réfuter Duclos sur ce qu'il avoit dit de son bisaïeul, le président de Lamoignon, au sujet de l'acquisition de la terre de Courson.

(**) Quel que fût l'amour de Duclos pour les anecdotes, il y vouloit du choix, et ne pouvoit souffrir qu'on s'occupât gravement des misères du lever, du coucher et du débotter. Il disoit à propos de certains courtisans qui y attachoient beaucoup d'importance : *Quand je dîne à Versailles, il me semble que je mange à l'office.* On croit entendre des valets qui s'entretiennent de ce que font leurs maîtres.

Il se plaignoit de ce qu'on retenoit mal ses anecdotes, et de ce qu'on les citoit de travers : *On me gâte mes bonnes histoires*, disoit-il.

qu'elles font guérissent difficilement, et l'ennemi qu'elles ont blessé, l'amour-propre, ne pardonne jamais. Au reste, la causticité de Duclos n'étoit pas cette moquerie, à la fois légère et cruelle, d'un homme qui s'amuse et veut amuser les autres des travers qu'il a saisis : c'étoit presque toujours l'expression soudaine et énergique de l'indignation qu'excitoient en lui le vice et la bassesse. Quelques traits en feront mieux juger que toutes les définitions. Il disoit d'un homme enrichi par les plus vils moyens et endurci aux affronts : *On lui crache au visage, on le lui essuie avec le pied, et il remercie.* L'abbé d'Olivet avoit auprès d'un grand nombre de ses confrères la réputation d'être fourbe et perfide : Duclos qui avoit de lui cette opinion, ne laissoit échapper aucune occasion de le maltraiter ; et l'abbé, avec la fausse résignation des gens de ce caractère, ne répondoit rien à ses outrages : *C'est un si grand coquin,* disoit Duclos, *que, malgré les duretés dont je l'accable, il ne me hait pas plus qu'un autre.* L'abbé de Voisenon avoit composé des couplets en l'honneur de madame du Barri et du chancelier Maupeou, qui avoient fait exiler M. de Choiseul, son bienfaiteur. L'académie françoise, dont il étoit membre, délibéroit si elle ne lui feroit pas des reproches d'une conduite aussi peu délicate : *Eh ! messieurs,* dit Duclos, *pourquoi voulez-vous tourmenter ce pauvre infâme ?* Il connoissoit depuis long-temps l'abbé de Voisenon, et voyoit dans son tort moins un vice de cœur qu'un défaut de caractère : de là ce mélange de mépris et d'indulgence pour lui (*). Rien n'a été plus souvent cité que son mot sur les hommes puissans qui n'aiment pas les gens de lettres : *Ils nous craignent comme les voleurs craignent les réverbères* ; et cet autre : *Un tel est un sot ; c'est moi qui le dis, c'est lui qui le prouve ;* mais, comme ils sembleroient manquer à une notice où l'on a eu dessein de faire connoître à fond le genre de caractère et d'esprit que Duclos portoit dans la société, nous n'avons pas cru devoir les omettre. Le même motif

---

(*) Lorsque l'abbé de Voisenon fut nommé plénipotentiaire de l'évêque de Spire, Duclos lui dit : *Je vous félicite, mon cher confrère ; vous allez enfin avoir un caractère.* Nous ne voulons pas faire honneur à l'esprit de Duclos d'un jeu de mots médiocre ; mais seulement faire connoître d'autant plus son opinion sur l'abbé de Voisenon, le plus léger et le plus inconséquent des hommes.

nous engage à rapporter encore quelques anecdotes plus ou moins connues.

D'après tout ce que nous avons dit jusqu'ici du ton de franchise et de liberté que Duclos mettoit dans ses discours, on a déjà pu présumer qu'il étoit tout à fait exempt de cette ridicule délicatesse qui interdit aux autres et se défend à elle-même tout propos un peu gai. C'est une remarque triviale à force d'être juste que cette décence de paroles est toujours en proportion de la licence de mœurs des siècles et des sociétés où elle règne ; et l'on diroit presque qu'il y a le même genre d'inconvénient à raconter des aventures lestes en présence de certaines femmes, qu'à parler de mauvaises affaires devant un homme qui a dérangé les siennes. Duclos pensoit donc que les femmes les moins vertueuses sont souvent celles qui s'offensent le plus des discours libres ; mais il pressoit peut-être un peu trop la conséquence contraire. Il disoit un jour à mesdames de Rochefort et de Mirepoix que les courtisanes devenoient bégueules, et ne vouloient plus entendre le moindre conte un peu vif. Elles étoient, disoit-il, plus timorées que les femmes honnêtes ; et là-dessus il entame une histoire fort gaie ; puis une autre encore plus forte ; enfin, à une troisième qui commençoit plus vivement encore, madame de Rochefort l'arrête, et lui dit : *Prenez donc garde, Duclos ; vous nous croyez aussi par trop honnêtes femmes.* Il parloit un jour devant cette même madame de Rochefort du paradis que chacun se fait à sa manière. *Pour vous, Duclos*, lui dit-elle, *voici de quoi composer le vôtre : du pain, du vin, du fromage et la première venue.* Cette saillie, dont il ne faut, comme de raison, prendre que l'esprit, peint d'une manière assez vraie la simplicité de goûts que Duclos portoit dans tous ses plaisirs, et qui provenoit en grande partie de sa complexion forte et de son excellente santé. Ceux qui raffinent tant sur les jouissances auroient souvent besoin de se les interdire tout à fait. Quant à lui, il avoit des sens fort exigeans, et il les satisfaisoit sans beaucoup de recherche ni de scrupule. Il avoit contracté dans sa jeunesse l'amour de la table et du vin qui n'étoit point encore exclu de la bonne compagnie ; et lorsqu'on l'en bannit, il demeura fidèle à ses premiers goûts, au risque de passer pour un homme de mauvais ton, ce qui lui arriva bien quelquefois (*). Il étoit ennemi de la contrainte à un tel degré que, pour s'en affranchir, il auroit commis plus que des impolitesses. Un homme se plaignoit à lui de s'être fort ennuyé à un sermon prêché dans la chapelle de Versailles. *Pourquoi*, lui dit Duclos, *êtes-vous resté jusqu'à la fin? — J'ai craint de déranger l'auditoire et de le scandaliser. Ma foi*, reprit Duclos, *plutôt que d'entendre un mauvais sermon, je me serois converti au premier point.* On se rappelle qu'il détestoit M. de Calonne, et pour quel motif. Un de ses amis l'invite à dîner sans le prévenir que M. de Calonne doit en être. On annonce celui-ci; il entre : Duclos qui étoit déjà arrivé, ne l'a pas plutôt aperçu, qu'il prend son épée et son chapeau, va au maître de la maison, lui dit tout haut en face du nouveau convive : *Vous ignoriez donc, monsieur, que je ne pouvois pas me trouver avec cet homme-là?* et sort aussitôt sans attendre de réponse.

Quelques lecteurs, habitués à ne voir que des panégyriques absolus dans toutes les notices consacrées aux personnages célèbres, pourront s'étonner de ce que nous avons cité plusieurs traits de Duclos, qui, sans ternir sa mémoire, du moins ne l'honorent pas. Ils penseront peut-être qu'une envie indiscrète de tout dire, a égaré notre zèle et trompé notre intention; car ils ne peuvent nous supposer des vues malignes. Que ces lecteurs se rassurent : nous avons voulu retracer les défauts de Duclos comme ses qualités, ses travers comme ses agrémens, et nous serions bien surpris à notre tour qu'il perdît quelque chose à être connu tout entier. Lui-même ne le craignoit pas. *Les Confessions du*

(*) Voici comme M. de La Harpe le peint dans la jolie pièce de vers qui a pour titre : l'*Ombre de Duclos*. C'est Duclos lui-même qui parle :

.... Je fus véridique,
Peu courtisan, mais *excellent buveur*,
Très-bon convive, un peu brusque et parleur,
Et dans le vin sur-tout plein d'éloquence.

. . . .
Piron et moi, de la vieille méthode
Nous fûmes seuls fidèles sectateurs,
Et les derniers des beaux-esprits buveurs.

comte de *** ayant remis les portraits à la mode, M. de Forcalquier-Brancas fit celui de Duclos, et Duclos s'en exprima ainsi : « On a fait de moi un portrait que j'ai trouvé
» trop flatteur (*) : cela m'a donné l'envie de me peindre
» moi-même. Je ne sais si le portrait sera vrai ; mais je suis
» sûr d'en avoir l'intention la plus sincère ». Or voici ce portrait que Duclos fit de lui-même ; tous ceux qui ont été à portée de voir l'original, en attestent l'extrême ressemblance. « Je me crois de l'esprit, et j'en ai la réputation ; il
» me semble que mes ouvrages le prouvent. Ceux qui me
» connoissent personnellement, prétendent que je suis su-
» périeur à mes ouvrages. L'opinion qu'on a de moi à cet
» égard, vient de ce que dans la conversation, j'ai un tour
» et un style à moi, qui, n'ayant rien de peiné, d'affecté, ni
» de recherché, est à la fois singulier et naturel. Il faut que
» cela soit ; car je ne le sais que sur ce qu'on m'en a dit :
» je ne m'en suis jamais aperçu moi-même. Il n'est pas rare
» qu'on prenne, dès la première entrevue, l'opinion qu'on
» a de mon esprit. Je rougis dans le moment du témoi-
» gnage que je me rends ; mais je le crois juste. Avant de

(*) Nous mettons ici le portrait de Duclos par M. de Forcalquier-Brancas :
« L'esprit étendu, l'imagination bouillante, le caractère doux et
» simple, les mœurs d'un philosophe, les manières d'un étourdi.
» Ses principes, ses idées, ses mouvemens, ses expressions sont
» brusques et fermes. Emporté par les passions jusqu'au transport ;
» il les abandonne dès qu'elles s'écartent du chemin de la probité.
» Il n'a pas besoin d'être ramené dans les voies honnêtes par les
» réflexions ; un instinct heureux, aussi sûr que ses principes, et
» qui ne le quitte pas même dans l'ivresse des sens, l'a conduit,
» sans jamais l'égarer, à travers l'écueil de toutes les passions. Il
» n'a que de l'amour-propre et point d'orgueil. Il cherche l'estime
» et non les récompenses. Il sait un gré infini à ceux qui le con-
» noissent de bien sentir tout ce qu'il vaut. Il cherche par de
» nouveaux efforts à convaincre de la supériorité de ses lumières
» ceux qui n'en ont pas encore bien démêlé toute l'étendue ; mais
» il pardonne au roi de ne le pas faire ministre, aux seigneurs
» d'être plus grands que lui, aux gens de son état d'être plus ri-
» ches. Il regarde la liberté dont il jouit comme le premier des biens,
» et les chaînes que son cœur lui donne sans cesse comme des preu-
» ves de cette liberté : c'est sous cette apparence qu'il les reçoit
» sans s'en apercevoir. Ce qui lui manque de politesse fait voir
» combien elle est nécessaire avec les plus grandes qualités : car
» son expression est si rapide et quelquefois si dépourvue de grâ-
» ces, qu'il perd avec les gens médiocres qui l'écoutent ce qu'il
» gagne avec les gens d'esprit qui l'entendent ».

» passer à l'article du cœur, je dois dire quelque chose de
» l'amour-propre qui participe toujours de l'esprit et du
» cœur.

» Je suis né avec beaucoup d'amour-propre ; mais je sens
» que j'en ai perdu une partie, sans qu'il soit aisé aux autres
» de s'en apercevoir. Je ne dois paroître modeste qu'à ceux
» dont je ne me soucie pas. La franchise de mon amour-
» propre est une preuve de mon estime et de mon goût
» pour ceux à qui je le montre. J'ai là-dessus la confiance
» la plus maladroite. Je devrois savoir qu'on suppose tou-
» jours à un homme plus d'amour-propre qu'il n'en mon-
» tre, et j'en montre quelquefois plus que je n'en ai. Par exem-
» ple, lorsque je crois qu'on veut me rabaisser, je me ré-
» volte, je crois devoir me rendre justice ; je dis alors de moi
» tout ce que je pense et sens, et la contradiction me fait
» peut-être penser de moi plus de bien qu'il n'y en a.

» A l'égard de mon cœur, j'en parlerai comme de mon
» esprit. Je l'ai bon, et j'en ai la réputation ; mais il n'y a
» que moi qui sache jusqu'à quel point je suis un bon hom-
» me. Je suis très-colère, nullement haineux, et, ce qui est
» rare parmi les gens de lettres, sans jalousie : mes con-
» frères mêmes le disent. Je ne suis pas grossier, mais trop
» peu poli pour le monde que je vois. Je n'ai jamais tra-
» vaillé sur moi-même, et je ne crois pas que j'y eusse
» réussi. J'ai été très-libertin par force de tempérament,
» et je n'ai commencé à m'occuper formellement des lettres
» que rassasié du libertinage, à peu près comme ces femmes
» qui donnent à Dieu ce que le diable ne veut plus. Il est
» pourtant vrai qu'ayant fort bien étudié dans ma première
» jeunesse, j'avois un assez bon fonds de littérature que j'en-
» tretenois toujours par goût, sans imaginer que je dusse un
» jour en faire ma profession ».

Si l'on veut bien nous pardonner d'avoir développé un peu
longuement un caractère qui n'étoit pas généralement connu,
et qui méritoit de l'être, nous serions inexcusables de nous é-
tendre sur des ouvrages que tout le monde a lus, et sur lesquels le public s'est fait une opinion à laquelle la nôtre
n'ajouteroit et sur-tout ne changeroit rien. Nous nous con-
tenterons de rapporter en peu de mots les suffrages les plus
honorables donnés à ces différens écrits, et quelques particularités qui en composent, pour ainsi dire, l'histoire.

Les *Considérations sur les Mœurs* sont sans contredit le chef-d'œuvre de Duclos. Louis XV dit de ce livre : *C'est l'ouvrage d'un honnête homme;* il auroit pu ajouter : et d'un homme de beaucoup d'esprit; mais plusieurs littérateurs célèbres l'ont dit pour lui, entr'autres M. de La Harpe qui en a parlé en ces termes : « Le monde y est vu d'un
» coup d'œil rapide et perçant. Il est rare qu'on ait rassem-
» blé plus d'idées justes et réfléchies et plus ingénieuse-
» ment encadrées. Cet ouvrage est plein de mots saillans
» qui sont des leçons utiles. C'est partout un style concis
» et serré dont l'effet ne tient ni à l'imagination, ni au
» sentiment, mais au choix et à la quantité de termes éner-
» giques et quelquefois singuliers qui forment la phrase, et
» qui tous sont des pensées. Il en résulte un peu de séche-
» resse; mais il y a en revanche une plénitude et une force
» de sens qui plaît beaucoup à la raison (*) ». M. de Fontanes a dit du même livre : « Jamais la raison d'un
» sage ne se montra plus ingénieuse (**) ». Au jugement
» de ces deux habiles critiques on peut ajouter celui que Duclos portoit sur lui-même comme observateur et comme écrivain. *Je ne regarde pas tout*, disoit-il; *mais ce que je regarde, je le vois. Je n'ai point de coloris*, disoit-il encore; *mais je serai lu.* Il est impossible de poser d'une main plus juste les bornes de son propre mérite.

Il passe pour constant auprès de beaucoup de personnes que le mot *femme* n'est pas employé une seule fois dans les *Considérations sur les Mœurs;* et M. de La Harpe lui-même fait mention de cette prétendue découverte. Voici l'incident qui y conduisit : on s'entretenoit dans une société de l'orthographe de Duclos, et l'on en citoit comme exemple ce même mot *femme* que l'auteur écrit toujours ainsi : *fame.* Quelqu'un parut en douter. On ouvrit les *Considérations* avec la certitude d'en rencontrer la preuve à chaque page; elle ne s'offrit point : on parcourut attentivement tout le volume sans plus de succès; et l'on se crut assuré que le mot fatal ne s'y trouvoit pas. La personne à qui le fait est arrivé et de qui nous le tenons, justement surprise de ce que les femmes n'étoient pas seulement nommées dans l'histoire morale d'un siècle où elles ont joué un si grand rôle, en par-

(*) *Cours de Littérature*, tom. XV, pag. 267.
(**) *Clef du Cabinet*, mois de germinal an 5, pag. 869.

la à Duclos lui-même qui partagea son étonnement. La vérité cependant est que le mot *femme* se trouve dans les *Considérations*, au chapitre V *sur la Réputation, la Célébrité, la Renommée*, etc. (*) Au reste, s'il a paru singulier qu'il ne s'y trouvât point du tout, il est peut-être plus singulier encore qu'il ne s'y trouve qu'une seule fois; car alors on ne peut plus croire, comme dans le premier cas, que l'auteur ait affecté de ne point s'en servir, ou qu'il ait totalement perdu de vue l'objet qu'il représente.

J'ai vécu; ces mots qui sont le début de l'ouvrage, ont déplu à plusieurs personnes. M. Palissot les a tournés en ridicule dans sa comédie des *Philosophes*(**); et une femme, de grand nom, lisant ces mêmes mots: *J'ai vécu*, s'interrompit en disant: *Où? dans un café*. L'insulte étoit bien gratuite de toute façon. Duclos, quoique peu poli, n'avoit ni le langage, ni les manières d'un homme qui avoit passé sa vie dans les cafés; ce n'étoit point là qu'il observoit la société; et, pour répondre encore plus directement, depuis les cafés Gradot et Procope qu'il fréquentoit dans sa jeunesse, et qui étoient alors bien composés, il avoit cessé tout à fait de mettre les pieds dans ces sortes d'endroits (***).

Les *Considérations sur les Mœurs* ont été traduites en anglois et en allemand. Le même honneur a été fait à la plupart des autres ouvrages de Duclos.

Les *Mémoires pour servir à l'histoire du dix-huitième siècle* sont regardés par tout le monde, et ont été donnés par Duclos lui-même comme la suite des *Considérations*. Ils sont destinés plus particulièrement à peindre les *mœurs* des femmes. Les femmes sont l'objet continuel du livre, et

---

(*) Voyez tom. I.er, pag. 138 de cette édition.

(**) Cydalise, personnage ridicule, voulant commencer un livre, dit à celui qui lui sert de secrétaire:

Écrivez: *J'ai vécu*. Non, c'est mal débuter.
. . . .
J'ai vécu ne vaut rien. . . . .
. . . Je cherche un tour qui soit moins familier.

M. Palissot dit ailleurs qu'un homme d'esprit, choqué de ce début, dit que ce n'étoit pas l'auteur, mais son livre mort-né, qui disoit: *J'ai vécu*.

(***) Voyez ses *Mémoires*, tom. X, pag. 56.

l'auteur des *Cours de littérature* présume que Duclos a voulu les dédommager de ce qu'il n'avoit pas parlé d'elles dans ses *Considérations*, et a cru (ce sont les propres termes de M. de La Harpe) « que cette moitié du genre humain, qui » peut-être vaut mieux que l'autre, méritoit qu'il en trai- » tât à part ». Quoi qu'il en soit de cette conjecture, l'ouvrage de Duclos avec lequel les *Mémoires pour servir à l'histoire du dix-huitième siècle* ont le plus de rapports, sont les *Confessions du comte de* ***. Tous deux sont des romans; tous deux sont une suite de portraits, un enchaînement d'aventures galantes arrivées à un même personnage qui en fait le récit; tous deux sont un cadre uniquement destiné à contenir des aperçus, des dissertations et des jugemens sur les mœurs de la société, et principalement sur le genre de sentiment et de liaison qui rapproche les deux sexes; enfin, ce qui met le comble à toutes ces ressemblances, et en est peut-être un effet, tous deux ont mérité les mêmes éloges et les mêmes reproches. Dans l'un et dans l'autre, la partie dramatique est foible, quelques situations ont paru amenées moins heureusement ou trop peu développées; mais les caractères sont tous supérieurement tracés, les observations sont justes et fines, les réflexions ingénieuses et piquantes. Dans Duclos, le romancier est inférieur et subordonné au moraliste. Il avoit toute la sagacité, toute la pénétration qui conviennent à celui-ci; il n'avoit peut-être pas l'imagination et la sensibilité qui sont nécessaires à l'autre. Aussi les formes du roman ne lui servoient-elles que de prétexte pour faire part au public du résultat de ses méditations philosophiques.

Il semble pourtant avoir ambitionné une fois le succès réservé à ceux qui créent des aventures touchantes et mettent en jeu les passions humaines. C'est dans la *Baronne de Luz*. Il y a sans doute de l'intérêt et même du pathétique; mais le peintre de caractères y tient encore plus de place que le peintre de situations. Ce roman, comme on sait, a pour but de prouver qu'une femme peut perdre son honneur sans perdre son innocence : la vertu de madame de Luz est mise plusieurs fois de suite à cette sorte d'épreuve. On trouva dans le temps que quelques-uns de ces incidens étoient peu naturels, et le livre fut regardé comme un jeu d'esprit, comme une espèce de gageure. Duclos en fit adroitement l'apologie dans une lettre qu'un de ses amis étoit censé lui adresser à ce sujet. L'auteur de cette lettre auroit dû rester bien caché, puisque plusieurs des torts reprochés à l'ouvrage y étoient sincèrement avoués; mais il fut impossible de ne pas reconnoître Duclos à sa manière. Peu d'écrivains en ont eu une aussi décidée.

On la retrouve encore toute entière dans *Acajou et Zirphile*, qui n'est pourtant qu'une bagatelle, un vrai conte de fées. Nous avons déjà eu occasion de faire savoir pourquoi et comment il fut composé. Nous dirons seulement ici que la bizarrerie des situations données par les estampes est très-heureusement sauvée, au moyen de l'espèce de merveilleux qu'admet la féerie, et que ce fond si futile, si grotesque, est semé de traits qu'on ne s'attend guère à rencontrer dans un livre digne, par le sujet, de figurer dans la *Bibliothéque bleue*.

Il y a loin d'*Acajou* à l'*Histoire de Louis XI*. De tous les ouvrages de Duclos, c'est celui qui a été le plus diversement jugé, quant à la forme sur-tout. Les uns en ont comparé le style à celui de Tacite qu'en effet l'auteur semble avoir voulu imiter pour la profondeur, la force, la précision et une certaine recherche curieuse des causes secrètes de tous les événemens. Les autres ont prétendu que Duclos n'avoit ni l'élévation, ni l'abondance, ni la gravité que demande l'histoire, que sa diction étoit trop coupée, trop épigrammatique; quelques-uns ont attaqué le fond de l'ouvrage: selon eux, Duclos n'avoit pas assez médité sur sa matière, n'avoit pas su se la rendre propre par une étude longue et approfondie. On assure que le chancelier d'Aguesseau, lisant l'*Histoire de Louis XI* dans sa nouveauté, disoit, à de certains endroits : *Ah! mon ami, qu'on voit bien que tu ne sais tout cela que d'hier au soir* (*)! Presque toutes ces critiques sont fondées sans doute; mais l'*Histoire de Louis XI* n'en est pas moins un ouvrage rempli de recherches curieuses où, comme le dit M. de Beauvau, l'auteur

(*) Voici comme Chamfort rapporte ce même mot : *C'est un ouvrage composé d'aujourd'hui avec l'érudition d'hier*.

M. Senac de Meilhan, dans ses *Considérations sur l'Esprit et les Mœurs*, voulant expliquer pourquoi Duclos n'a pas réussi à peindre un roi mort depuis trois siècles, lui qui peignoit si bien ses contemporains, dit : *C'est que Duclos n'avoit pas soupé avec Louis XI*.

« raconte avec rapidité, énergie et impartialité les événe-
» mens d'un des règnes les plus remarquables de la monar-
» chie et qui prépara la révolution la plus importante dans
» le gouvernement et dans les mœurs ». Le volume de
Pièces Justificatives, qui y fait suite, est justement estimé
par tous ceux qui étudient les antiquités de notre histoire.

Les *Mémoires Secrets des règnes de Louis XIV et de
Louis XV* sont un autre ouvrage historique de Duclos;
mais, dans le jugement qu'on en a porté, la critique n'est
point venue se mêler à la louange. C'est que cet ouvrage
étoit tout à fait dans l'espèce et dans la mesure de son
talent. Les qualités qui lui manquoient pour composer une
histoire en forme, auroient été déplacées dans des mémoires, et tous les défauts qu'il avoit montrés dans ce premier
genre d'écrits, ont été précisément regardés comme autant
de qualités dans le second. « Ces *Mémoires*, dit Chamfort,
» sont le fruit du travail de plusieurs années; c'est le ta-
» bleau des événemens qui se sont passés sous les yeux de
» Duclos, dont il a pénétré les causes, dont il a, en quelque
» sorte, manié les ressorts. L'auteur a vécu avec la plupart
» de ceux qu'il a peints. Il les avoit observés avec cette sa-
» gacité fine et profonde qu'il a développée dans les *Consi-
» dérations sur les Mœurs*. C'étoit le vrai caractère de son
» esprit (*) ». Duclos, historiographe de France, ne vouloit
pas qu'entre ses mains cet emploi fût un vain titre; mais il
ne vouloit pas non plus, comme il le disoit lui-même, s'a-
vilir par l'adulation, ni se perdre par la vérité. Il se détermina donc à ne point faire imprimer, de son vivant, son
Histoire du règne présent (c'est ainsi qu'il la nommoit),
et, dans la crainte que le gouvernement ne s'en emparât et
ne l'anéantît, il en fit faire plusieurs copies qu'il envoya, hors
du royaume, à différentes personnes, entr'autres au cardinal de Bernis, son ami, qui joue lui-même un grand rôle
dans la dernière partie de l'ouvrage. L'expérience a prouvé
que cette précaution n'étoit pas tout à fait inutile; car à
peine Duclos eut-il les yeux fermés, qu'un exempt vint de
la part du roi demander tous les papiers relatifs à l'histoire,
qui pouvoient se trouver chez lui. L'existence des *Mémoires Secrets* étoit connue bien avant qu'ils fussent imprimés;

(*) Œuvres de Chamfort, tom. III, pag. 206.

NOTICE

Duclos en avoit lu des morceaux à plusieurs gens de lettres, et notamment à M. de Vauxcelles, qui, très-amateur lui-même d'anecdotes, a réfuté ou modifié quelques-unes de celles de Duclos en marge de son exemplaire. Nous avons placé ses notes à la fin du premier volume des *Mémoires*, sur lequel elles portent toutes, afin que le lecteur compare, discute et se décide.

De même que les *Mémoires Secrets*, le *Voyage en Italie* de Duclos n'a été imprimé que depuis la révolution. Chamfort, qui rendit compte de ces deux ouvrages dans le *Mercure*, s'exprime ainsi au sujet du dernier. « Cet écrit
» ne peut qu'honorer la mémoire et le talent de Duclos. On
» y retrouve son esprit d'observation, sa philosophie libre
» et mesurée; sa manière de peindre par des faits, des
» anecdotes, des rapprochemens heureux (*) ». M. de Fontanes, dans l'article déjà cité, en parle à peu près de la même manière; mais, ce que Chamfort s'est gardé de faire, il s'étonne que Duclos n'ait rien dit des chefs-d'œuvres des arts qui couvrent l'Italie, et il ajoute : « Si par hasard Du-
» clos et Winkelman s'étoient rencontrés à Rome, ils n'au-
» roient pu concevoir mutuellement leur genre de vie. L'ami
» des arts, Winkelman, se fût, à coup sûr, indigné contre
» l'indifférence du bel-esprit françois; Duclos, à son tour,
» eût ri d'un enthousiasme qu'il ne pouvoit partager, et
» peut-être eût-il fait un joli chapitre contre la manie des
» admirateurs exclusifs de l'antiquité ». L'observation est spirituelle; elle a toute la justesse absolue qu'on peut désirer; et les choses auroient peut-être dû se passer comme l'a dit M. de Fontanes; mais par malheur elles se sont passées tout autrement. Duclos et Winkelman se sont vus; et ils se sont fort goûtés. Voici ce qu'en dit Duclos : « On a
» beaucoup écrit sur Herculane; mais personne n'a rien
» donné de si savant et de si instructif que l'abbé Winkel-
» man, le plus habile antiquaire que j'aie connu. Il étoit,
» en cette qualité, attaché au pape, et fort communicatif;
» *je prenois à Rome grand plaisir à converser avec lui.*
» Il avoit consenti à une correspondance avec moi, et j'ai
» appris, avec la plus vive douleur, le crime qui nous l'a
» enlevé (**) ». Duclos a intitulé son voyage : *Considéra-*

(*) Œuvres de Chamfort, tom. III, pag. 227.
(**) *Voyage en Italie*, tom. VII, pag. 125.

tions sur l'Italie; titre qui convient mieux que tout autre à une relation qui n'est ni un itinéraire, ni une description des lieux, mais le coup d'œil d'un observateur sur les gouvernemens, les hommes, les mœurs générales et celles des différentes classes de la société.

Les *Remarques sur la Grammaire générale et raisonnée de Port-Royal* ont toujours joui de beaucoup d'estime. MM. de Beauzau et Beauzée, l'un directeur de l'académie françoise, l'autre récipiendaire en remplacement de Duclos, en ont fait le plus grand éloge dans leurs discours. Il est vrai qu'outre leurs sentimens personnels pour l'auteur, la position où ils se trouvoient, ne leur permettoit pas de parler désavantageusement d'une de ses productions; mais, comme ils étoient tous deux excellens grammairiens, cette qualité, qu'ils ne devoient pas vouloir compromettre, doit ajouter autant de poids à leur suffrage, que les autres considérations peuvent lui en ôter, et, tout se trouvant ainsi compensé, il reste démontré, à ce qu'il nous semble, que les *Remarques* sont l'ouvrage d'un homme qui avoit porté, dans l'étude de la grammaire, un esprit très-juste et très-philosophique. C'est dans ces *Remarques* que Duclos a établi son nouveau système d'orthographe, suivant lequel elles sont imprimées. Cette innovation a été blâmée plus qu'elle ne le méritoit peut-être. Si Duclos a poussé trop loin la réforme, on ne peut disconvenir qu'elle ne soit nécessaire à plusieurs égards. Nous allons citer un fait qui prouve avec quelle attention et quelle sûreté de jugement Duclos examine tout ce qui avoit rapport à la science grammaticale. L'abbé Girard venoit de faire paroître ses *Vrais Principes de la langue françoise*, ouvrage où beaucoup d'idées vraies et lumineuses au fond, sont présentées d'une manière trop abstraite, trop métaphysique; Duclos dit : *C'est un livre qui fera la fortune d'un autre*. La prédiction s'est vérifiée.

Duclos fit pour l'académie des inscriptions et belles-lettres, six *Mémoires* qui figurent d'une manière très-distinguée dans le recueil des travaux de cette compagnie; et dont quelques-uns se retrouvent, en tout ou en partie, textuellement ou en substance, dans l'*Encyclopédie*. Les deux premiers ont pour objet l'*Origine et les révolutions des langues celtique et françoise*; le troisième, *les Épreuves par le duel et par les élémens, communément appelées les jugemens de Dieu*; le quatrième, *les Jeux scéniques des Romains, et ceux qui ont précédé en France la naissance du poëme dramatique*; le cinquième, *les Druides*; et le sixième, *l'Art de partager l'action théâtrale, et celui de noter la déclamation, qu'on prétend avoir été en usage chez les Romains*. Le mérite de chacun de ces *Mémoires* a été apprécié en détail par le secrétaire perpétuel de l'académie des inscriptions et belles-lettres dans son *Éloge de Duclos*, et par M. Beauzée, dans son discours de réception à l'académie françoise. Nous croyons qu'on peut appliquer à tous le jugement que ce dernier a porté sur l'un d'eux : « L'érudition y est tempérée par l'esprit, et l'esprit » assujéti par l'érudition ». On a lieu d'être étonné que le même homme qui retraçoit plusieurs époques intéressantes de l'histoire moderne, peignoit les vices et les travers de la société dans des ouvrages d'une forme grave ou légère, et analysoit les principes fondamentaux de l'art de parler et d'écrire, ait encore eu le temps, le goût et l'aptitude de fouiller les antiquités grecques, romaines, celtiques et gauloises; et que déjà moraliste, historien, romancier et grammairien distingué, il soit parvenu aussi à se marquer une place honorable parmi les érudits. Cela prouve une souplesse de talent et une facilité de travail peu communes.

Le zélé et infatigable secrétaire de l'académie françoise, voyant que l'histoire de cette compagnie, commencée par Pélisson, et conduite par d'Olivet jusqu'au commencement du dix-huitième siècle, étoit restée interrompue, crut de son devoir de la continuer. Il entreprit ce travail; il retraça les principaux faits qui avoient eu lieu depuis 1700, jusqu'à l'époque où il écrivoit, et il alloit composer les éloges de tous les académiciens morts dans l'intervalle, lorsque lui-même mourut. L'éloge de Fontenelle est le seul qu'il ait laissé. « M. de Fontenelle, dit d'Alembert, après avoir si bien » loué les autres, méritoit de trouver dans M. Duclos un » panégyriste éloquent ». Quant au récit qui précède l'éloge de cet académicien, il est *semé*, dit encore d'Alembert, *de traits philosophiques et piquans, tels que Duclos savoit les répandre sur tout ce qu'il écrivoit* (*).

Duclos, en littérature, appartenoit à l'école de Fontenelle

(*) Préface de l'*Histoire des membres de l'académie françoise*, par d'Alembert.

et de La Motte. Il n'affectoit pas la même irrévérence qu'eux pour les grands génies de l'antiquité ; mais il faisoit, comme eux, très-peu de cas de la poésie, et peut-être enchérissoit-il sur leur dédain. *Cela est beau comme de la prose*, étoit la plus grande louange qu'il pût donner aux vers les plus beaux. Sa conduite, du moins, fut d'accord avec sa doctrine : il ne fit point, comme Fontenelle, et surtout La Motte, des volumes de vers. Il composa seulement, et dans l'unique dessein d'avoir ses entrées à l'opéra, un opéra-ballet intitulé : *les Caractères de la Folie*, qui fut joué avec succès en 1743, et repris en 1762, avec un acte nouveau, substitué à l'un des anciens par M. de Nivernois, son ami.

Tels sont les ouvrages de Duclos, jusqu'ici connus du public, et imprimés séparément. Il nous reste quelques mots à dire de plusieurs écrits nouvellement découverts, qui forment en entier le dixième volume de notre collection, la seule qu'on ait encore faite des œuvres de cet ingénieux écrivain. Comme ces différens morceaux voient le jour pour la première fois, nous ne pouvons alléguer en leur faveur le suffrage d'aucun littérateur accrédité, et, de toute manière, la bienséance nous défend d'y suppléer par le nôtre. Nous nous bornerons donc à une simple énumération.

Le premier de ces écrits est le fragment des *Mémoires sur la vie de Duclos*, écrits par lui-même : ce fragment dont nous avons suffisamment parlé au commencement de cette notice, est d'environ cent pages.

Il est suivi d'un morceau assez étendu, qui a pour titre : *Considérations critiques et historiques sur le goût*. Il peut être utile et agréable de le comparer avec les dissertations que Montesquieu, Voltaire et d'Alembert ont faites sur le même sujet (*), et dont Duclos parle ainsi en terminant la sienne. « Trois de mes confrères, dont le nom » seul fait une recommandation pour leurs ouvrages, ont » traité cette matière chacun dans le caractère qui lui est

---

(*) Voyez l'*Encyclopédie*, article *Goût* (*grammaire, littérature et philosophie*). On connoît encore sur le goût un *Essai* de Marmontel, des *Réflexions* de madame de Lambert ; un chapitre de l'*Introduction à la Connoissance de l'Esprit humain*, de Vauvenargues, et enfin l'*Essai historique et philosophique* de Cartaud de la Vilate.

» propre. Quels que soient leurs principes sur le goût, ils
» en ont du moins fourni des modèles ».

Aux *Considérations sur le Goût* succède un récit de la révolution qui a placé Catherine II sur le trône de Russie. Nous ne dissimulerons pas que cet ouvrage perd beaucoup de son intérêt à paroître après celui de Rulhière, auquel il est peut-être antérieur pour la composition; mais, comme ils renferment tous deux exactement les mêmes faits, les mêmes particularités, ils serviront à se confirmer l'un l'autre. Au reste, ils diffèrent par la dimension et par la manière. Celui de Duclos n'est que de douze pages, et il est écrit du style des *Mémoires secrets*. C'est promettre au moins une lecture piquante. Immédiatement après la narration de Duclos, se trouve une longue lettre où l'impératrice elle-même raconte l'événement à un correspondant dont on ignore le nom et la qualité. Ce n'est certainement point dans une semblable pièce qu'il faut aller chercher la vérité sur cette singulière catastrophe; mais il est curieux de voir jusqu'à quel point Catherine daigne mentir pour en colorer les circonstances un peu atroces.

La seconde moitié du volume est remplie par des morceaux et des matériaux historiques, des anecdotes, des particularités, des détails d'étiquette et de généalogie, des extraits de dépêches, des bons mots et des réflexions morales, plus ou moins développées, qui devoient peut-être entrer dans une nouvelle édition des *Considérations sur les Mœurs*, ou dans quelqu'autre ouvrage de ce genre. Nous ne sommes pas dans la même incertitude relativement aux *morceaux* et aux *matériaux* historiques. Ceux-ci devoient incontestablement servir à la continuation des *Mémoires Secrets*, et ceux-là en faisoient très certainement partie; ils en ont été retranchés par Duclos pour des motifs que nous ne devinons pas : nous en avons une preuve sans réplique. En tête de l'exemplaire de M. de Vauxcelles, dont nous avons déjà parlé, on lit ces mots: « Je cherche en
» vain ici certains endroits que Duclos m'avoit lus, tels que
» celui des domestiques de Louis XIV. Il remontoit jus-
» qu'à ceux de Henri IV, et donnoit la date de Beringhem,
» comme celle de Bontemps et de Quentin ». Cet endroit même, tel qu'il est ici désigné, se trouve parmi les fragmens historiques de notre tome dixième, et quoique très-

piquant, il n'est pas encore un des plus intéressans du recueil. Plusieurs morceaux de différente nature terminent ce volume. On remarquera dans le nombre une suite de lettres que Duclos écrivoit d'Italie à M. Abeille avec toute la confiance de l'amitié, et qui servent de complément à son *Voyage*.

Nous terminerons ici ce que nous avions à dire sur la personne et sur les ouvrages d'un homme qui passa pour le plus bel esprit de France, avant que le mérite supérieur de Voltaire eût triomphé des fureurs de l'envie ; et qui, voyant sa réputation pâlir, mais non point s'effacer, reconnut de bonne grâce son vainqueur, et *échappa*, comme dit ingénieusement M. de La Harpe, *à la foiblesse trop commune de passer dans le parti de l'envie quand on voit la gloire s'éloigner*. Duclos, en descendant, évita d'être renversé ; il vécut heureux, il mourut considéré, et sa place paroît désormais fixée invariablement parmi les écrivains les plus spirituels et les plus utiles de notre nation.

L. S. AUGER.

DISCOURS
DE M. DUCLOS,
PRONONCÉ

A L'ACADÉMIE FRANÇOISE,

Lorsqu'il y fut reçu à la place de M. l'abbé Mongault, le 26 janvier 1747.

Messieurs,

Après les hommages que tant d'hommes illustres vous ont rendus, on pourroit croire que la matière en est épuisée. L'empressement avec lequel on se rend à vos assemblées publiques, l'attention, la curiosité même qu'on y apporte, paroissent autoriser cette idée. Il semble qu'on y vienne, non pour juger un ouvrage ordinaire, mais pour être témoin d'une difficulté vaincue, et qui devient chaque jour plus insurmontable par les succès.

J'avoue, Messieurs, que je n'ai jamais envisagé sous cet aspect le devoir que je remplis aujourd'hui; je ne l'ai point regardé comme devant être une preuve de talent propre à justifier votre choix; ce n'est point à une loi que je crois obéir : je cède à un sentiment plus noble et plus digne de vous, Messieurs. Les bienfaits exigent la reconnoissance; ceux qui sont capables de la ressentir ne sauroient la rendre trop publique, et le devoir dont je viens m'acquitter, se perpétuera par le principe qui l'a fait naître. Des engagemens de citoyen (*), auxquels tous les autres sont subordonnés, ont suspendu mon hommage; mais je jouis enfin du plaisir de vous marquer ma reconnoissance, et l'honneur que je reçois en est le plus sûr garant.

La gloire d'être assis parmi vous est l'objet de tous ceux qui cultivent les lettres, le principe de leur émulation, la récompense de leurs succès, quelquefois un encouragement dans leurs travaux. Ce ne peut être qu'à ce dernier motif que je dois la grâce que vous m'accordez; mais vous ne pourriez pas toujours réparer vos pertes, si vous ne comptiez pas que vos bienfaits peuvent devenir pour ceux qui les reçoivent un moyen de les mériter.

(*) L'auteur, lors de son élection, étoit aux états de Bretagne, en 1746.

Je ne chercherai donc point à me dissimuler la distance qu'il y a de moi à mon prédécesseur : peut-être faut-il se proposer un terme au-dessus de ses forces, pour être en état de les employer toutes, et je n'en ai point à négliger.

M. l'abbé Mongault élevé dans les meilleures écoles, en fut bientôt l'ornement. Des maîtres illustres se glorifioient de lui avoir donné les premières leçons, et l'auroient présenté comme une preuve de l'excellence de leur méthode, si un tel disciple eût pu tirer à conséquence. Par un retour heureux, l'honneur qu'il avoit fait à ses maîtres lui procura celui d'élever un prince (*), dont la modestie nous interdit un éloge qui ne déplairoit qu'à lui seul.

M. l'abbé Mongault ne dut qu'à lui la préférence qu'il obtint sur ses concurrens. Un prince d'un génie élevé avoit intérêt de faire un bon choix : M. l'abbé Mongault n'avoit besoin que d'être connu; il l'étoit, il fut choisi. Loin de se relâcher alors des études auxquelles il devoit sa célébrité, il en fit une utile application au devoir précieux dont il venoit d'être chargé. Il savoit d'ailleurs qu'une réputation d'éclat n'est jamais dans un état de consistance; si elle ne croît, elle s'éclipse. Il s'étoit déjà fait un nom par la

(*) M. le duc d'Orléans, fils du régent. Il vivoit alors, et est mort en 1752.

traduction d'Hérodien : il l'augmenta par celle des lettres de Cicéron à Atticus, et fit voir qu'un traducteur, qui est toujours un citoyen utile, peut être encore un critique éclairé, un philosophe et un auteur distingué. Il y a des genres où il est facile de réussir à un certain point; mais la supériorité est peut-être, en tout genre, d'un mérite égal, quoique différent.

On trouve dans les traductions de M. l'abbé Mongault, la pureté et l'élégance du style ; et dans les notes, une érudition choisie, la précision, la justesse et le goût.

Quelque plaisir qu'on eût à lire ses ouvrages, on ne le préféroit point à celui de converser avec l'auteur, et l'on sait combien il est rare de trouver des hommes supérieurs à leurs écrits.

Le caractère de M. l'abbé Mongault avoit avec son esprit la conformité qu'il auroit dans tous les hommes, s'ils ne le défiguroient pas. Ses idées, ses vertus, ses défauts même, tout étoit à lui. Le commerce du monde l'avoit instruit et ne l'avoit pas changé, puisqu'il ne l'avoit pas corrompu. Il ne confondoit pas les dehors d'une fausse politesse avec l'estime, ni de frivoles attentions avec l'amitié. Jamais il ne refusa sa reconnoissance aux services, ni ses éloges au mérite; mais il accordoit moins son amitié par retour que par attrait. Il ne recherchoit pas fort vivement des amis nouveaux, parce qu'il étoit sûr de ne perdre aucun de ceux qu'il avoit.

Pensant librement, il parloit avec franchise, ne cédoit point aux sentimens d'autrui par foiblesse, contredisoit par estime, ne se rendoit qu'à la conviction. Il étoit un exemple qu'un caractère vrai, fût-il mêlé de défauts, est plus sûr de plaire continûment, qu'une complaisance servile qui dégoûte à la fin, ou une fausse vertu qui tôt ou tard se démasque. Né avec ce discernement prompt qui pénètre les hommes, il joignit à la sagacité qui saisit le ridicule, l'indulgence qui le fait pardonner; au talent d'une plaisanterie fine, un talent encore plus rare, celui d'en connoître les bornes.

Avec moins d'esprit qu'il n'en avoit, il auroit pu usurper la réputation d'en avoir davantage; en se rendant redoutable dans la société, il ne cessa jamais d'y être aimable. Sa faveur auprès des grands fut toujours égale, parce qu'elle étoit méritée. On ne déplaît sans sujet que lorsqu'on a plu sans motif. Je parlerois de ses liaisons intimes avec les gens de lettres, si l'amitié entr'eux devoit être un sujet d'éloges. Leur devoir est d'éclairer les hommes; leur intérêt, de vivre dans une union qui réduise leurs ennemis à une jalousie impuissante et peut-être respectueuse. C'étoit à ces titres que M. l'abbé Mongault remplissoit si dignement parmi vous, Messieurs, une place où vous daignez m'admettre. Plus jaloux de votre gloire que de la grâce que vous m'accordez, je n'aurois osé ni la rechercher, ni la recevoir, si je n'éprouvois depuis plusieurs années quels secours on trouve dans une compagnie littéraire. Je sens avec la plus vive reconnoissance ce que je dois à l'académie des belles-lettres : j'y vois tous mes confrères, comme autant de bienfaiteurs, trop habitués à l'être pour s'en apercevoir eux-mêmes. J'ose me flatter que mon attachement leur est connu; mais je voudrois avoir autant d'occasions de le publier, que j'en ai de l'augmenter chaque jour.

J'espère, Messieurs, que je ne vous devrai pas moins : les hommes tels que vous s'engagent par leurs propres bienfaits. Peut-on ignorer, d'ailleurs, les avantages nécessairement attachés aux académies? Les hommes n'ont adouci leur état qu'en vivant en société; les sciences et les lettres ont dû tirer les mêmes secours de la réunion des lumières. Le premier essor de l'esprit est toujours accompagné d'une présomption qui peut d'abord lui servir d'aiguillon, mais qui doit aussi l'égarer. Le commerce avec les hommes illustres, la comparaison qu'on ne peut s'empêcher de faire de soi-même avec eux, la réflexion, les progrès même, en inspirant la confiance, font connoître des difficultés. Plus on s'élève, plus l'horizon s'étend; plus on aperçoit d'objets, plus on en conçoit où l'on ne peut atteindre. L'école du mérite doit être celle de la modestie. En effet, si les hommes sont injustes en leur faveur, ce n'est pas dans le sentiment intérieur qu'ils ont d'eux-mêmes, c'est dans le jugement qu'ils en prononcent, et dans l'idée qu'ils en veulent donner aux autres; il est rare que l'amour-propre aille plus loin.

Le concert des esprits ne sert pas uniquement à les rendre plus retenus et plus sûrs; c'est du choc des opinions que sort la lumière de la vérité, qui se communique, se réfléchit, se multiplie, développe et fortifie les talens. Le génie même, cette espèce d'instinct supérieur à l'esprit, plus hardi que la raison, quelquefois moins sûr, toujours plus brillant; le génie, dis-je, qui est indépendant de celui qui en est doué, reçoit ici des secours. On ne l'inspire pas; mais des préceptes sages peuvent en régler la marche, prévenir ses écarts, augmenter ses forces en les réunissant, et les diriger vers leur objet.

Si l'on réfléchit d'ailleurs sur les occupations qui vous sont communes, on verra que le soin de polir et de perfectionner la langue, n'a d'autre objet que de rendre l'esprit exact et précis.

Les langues, qui paroissent l'effet du hasard et du caprice, sont assujéties à une logique d'autant plus invariable, qu'elle est naturelle et presque machinale. C'est en la développant qu'on éclaircit les idées, et rien ne contribue tant à les multiplier que de les ranger dans leur ordre naturel. En remontant au principe commun des langues, on reconnoît, malgré le préjugé contraire, que leur premier avantage est de n'avoir point de génie particulier (*), espèce de servitude qui ne pourroit que resserrer la sphère des idées.

La langue françoise, elevée dans Corneille, élégante dans Racine, exacte dans Boileau, facile dans Quinault, naïve dans La Fontaine, for-

(*) Le génie d'une langue est une expression assez équivoque qu'il est bon d'éclaircir.

Si, par le génie d'une langue, on entend la propriété d'exprimer des idées que d'autres langues ne pourroient pas rendre, le génie d'une langue est une chimère. Il n'y a point de langues de peuples policés, au moyen desquelles un homme de génie ne puisse rendre ses idées, et tout ce que son esprit conçoit clairement.

Si, par le génie d'une langue, on n'entend que la syntaxe, la forme grammaticale des différens idiomes qui fait que les uns, tels que le grec et le latin, emploient des cas pour marquer les divers rapports sous lesquels un objet est envisagé, et que d'autres, tels que le françois, l'italien, etc., parviennent au même but au moyen des prépositions ou de la place des mots, chaque langue a son génie.

te dans Bossuet, sublime aussi souvent qu'il est permis aux hommes de l'être, prouve assez que les langues n'ont que le génie de ceux qui les emploient. Quelque langue que ces hommes illustres eussent adoptée, elle auroit reçu l'empreinte de leur génie; et si l'on prétend que le caractère distinctif du françois est d'être simple, clair et naturel, on ne fait pas attention que ces qualités sont celles de la conversation, qu'elles sont nécessaires au commerce intime des hommes, et que le François est de tous le plus sociable.

Quelques peuples paroissent avoir cédé à leurs besoins mutuels, en formant des sociétés; il semble que le François n'ait consulté que le plaisir d'y vivre. C'est par là que notre langue est devenue la langue politique de l'Europe.

Des nations policées ont été obligées de faire des lois pour conserver leur langue naturelle dans leurs actes publics. La nécessité fait étudier les langues étrangères, on se fait même honneur de les savoir; il seroit honteux d'ignorer le françois qui, chez ces mêmes peuples, fait partie de l'éducation commune. Je suis très-éloigné de vouloir fonder notre gloire sur la destruction de celle de nos rivaux, et d'abuser de leur exemple en l'imitant; mais il est permis de ne pas dissimuler ici de pareilles vérités.

On ne sauroit donc trop reconnoître le soin que vous prenez, Messieurs, de perfectionner une langue si générale, et dont l'étendue même est le plus grand obstacle au dessein de la fixer, du moins autant qu'une langue vivante peut être fixée; car il faut avouer que le caprice, qui ne peut rien sur les principes généraux, décide continuellement de l'usage et de l'application des termes.

Les auteurs de génie doivent, à la vérité, ralentir les révolutions du langage : on adopte et l'on conserve long-temps les expressions de ceux dont on admire les idées; et c'est l'avantage qu'ils ont sur des écrivains qui ne seroient qu'élégans ou corrects; mais enfin tout cède au temps et à l'inconstance ; un travail aussi difficile que le vôtre renaît continuellement, puisqu'il s'agit de déterminer l'état actuel et l'état successif de la langue. Que d'objets ne faut-il pas embrasser à la fois, lorsqu'on voit dans un même peuple les différentes conditions former presqu'autant de dialectes particuliers ! Il faut l'attention la plus suivie, la discussion la plus fine, le discernement le plus sûr, pour découvrir et faire apercevoir le véritable usage des termes, assigner leur propriété, distinguer des nuances qui échappent à des yeux ordinaires, et qui ne sont saisies que par une vue attentive, nette et exercée. Il arrive nécessairement alors que les idées se rangent dans un ordre méthodique ; on apprend à distinguer les termes qui ne sont pas faits pour s'unir, d'avec ceux dont l'union naturelle modifie les idées et en exprime de nouvelles. C'est ainsi qu'un petit nombre de couleurs primitives en forment une infinité d'autres également distinctes. En s'appliquant à parler avec précision, on s'habitue à penser avec justesse.

Tels sont, Messieurs, les services que vous rendez aux lettres, aux sciences et aux arts; vos lumières se communiquent de proche en proche à ceux mêmes qui ne croient pas vous les devoir. Il est vrai que les services continus sont ceux qui conservent le moins d'éclat; mais les bienfaiteurs généreux ne s'informent pas s'il y a des ingrats, et l'ingratitude marquée ne sert pas moins que la reconnoissance, de monument aux bienfaits.

Quelque grands que soient les vôtres, on ne devoit pas moins attendre d'une compagnie où Corneille, Racine, Bossuet, Fénélon, La Fontaine, Boileau, La Bruyère, et tant d'autres grands hommes dictoient les préceptes, et prodiguoient les exemples dans leurs ouvrages, qui sont les vrais mémoires de l'académie françoise; et ce qui fait le comble et la preuve de leur gloire, leurs disciples ont été des hommes dignes d'être leurs successeurs.

Le premier (*), dont les jours sont si chers (je ne dis pas à l'académie, un tel homme appartient à l'Europe), semble n'avoir pas assez vécu pour la quantité et le mérite de ses ouvrages. Esprit trop étendu pour pouvoir être renfermé dans les bornes du talent, il s'est maintenu au milieu des lettres et des sciences dans une espèce d'équilibre propre à répandre la lumière sur tout ce qu'il a traité. Il mérita, presque en naissant, des jaloux; mais ses ennemis ont succombé sous l'indignation publique, et s'il en pouvoit encore avoir, on les regarderoit comme des aveugles qui n'exciteroient plus que la compassion.

Corneille et Racine sembloient avoir fixé les places, et n'en plus laisser à prétendre dans leur carrière. Vous avez vu l'auteur d'Électre, de Rhadamiste et d'Atrée s'élever auprès d'eux. Quand les places sont une fois marquées, l'esprit peut les remplir, il n'appartient qu'au génie de les créer.

Les étrangers, jaloux de la littérature françoise, et qui semblent décider la supériorité en notre faveur par les efforts qu'ils font pour nous la disputer, ne nous demandoient qu'un poëme épique. L'ouvrage qui fait cesser leur reproche doit augmenter leur jalousie.

(*) M. de Fontenelle.

Molière et Quinault avoueroient les ouvrages de ceux qui ont marché sur leurs traces; quelques-uns ont ouvert des routes nouvelles, et leurs succès ont réduit les critiques à n'attaquer que le genre.

Des savans, qui connoissoient trop les hommes pour ignorer qu'il ne suffit pas d'être utile pour leur plaire, et que le lecteur n'est jamais plus attentif que lorsqu'il ne soupçonne pas qu'on veuille l'instruire, présentent l'érudition sous une forme agréable.

Des philosophes, animés du même esprit, cachent les préceptes de la morale sous des fictions ingénieuses, et donnent des leçons d'autant plus sûres qu'elles sont voilées sous l'appât du plaisir, espèce de séduction nécessaire pour corriger les hommes, à qui le vice ne paroît odieux que lorsqu'ils le trouvent ridicule.

Ceux qui unissent ici un rang élevé à une naissance illustre, seroient également distingués, si le sort les eût fait naître dans l'obscurité. Occupé de leurs qualités personnelles, on ne se rappelle leurs dignités que par réflexion, et l'académie n'en retire pas moins d'utilité que d'éclat, semblable à ces palais d'une architecture noble, où les ornemens font partie de la solidité.

Tant de talens divers, des conditions si différentes, doivent avoir pour lien nécessaire et pour principe d'égalité, une estime réciproque qui vous assure celle du public. Vous faites voir qu'il faut être digne de l'attention, quand on en devient l'objet. L'admiration n'est qu'un mouvement subit, que la réflexion cherche à justifier et souvent à désavouer; les hommes n'accordent une estime continue que par l'impossibilité de la refuser, et leur sévérité est juste à cet égard. L'esprit doit être le guide le plus sûr de la vertu; on ne pourroit la trahir que par un défaut de lumière, quelques talens qu'on eût d'ailleurs, et ce n'est qu'en pratiquant ses maximes qu'on obtient le droit de les annoncer.

S'il suffisoit, Messieurs, de sentir le prix de vos leçons pour en être digne, j'oserois y prétendre. Permettez-moi cependant un aveu qui naît uniquement de ma reconnoissance. Les biens les plus précieux par eux-mêmes sont ceux dont on doit moins altérer le prix, et je n'aurois jamais aspiré à la gloire dont vous m'avez comblé pendant mon absence, si ceux d'entre vous dont j'ai l'honneur d'être plus particulièrement connu, n'eussent fait naître, ou du moins enhardi mes premiers désirs. Si je n'eusse déjà éprouvé vos bontés, j'aurois craint que les personnes qui m'honorent de leur amitié, estimables par les qualités de l'esprit, respectables par celles du cœur, ne vous eussent donné de moi une opinion plus avantageuse que je ne la mérite.

Ce seroit ainsi, Messieurs, qu'on pourroit surprendre vos suffrages, que personne n'est en droit de contraindre : en effet, qui sont ceux qui composent cette compagnie? Les uns, respectables par les premières dignités de l'état, ne doivent guère connoître d'égards que ceux dont ils sont l'objet, et se dépouillant ici de tous les titres étrangers à l'académie, s'honorent de l'égalité; les autres, uniquement livrés à l'étude, retireroient bien peu d'avantage du sacrifice qu'ils font de la fortune, s'ils ne conservoient pas le privilége d'une âme libre : j'ajouterai de plus que le roi s'étant déclaré votre protecteur, l'usage de votre liberté devient le premier devoir de votre reconnoissance.

Votre fondateur, Messieurs, si jaloux d'ailleurs de l'autorité, sentit mieux que personne que les lettres doivent former une république dont la liberté est l'âme, et que les hommes qui en sont dignes, sont les plus ennemis de la licence. C'est par un sentiment si honorable pour vous, que la mémoire du cardinal de Richelieu doit vous être chère. Que pourroit-on dire de plus à sa gloire, que le fait même dont on ne paroît pas assez frappé ? L'éloge d'un particulier a été mis au rang des devoirs, sans qu'on ait été étonné d'un pareil projet, et, ce qui n'est pas moins glorieux pour vous que pour lui, ce devoir a toujours été rempli.

L'honneur d'avoir succédé à ce grand ministre, et sur-tout d'avoir été choisi parmi vous, rendra immortel le nom du chancelier Seguier; Louis-le-Grand jugea bientôt que votre reconnoissance n'avoit pas peu contribué à mériter à des sujets l'honneur d'être à votre tête, et qu'il n'appartenoit qu'à votre roi d'être votre protecteur. Ce monarque mit par là le comble à votre gloire, et ne crut pas donner atteinte à la sienne, lui dont le caractère propre, si j'ose le dire, fut d'être roi, et qui n'a pas moins illustré les lettres par la matière que ses actions leur ont fournie, que par les grâces dont il les a comblées.

Votre gloire, Messieurs, ne pouvoit plus croître; mais, ce qui est encore plus rare suivant le sort des choses humaines, elle s'est maintenue dans le même éclat. L'auguste successeur de Louis-le-Grand a bien voulu vous adopter, et semble avoir regardé votre compagnie comme un apanage de la royauté.

Quel bonheur pour vous, Messieurs, de lui rendre, par reconnoissance et par amour, le tribut d'éloges que ses ennemis ne sauroient lui refuser ! il n'en a point qui ne soient ses admirateurs. Ils ont la douleur de succomber sous les armes d'un vainqueur qui ne se glorifie pas même de la victoire. Il l'envisage comme un malheur pour l'humanité, et ne voit dans le titre de héros que la cruelle nécessité de l'être. L'intérêt qu'il prend aux hommes prouve qu'il est fait pour commander à tous. Peu touché de la gloire des succès, il gémit des malheurs de la guerre; supérieur à la gloire même, né pour elle, il n'en est point ébloui : il combat, il triomphe, et ses vœux sont pour la paix. Sensible, reconnoissant, digne et capable d'amitié, roi et citoyen à la fois, qualités si rarement unies, il aime ses sujets autant qu'il en est aimé, et son peuple est fait pour son cœur. Le François est le seul qui, servant son prince par amour, ne s'aperçoit pas s'il a un maître; il aime, et tous ses devoirs se trouvent remplis : partout ailleurs on obéit. La félicité publique doit être nécessairement le fruit d'une union si chère entre le monarque et le peuple. Que Louis soit toujours l'unique objet de nos vœux; si les siens sont remplis, nous n'en aurons point à former pour nous-mêmes.

FIN DU DISCOURS DE M. DUCLOS.

RÉPONSE

DE M. L'ABBÉ

COMTE DE BERNIS (*),

Directeur de l'académie françoise, au discours de M. Duclos.

Monsieur,

Je ne dois point au caprice du sort l'honneur de présider à cette assemblée; l'académie françoise a voulu confier à vos amis le soin de vous marquer son estime. Elle auroit choisi entr'eux, pour parler en son nom, si elle n'eût été sensible qu'à sa gloire, un homme (**) dont les talens sont connus, dont les succès sont assurés, et qui, né à la cour, pouvoit négliger les lettres s'il avoit moins d'esprit, et leur donner un nouvel éclat, s'il étoit moins modeste.

En me réservant l'honneur de vous recevoir

(*) Depuis cardinal et archevêque d'Alby.
(**) M. le duc de Nivernois.

dans son sein, l'académie, Monsieur, n'a point consulté mes forces; elle ne s'est souvenue que de mes sentimens; elle a envisagé comme une récompense de mon zèle et de mon respect pour elle, le plaisir que j'aurois de vous couronner à ses yeux, et de mesurer le tribut d'estime qu'elle m'ordonne de vous rendre, aux éloges qu'inspire l'amitié.

Ces lieux ont assez retenti des louanges de l'esprit et du génie; c'est à l'amitié, c'est à ce sentiment respectable que je consacre aujourd'hui mes foibles talens.

Quel heureux moment pour vous et pour moi ! je n'ai point à craindre de vous trop louer; vous n'aurez point à rougir de mes louanges; l'éloge d'un ami est toujours exempt de flatterie. L'homme indifférent peut, à son gré, dissimuler les défauts, exagérer les bonnes qualités, supposer des vertus; mais l'ami ne suppose rien dans son ami, il sent tout ce qu'il exprime; et s'il se trompe quelquefois sur l'étendue du mérite, il ignore toujours qu'il se soit trompé; plus il est sensible, plus il est susceptible de prévention; l'illusion qui le suit, le charme en même temps qu'elle l'égare.

C'est pour me défendre, autant qu'il est en moi, d'une illusion si flatteuse, que j'éviterai de m'étendre sur le succès de vos différens ouvrages. Ce m'est point à votre ami à vous dire que l'esprit qui y règne est un esprit de lumière et de feu, qui vole rapidement à son but, qui dévore tous les obstacles, dissipe toutes les ténèbres, et ne néglige quelquefois de s'arrêter sur les divers accidens qui précèdent, accompagnent ou suivent les objets, que pour présenter plus vivement les objets mêmes. Il n'est permis qu'à des juges sans prévention d'apprécier la noble hardiesse d'un écrivain qui s'écarte des routes communes, non par la singularité, mais parce que son génie lui en ouvre de nouvelles, qui attaque l'empire injuste des préjugés, et respecte avec soumission toutes les lois de l'autorité légitime.

Je laisse à vos justes admirateurs le soin d'applaudir à votre esprit; mon devoir est de parler de votre cœur, de développer, de faire encore mieux connoître cette partie de vous-même, si intéressante pour nous, et sans laquelle, en vous décernant la couronne du talent et de l'esprit, nous aurions gémi de ne pouvoir vous accorder le prix de notre estime.

Je dois rappeler, pour la gloire des lettres, ce temps à peine écoulé, où l'honneur d'être assis parmi nous excita l'ambition d'une foule de concurrens estimables: le public et l'académie même, partagés entre un écrivain célèbre et un homme (*) qui joint au mérite littéraire l'avantage d'être utile à l'état, s'occupoient sans cesse des deux rivaux, défendoient avec chaleur leurs intérêts, et attendoient avec une impatience mêlée de crainte le moment marqué pour le triomphe.

Jamais victoire ne fut mieux disputée; jamais, au milieu des sollicitations les plus puissantes, la liberté de l'académie, si nécessaire au bien des lettres, et le plus grand des bienfaits de notre auguste protecteur, ne se conserva si pleine et si entière; jamais deux émules ne s'estimèrent de si bonne foi, et ne se firent la guerre avec tant de probité; ils combattoient sans crainte, persuadés que le vainqueur deviendroit l'ami le plus zélé de son rival, au moment qu'il seroit nommé son juge.

L'événement justifia cette confiance réciproque : l'un et d'autre parti se réunirent, les suffrages se confondirent pour être unanimes, et les juges cessèrent d'être partagés entre les deux concurrens, dès qu'ils eurent deux couronnes à leur offrir.

Vous ne devez pas regretter, Monsieur, de n'avoir pu solliciter vous-même une place que nous vous destinions depuis long-temps. Vos

(*) M. l'abbé de La Ville, ci-devant ministre du roi en Hollande.

amis, pendant votre absence, ont achevé de lever le voile qui déroboit vos vertus; ils ont révélé les secrets de l'honnête homme, ces actions généreuses faites sans ostentation et toujours cachées avec soin : ils ont mis dans le plus grand jour cette noblesse de sentimens, cette simplicité de mœurs, ce fonds de franchise et de probité qui déconcerte souvent la dissimulation, et attire toujours la confiance.

Pardonnez-moi, Monsieur, de m'occuper si long-temps de vous; peut-être un jour, placé où je suis, verrez-vous entrer dans ce sanctuaire des Muses un ami, vous sentirez alors combien il est difficile d'abréger son éloge.

Je n'ajouterai rien au portrait que vous venez de faire de votre célèbre prédécesseur; vous avez saisi tous les traits qui peignent son esprit, qui caractérisent ses ouvrages; et je les affoiblirois, si j'essayois de les imiter. Je me contenterai donc de remarquer que M. l'abbé Mongault, dans ses excellentes traductions, a su asservir avec tant d'art la langue françoise au génie de la langue latine et de la langue grecque, que les expressions seules sont changées, et que l'esprit de l'original, conservé tout entier, semble avoir repris une nouvelle vie : Hérodien, dans son histoire, Cicéron, dans ses lettres, parlent comme des François, et ne cessent pas, s'il est permis de s'exprimer ainsi, de penser comme des anciens.

M. l'abbé Mongault eut encore un autre genre de mérite plus rare et plus grand aux yeux de la raison : sévère critique des originaux dont il faisoit de si belles copies, il aperçut des défauts dans l'orateur latin, et un grand nombre de fautes dans l'historien grec, il osa les relever avec une hardiesse presque sans exemple : sans doute, la supériorité de son esprit pouvoit seule l'empêcher de tomber dans cette espèce d'idolâtrie si commune aux traducteurs.

Venez, Monsieur, nous consoler de la perte d'un écrivain si estimable; nous sommes en droit d'attendre de vous les mêmes secours : comme lui, vous appartenez à une colonie florissante, qui, sortie autrefois du sein de l'académie françoise, nous rend par reconnoissance les trésors de lumière qu'elle reçut autrefois de nous : venez nous faire part des richesses qu'elle découvre tous les jours, et portez-lui en échange ces principes de goût, ces finesses de l'art d'écrire, qui sont l'objet de nos recherches.

Vous verrez régner dans nos assemblées l'égalité la plus parfaite, malgré la différence des conditions; la docilité la plus grande, malgré la supériorité des lumières; la concorde au milieu des talens, et l'union entre les rivaux.

Vous verrez l'académie, toujours équitable, ne mépriser dans ses plus cruels ennemis que l'injustice de leur prévention, et louer, même de bonne foi, les dons précieux de l'esprit dont ils abusent contr'elle.

Vous verrez, enfin, dans ce temple des Muses, les vertus exciter autant d'émulation que les talens. Oui, monsieur, l'estime d'un roi protecteur des arts, les bontés d'un monarque père de son peuple, sont pour l'académie françoise des motifs d'ambition plus puissans que les applaudissemens de l'univers et les louanges de la postérité. Admis au pied du trône, vous bénirez avec nous le règne de la justice; vous célebrerez les succès de la guerre, sans perdre de vue les avantages de la paix. L'encens de la flatterie ne fume point devant notre maître : le roi méprise la louange; il n'aime que l'expression du sentiment. Que nous sommes heureux ! en ne disant que la vérité, nous faisons l'éloge de son règne.

Bientôt son palais va retentir de nos chants; bientôt un fils digne de lui, un prince, l'espérance des François, qui, au sortir de l'enfance, connoissoit déja la probité et l'honoroit de ses éloges, va s'unir au pied des autels à une princesse illustre, qui ne doit qu'à ses vertus le bruit de sa renommée. Bientôt ces deux augustes époux vont former ces liens respectables qui assurent la gloire du trône et la félicité des peuples.

Que leurs nœuds sacrés soient éternels ; que leur bonheur surpasse leur espérance, et égale l'ardeur de nos vœux ! Une semblable union annonce à la postérité la plus reculée, des princes justes ; aux ennemis de la France, des vainqueurs généreux, et des arbitres à l'Europe.

FIN DE LA RÉPONSE DE M. L'ABBÉ DE BERNIS.

CONSIDÉRATIONS
SUR LES MŒURS
DE CE SIÈCLE.

AU ROI.

Sire,

Le bonheur d'être attaché personnellement à Votre Majesté par la place dont elle m'a honoré (*), les bontés dont elle m'a comblé, et l'approbation qu'elle a daigné accorder à l'ouvrage que j'ose lui présenter (**), sont mes titres pour lui en offrir l'hommage. Ma vie sera désormais consacrée à rassembler les monumens du règne le plus fécond en événemens glorieux. Tous les écrivains s'empresseront de peindre le héros et le pacificateur de l'Europe; j'aurai de plus l'avantage d'être à portée de faire connoître le roi vertueux, le prince à qui l'humanité est chère. Pour

(*) La place d'historiographe de France, par brevet du 20 septembre 1750.
(**) Ce fut la seconde édition de cet ouvrage dont le roi daigna accepter la dédicace en 1751.

rendre à Votre Majesté le tribut d'éloges qui lui est dû, je n'ai qu'à écouter la voix de la renommée et de la vérité. Voilà mes guides et mes garans; l'éloge d'un grand roi doit être l'histoire de sa vie.

Je suis avec le plus profond respect,

SIRE,

DE VOTRE MAJESTÉ,

Le très-humble, très-obéissant et très-fidèle sujet et serviteur,
DUCLOS.

CONSIDÉRATIONS
SUR LES MŒURS
DE CE SIÈCLE.

INTRODUCTION.

J'ai vécu, je voudrois être utile à ceux qui ont à vivre. Voilà le motif qui m'engage à rassembler quelques réflexions sur les objets qui m'ont frappé dans le monde. Les sciences n'ont fait de vrais progrès que depuis qu'on travaille, par l'expérience, l'examen et la confrontation des faits, à éclaircir, détruire ou confirmer les systèmes. C'est ainsi qu'on en devroit user à l'égard de la science des mœurs. Nous avons quelques bons ouvrages sur cette matière; mais, comme il arrive des révolutions dans les mœurs, les observations faites dans un temps ne sont pas exactement applicables à un autre. Les principes puisés dans la nature sont toujours subsistans; mais, pour s'assurer de leur vérité, il faut sur-tout observer les différentes formes qui les déguisent, sans les altérer, et qui, par leur liaison avec les principes, tendent de plus en plus à les confirmer.

Il seroit donc à souhaiter que ceux qui ont été à portée de connoître les hommes, fissent part de leurs observations. Elles seroient aussi utiles à la science des mœurs, que les journaux des navigateurs l'ont été à la navigation. Des faits et des observations suivies conduisent nécessairement à la découverte des principes, les dégagent de ce qui les modifie dans tous les siècles, et chez les différentes nations; au lieu que des principes purement spéculatifs sont rarement sûrs, ont encore plus rarement une application fixe, et tombent souvent dans le vague des systèmes. Il y a d'ailleurs une grande différence entre la connoissance de l'homme et la connoissance des hommes. Pour connoître l'homme, il suffit de s'étudier soi-même; pour connoître les hommes, il faut les pratiquer.

Je me suis proposé, en observant les mœurs, de démêler dans la conduite des hommes quels en sont les principes, et peut-être de concilier leurs contradictions. Les hommes ne sont inconséquens dans leurs actions, que parce qu'ils sont inconstans ou vacillans dans leurs principes.

Quoique cet ouvrage semble avoir pour objet

particulier la connoissance des mœurs de ce siècle, j'espère que l'examen des mœurs actuelles pourra servir à faire connoître l'homme de tous les temps.

Pour mettre plus d'ordre et de clarté dans les différentes matières que je me propose de traiter, je les distribuerai par chapitres. Je choisirai les sujets qui me paroîtront les plus importans, dont l'application est la plus fréquente, la plus étendue; et je tâcherai, par leur réunion, de les faire concourir à un même but, qui est la connoissance des mœurs. J'espère que mes idées s'éloigneront également de la licence et de l'esprit de servitude; j'userai en citoyen de la liberté dont la vérité a besoin.

Si l'ouvrage plaît, j'en serai très-flatté; j'en serai encore plus content, s'il est utile.

CHAPITRE PREMIER.

Sur les mœurs en général.

Avant que de parler des mœurs, commençons par déterminer les différentes idées qu'on attache à ce terme; car, loin d'avoir des synonymes, il admet plusieurs acceptions. Dans la plus générale, il signifie les habitudes naturelles ou acquises pour le bien ou pour le mal. On l'emploie même pour désigner les inclinations des différentes espèces d'animaux.

On dit d'un poëme, et de tout ouvrage d'imagination, que les *mœurs* y sont bien gardées, lorsque les usages, les coutumes, les caractères des personnages sont conformes à la connoissance, ou à l'opinion qu'on en a communément. Mais si l'on dit simplement d'un ouvrage qu'il y a des *mœurs*, on veut faire entendre que l'auteur a écrit d'une manière à inspirer l'amour de la vertu et l'horreur du vice. Ainsi les *mœurs* sans épithète s'entendent toujours des *bonnes mœurs*.

Les *mœurs* d'un tableau consistent dans l'observation du *costume*. Les *mœurs*, en parlant d'un particulier et de la vie privée, ne signifient autre chose que la pratique des vertus morales, ou le déréglement de la conduite, suivant que ce terme est pris en bien ou en mal. On voit dès là que les mœurs diffèrent de la morale qui devroit en être la règle, et dont elles ne s'écartent que trop souvent. Les bonnes mœurs sont la morale pratique.

Relativement à une nation, on entend par les *mœurs*, ses coutumes, ses usages, non pas ceux qui, indifférens en eux-mêmes, sont du ressort d'une mode arbitraire; mais ceux qui influent sur la manière de penser, de sentir et d'agir, ou qui en dépendent. C'est sous cet aspect que je considère les *mœurs*.

De telles considérations ne sont pas des idées purement spéculatives. On pourroit l'imaginer d'après ces écrits sur la morale, où l'on commence par supposer que l'homme n'est qu'un composé de misère et de corruption, et qu'il ne peut rien produire d'estimable. Ce système est aussi faux que dangereux. Les hommes sont également capables du bien et du mal; ils peuvent être corrigés, puisqu'ils peuvent se pervertir; autrement, pourquoi punir, pourquoi récompenser, pourquoi instruire ? Mais pour être en droit de reprendre, et en état de corriger les hommes, il faudroit d'abord aimer l'humanité, et l'on seroit alors à leur égard, juste sans dureté, et indulgent sans lâcheté.

Les hommes sont, dit-on, pleins d'amour-propre, et attachés à leur intérêt. Partons de là. Ces dispositions n'ont par elles-mêmes rien de vicieux, elles deviennent bonnes ou mauvaises par les effets qu'elles produisent. C'est la séve des plantes; on n'en doit juger que par les fruits. Que deviendroit la société, si on la privoit de ses ressorts? si l'on en retranchoit les passions? Qu'importe en effet qu'un homme ne se propose dans ses actions que sa propre satisfaction, s'il la fait consister à servir la société? Qu'importe que l'enthousiasme patriotique ait fait trouver à Régulus de la satisfaction dans le sacrifice de sa vie? La vertu purement désintéressée, si elle étoit possible, produiroit-elle d'autres effets? Cet odieux sophisme d'intérêt personnel n'a été imaginé que par ceux qui, cherchant toujours exclusivement le leur, voudroient rejeter le reproche qu'eux seuls méritent sur l'humanité entière. Au lieu de calomnier la nature, qu'ils consultent leurs vrais intérêts, ils les verront unis à ceux de la société.

Qu'on apprenne aux hommes à s'aimer entre eux, qu'on leur en prouve la nécessité pour leur bonheur. On peut leur démontrer que leur gloire et leur intérêt ne se trouvent que dans la pratique de leurs devoirs. En cherchant à les dégrader, on les trompe, on les rend plus malheureux ; sur l'idée humiliante qu'on leur donne d'eux-mêmes, ils peuvent être criminels sans en rougir. Pour les rendre meilleurs, il ne faut que les éclairer : le crime est toujours un faux jugement.

Voilà toute la science de la morale, science plus importante et aussi sûre que celles qui s'appuient sur des démonstrations. Dès qu'une société est formée, il doit y exister une morale et des principes sûrs de conduite. Nous devons à tous ceux qui nous doivent, et nous leur devons également, quelque différens que soient ces devoirs. Ce principe est aussi sûr en morale, qu'il est certain, en géométrie, que tous les rayons d'un cercle sont égaux et se réunissent en un même point.

Il s'agit donc d'examiner les devoirs et les erreurs des hommes ; mais cet examen doit avoir pour objet les mœurs générales, celles des différentes classes qui composent la société, et non les mœurs des particuliers ; il faut des tableaux et non des portraits ; c'est la principale différence qu'il y a de la morale à la satire.

Les peuples ont, comme des particuliers, leurs caractères distinctifs, avec cette différence, que les mœurs particulières d'un homme peuvent être une suite de son caractère ; mais elles ne le constituent pas nécessairement ; au lieu que les mœurs d'une nation forment précisément le caractère national.

Les peuples les plus sauvages sont ceux parmi lesquels il se commet le plus de crimes : l'enfance d'une nation n'est pas son âge d'innocence. C'est l'excès du désordre qui donne la première idée des lois : on les doit au besoin, souvent au crime, rarement à la prévoyance.

Les peuples les plus polis ne sont pas aussi les plus vertueux. Les mœurs simples et sévères ne se trouvent que parmi ceux que la raison et l'équité ont policés, et qui n'ont pas encore abusé de l'esprit pour se corrompre. Les peuples policés valent mieux que les peuples polis. Chez les barbares, les lois doivent former les mœurs : chez les peuples policés, les mœurs perfectionnent les lois, et quelquefois y suppléent ; une fausse politesse les fait oublier. L'état le plus heureux seroit celui où la vertu ne seroit pas un mérite. Quand elle commence à se faire remarquer, les mœurs sont déjà altérées, et si elles deviennent ridicules, c'est le dernier degré de la corruption.

Un objet très-intéressant seroit l'examen des différens caractères des nations, et de la cause physique ou morale de ces différences ; mais il y auroit de la témérité à l'entreprendre, sans connoître également bien les peuples qu'on voudroit comparer, et l'on seroit toujours suspect de partialité. D'ailleurs l'étude des hommes avec qui nous avons à vivre, est celle qui nous est vraiment utile.

En nous renfermant dans notre nation, quel champ vaste et varié! Sans entrer dans des subdivisions qui seroient plus réelles que sensibles, quelle différence, quelle opposition même de mœurs ne remarque-t-on pas entre la capitale et les provinces? Il y en a autant que d'un peuple à un autre.

Ceux qui vivent à cent lieues de la capitale, en sont à un siècle pour les façons de penser et d'agir. Je ne nie pas les exceptions, et je ne parle qu'en général : je prétends encore moins décider de la supériorité réelle, je remarque simplement la différence.

Qu'un homme, après avoir été long-temps absent de la capitale, y revienne, on le trouve ce qu'on appelle *rouillé;* peut-être n'en est-il que plus raisonnable; mais il est certainement différent de ce qu'il étoit. C'est dans Paris qu'il faut considérer le François, parce qu'il y est plus François qu'ailleurs.

Mes observations ne regardent pas ceux qui, dévoués à des occupations suivies, à des travaux pénibles, n'ont partout que des idées relatives à leur situation, à leurs besoins, et indépendantes des lieux qu'ils habitent. On trouve plus à Paris qu'en aucun lieu du monde de ces victimes du travail.

Je considère principalement ceux à qui l'opulence et l'oisiveté suggèrent la variété des idées, la bizarrerie des jugemens, l'inconstance des sentimens et des affections, en donnant un plein essor au caractère. Ces hommes-là forment un peuple dans la capitale. Livrés alternativement et par accès à la dissipation, à l'ambition, ou à ce qu'ils appellent philosophie, c'est-à-dire, à l'humeur, à la misantropie; emportés par les plaisirs, tourmentés quelquefois par de grands intérêts ou des fantaisies frivoles, leurs idées ne sont jamais suivies, elles se trouvent en contradiction, et leur paroissent successivement d'une égale évidence. Les occupations sont différentes à Paris et dans la province; l'oisiveté même ne s'y ressemble pas: l'une est une langueur, un engourdissement, une existence matérielle; l'autre est une activité sans dessein, un mouvement sans objet. On sent plus à Paris qu'on ne pense, on agit plus qu'on ne projette, on projette plus qu'on ne résout. On n'estime que les talens et les arts de goût; à peine a-t-on l'idée des arts nécessaires, on en jouit sans les connoître.

Les liens du sang n'y décident de rien pour l'amitié; ils n'imposent que des devoirs de décence; dans la province, ils exigent des services : ce n'est pas qu'on s'y aime plus qu'à Paris, on s'y hait souvent davantage, mais on y est plus *parent* : au lieu que dans Paris, les intérêts croisés, les événemens multipliés, les affaires, les plaisirs, la variété des sociétés, la facilité d'en changer; toutes ces causes réunies empêchent l'amitié, l'amour ou la haine d'y prendre beaucoup de consistance.

Il règne à Paris une certaine indifférence générale qui multiplie les goûts passagers, qui tient lieu de liaison, qui fait que personne n'est de trop dans la société, que personne n'y est nécessaire : tout le monde se convient, personne ne se manque. L'extrême dissipation où l'on vit, fait qu'on ne prend pas assez d'intérêt les uns aux autres, pour être difficile ou constant dans les liaisons.

On se recherche peu, on se rencontre avec plaisir; on s'accueille avec plus de vivacité que de chaleur; on se perd sans regret, ou même sans y faire attention.

Les mœurs font à Paris ce que l'esprit du gouvernement fait à Londres; elles confondent et égalent dans la société les rangs qui sont distingués et subordonnés dans l'état. Tous les ordres vivent à Londres dans la familiarité, parce que tous les citoyens ont besoin les uns des autres; l'intérêt commun les rapproche.

Les plaisirs produisent le même effet à Paris; tous ceux qui se plaisent se conviennent, avec cette différence que l'égalité, qui est un bien quand elle part d'un principe du gouvernement, est un très-grand mal quand elle ne vient que des mœurs; parce que cela n'arrive jamais que par leur corruption.

Le grand défaut du François est d'avoir toujours le caractère jeune; par là il est souvent aimable, et rarement sûr: il n'a presque point d'âge mûr, et passe de la jeunesse à la caducité. Nos talens dans tous les genres s'annoncent de bonne heure: on les néglige long-temps par dissipation, et à peine commence-t-on à vouloir en faire usage, que leur temps est passé. Il y a peu d'hommes parmi nous qui puissent s'appuyer de l'expérience.

Oserai-je faire une remarque, qui peut-être n'est pas aussi sûre qu'elle me le paroît? mais il me semble que ceux de nos talens qui demandent de l'exécution, ne vont pas ordinairement jusqu'à soixante ans dans toute leur force. Nous ne réussissons jamais mieux dans quelque carrière que ce puisse être, que dans l'âge mitoyen, qui est très-court, et plutôt encore dans la jeunesse que dans un âge trop avancé. Si nous formions de bonne heure notre esprit à la réflexion, et je crois cette éducation possible, nous serions sans contredit la première des nations, puisque, malgré nos défauts, il n'y en a point qu'on puisse nous préférer : peut-être même pourrions-nous tirer avantage de la jalousie de plusieurs peuples : on ne jalouse que ses supérieurs. A l'égard de ceux qui se préfèrent naïvement à nous, c'est parce qu'ils n'ont pas encore de droit à la jalousie.

D'un autre côté, le commun des François croit que c'est un mérite de l'être : avec un tel sentiment, que leur manque-t-il pour être *patriotes ?* Je ne parle point de ceux qui n'estiment que les étrangers. On n'affecte de mépriser sa nation que pour ne pas reconnoître ses supérieurs ou ses rivaux trop près de soi.

Les hommes de mérite, de quelque nation qu'ils soient, n'en forment qu'une entr'eux. Ils sont exempts d'une vanité nationale et puérile; ils la laissent au vulgaire, à ceux qui, n'ayant point de gloire personnelle, sont réduits à se prévaloir de celle de leurs compatriotes.

On ne doit donc se permettre aucun parallèle injurieux et téméraire ; mais s'il est permis de remarquer les défauts de sa nation, il est de devoir d'en relever le mérite, et le François en a un distinctif.

C'est le seul peuple dont les mœurs peuvent

se dépraver, sans que le fond du cœur se corrompe, ni que le courage s'altère ; il allie les qualités héroïques, avec le plaisir, le luxe et la mollesse : ses vertus ont peu de consistance, ses vices n'ont point de racines. Le caractère d'Alcibiade n'est pas rare en France. Le déréglement des mœurs et de l'imagination ne donne point atteinte à la franchise, à la bonté naturelle du François : l'amour-propre contribue à le rendre aimable ; plus il croit plaire, plus il a de penchant à aimer. La frivolité qui nuit au développement de ses talens et de ses vertus, le préserve en même temps des crimes noirs et réfléchis. La perfidie lui est étrangère, et il est bientôt fatigué de l'intrigue. Le François est l'enfant de l'Europe. Si l'on a quelquefois vu parmi nous des crimes odieux, ils ont disparu plutôt par le caractère national que par la sévérité des lois.

Un peuple très-éclairé et très-estimable à beaucoup d'égards, se plaint que la corruption est venue chez lui au point qu'il n'y a plus de principes d'honneur, que les actions s'y évaluent toutes, qu'elles sont en proportion exacte avec l'intérêt, et qu'on y pourroit faire *le tarif des probités*.

Je suis fort éloigné d'en croire l'humeur et des déclamations de parti ; mais s'il y avoit un tel peuple, ce que je ne veux pas croire ; il seroit composé d'une multitude de vils criminels, parce qu'il y en auroit à tout prix, et on y trouveroit plus de scélérats qu'en aucun lieu du monde, puisqu'il n'y auroit point de vertu dont on ne pût trouver la valeur.

Cela n'est pas heureusement ainsi parmi nous. On y voit peu de criminels par système; la misère y est le principal écueil de la probité. Le François se laisse entraîner par l'exemple, et séduire par le besoin; mais il ne trahit pas la vertu de dessein formé. Or la nécessité ne fait guère que des fautes quelquefois pardonnables; la cupidité réduite en système fait les crimes.

C'est déjà un grand avantage que de ne pas supposer que la probité puisse être vénale; cela empêche bien des gens de chercher le prix de la leur; elle n'existe plus dès qu'elle est à l'encan.

Les abus et les inconvéniens qu'on remarque parmi nous, ne seroient pas sans remède, si on le vouloit. Sans entrer dans le détail de ceux qui appartiennent autant à l'autorité qu'à la philosophie, quel parti ne tireroit pas de lui-même un peuple chez qui l'éducation générale seroit assortie à son génie, à ses qualités propres, à ses vertus, et même à ses défauts?

CHAPITRE II.

Sur l'Éducation et sur les Préjugés.

On trouve parmi nous beaucoup d'instruction et peu d'éducation. On y forme des savans, des artistes de toute espèce; chaque partie des lettres, des sciences et des arts y est cultivée avec succès, par des méthodes plus ou moins convenables. Mais on ne s'est pas encore avisé de former des hommes, c'est-à-dire, de les élever respectivement les uns pour les autres, de faire porter sur une base d'éducation générale toutes les instructions particulières, de façon qu'ils fussent accoutumés à chercher leurs avantages personnels dans le plan du bien général, et que, dans quelque profession que ce fût, ils commençassent par être patriotes.

Nous avons tous dans le cœur des germes de vertus et de vices; il s'agit d'étouffer les uns et de développer les autres. Toutes les facultés de l'âme se réduisent à sentir et penser: nos plaisirs consistent à aimer et connoître; il ne faudroit donc que régler et exercer ces dispositions, pour rendre les hommes utiles et heureux par le bien qu'ils feroient et qu'ils éprouveroient eux-mêmes. Telle est l'éducation qui devroit être générale, uniforme, et préparer l'instruction qui doit être différente, suivant l'état, l'inclination et les dispositions de ceux qu'on veut instruire. L'instruction concerne la culture de l'esprit et des talens.

Ce n'est point ici une idée de république imaginaire : d'ailleurs, ces sortes d'idées sont, au moins, d'heureux modèles, des chimères, qui ne le sont pas totalement, et qui peuvent être réalisées jusqu'à un certain point. Bien des choses ne sont impossibles que parce qu'on s'est accoutumé à les regarder comme telles. Une opinion contraire et du courage rendroient souvent facile ce que le préjugé et la lâcheté jugent impraticable.

Peut-on regarder comme chimérique ce qui s'est exécuté? Quelques anciens peuples, tels que les Égyptiens et les Spartiates, n'ont-ils pas eu une éducation relative à l'état, et qui en faisoit en partie la constitution?

En vain voudroit-on révoquer en doute des mœurs si éloignées des nôtres : on ne peut connoître l'antiquité que par les témoignages des historiens ; tous déposent et s'accordent sur cet article. Mais, comme on ne juge des hommes que par ceux de son siècle, on a peine à se persuader qu'il y en ait eu de plus sages autrefois, quoiqu'on ne cesse de le répéter par humeur. Je veux bien accorder quelque chose à un doute philosophique, en supposant que les historiens ont embelli les objets; mais c'est précisément ce qui prouve à un philosophe qu'il y a un fonds de vérité dans ce qu'ils ont écrit. Il s'en faut bien qu'ils rendent un pareil témoignage à d'autres peuples dont ils vouloient cependant relever la gloire.

Il est donc constant que dans l'éducation qui se donnoit à Sparte, on s'attachoit d'abord à former des Spartiates. C'est ainsi qu'on devroit, dans tous les états, inspirer les sentimens de citoyen, former des François parmi nous, et, pour en faire des François, travailler à en faire des hommes.

Je ne sais si j'ai trop bonne opinion de mon siècle; mais il me semble qu'il y a une certaine fermentation de raison universelle qui tend à se développer, qu'on laissera peut-être se dissiper, et dont on pourroit assurer, diriger et hâter les progrès par une éducation bien entendue.

Loin de se proposer ces grands principes, on s'occupe de quelques méthodes d'instructions particulières dont l'application est encore bien peu éclairée, sans parler de la réforme qu'il y auroit à faire dans ces méthodes mêmes. Ce ne seroit pas le moindre service que l'Université et les académies pourroient rendre à l'état. Que doit-on enseigner? comment doit-on l'enseigner? voilà, ce me semble, les deux points sur lesquels devroit porter tout plan d'étude, tout système d'instruction.

Les artisans, les artistes, ceux enfin qui attendent leur subsistance de leur travail, sont peut-être les seuls qui reçoivent des instructions convenables à leur destination; mais on donne absolument les mêmes à ceux qui sont nés avec une sorte de fortune. Il y a un certain amas de connoissances prescrites par l'usage, qu'ils apprennent imparfaitement, après quoi ils sont censés instruits de tout ce qu'ils doivent savoir, quelles que soient les professions auxquelles on les destine.

Voilà ce qu'on appelle *l'éducation*, et ce qui en mérite si peu le nom. La plupart des hommes qui pensent, sont si persuadés qu'il n'y en a point de bonne, que ceux qui s'intéressent à leurs enfans songent d'abord à se faire un plan nouveau pour les élever. Il est vrai qu'ils se trompent souvent dans les moyens de réformation qu'ils imaginent, et que leurs soins se bornent d'ordinaire à abréger ou aplanir quelques routes des sciences; mais leur conduite prouve du moins qu'ils sentent confusément les défauts de l'éducation commune, sans discerner précisément en quoi ils consistent.

De là les partis bizarres que prennent, et les erreurs où tombent ceux qui cherchent le vrai avec plus de bonne foi que de discernement.

Les uns, ne distinguant ni le terme où doit finir l'éducation générale, ni la nature de l'éducation particulière qui doit succéder à la première, adoptent souvent celle qui convient le moins à l'homme que l'on veut former, ce qui mérite cependant la plus grande attention. Dans l'éducation générale on doit considérer les hommes relativement à l'humanité et à la patrie; c'est l'objet de la morale. Dans l'éducation particulière qui comprend l'instruction, il faut avoir égard à la condition, aux dispositions naturelles, aux talens personnels. Tel est ou devroit être l'objet de l'instruction. La conduite qu'on suit me paroît bien différente.

Qu'un ouvrage destiné à l'éducation d'un prince ait de la célébrité, le moindre gentilhomme le croit propre à l'éducation de son fils. Une vanité sotte décide plus ici que le jugement. Quel rapport, en effet, y a-t-il entre deux hommes dont l'un doit commander, et l'autre obéir, sans avoir même le choix de l'espèce d'obéissance?

D'autres, frappés des préjugés dont on nous accable, donnent dans une extrémité plus dangereuse que l'éducation la plus imparfaite. Ils regardent comme autant d'erreurs tous les principes qu'ils ont reçus, et les proscrivent universellement. Cependant les préjugés même doivent être discutés et traités avec circonspection.

Un préjugé, n'étant autre chose qu'un jugement porté ou admis sans examen, peut être une vérité ou une erreur.

Les préjugés nuisibles à la société ne peuvent être que des erreurs, et ne sauroient être trop combattus. On ne doit pas non plus entretenir des erreurs indifférentes par elles-mêmes, s'il y en a de telles ; mais celles-ci exigent de la prudence ; il en faut quelquefois même en combattant le vice ; on ne doit pas arracher témérairement l'ivraie. A l'égard des préjugés qui tendent au bien de la société, et qui sont des germes de vertus, on peut être sûr que ce sont des vérités qu'il faut respecter et suivre. Il est inutile de s'attacher à démontrer des vérités admises ; il suffit d'en recommander la pratique. En voulant trop éclairer certains hommes, on ne leur inspire quelquefois qu'une présomption dangereuse. Eh! pourquoi entreprendre de leur faire pratiquer par raisonnement ce qu'ils suivoient par sentiment, par un préjugé honnête? Ces guides sont bien aussi sûrs que le raisonnement.

Qu'on forme d'abord les hommes à la pratique des vertus, on en aura d'autant plus de facilité à leur démontrer les principes, s'il en est besoin. Nous sommes assez portés à regarder comme juste et raisonnable ce que nous avons coutume de faire.

On déclame beaucoup depuis un temps contre les préjugés, peut-être en a-t-on trop détruit ; le préjugé est la loi du commun des hommes. La discussion en cette matière exige des principes sûrs et des lumières rares. La plupart, étant incapables d'un tel examen, doivent consulter le sentiment intérieur : les plus éclairés pourroient encore, en morale, le préférer souvent à leurs lumières, et prendre leur goût ou leur répugnance pour la règle la plus sûre de leur conduite. On se trompe rarement par cette méthode : quand on est bien intimement content de soi à l'égard des autres, il n'arrive guère qu'ils soient mécontens. On a peu de reproches à faire à ceux qui ne s'en font point ; et il est inutile d'en faire à ceux qui ne s'en font plus.

- Je ne puis me dispenser, à ce sujet, de blâmer les écrivains qui, sous prétexte, ou voulant de bonne foi attaquer la superstition, ce qui seroit un motif louable et utile, si l'on s'y renfermoit en philosophe citoyen, sapent les fondemens de la morale, et donnent atteinte aux liens de la société : d'autant plus insensés, qu'il seroit dangereux pour eux-mêmes de faire des prosélytes. Le funeste effet qu'ils produisent sur leurs lecteurs, est d'en faire dans la jeunesse de mauvais citoyens, des criminels scandaleux, et des malheureux dans l'âge avancé; car il y en a peu qui aient alors le triste avantage d'être assez pervertis pour être tranquilles.

L'empressement avec lequel on lit ces sortes d'ouvrages, ne doit pas flatter les auteurs, qui d'ailleurs auroient du mérite. Ils ne doivent pas ignorer que les plus misérables écrivains en ce genre partagent presqu'également cet honneur avec eux. La satire, la licence et l'impiété n'ont jamais seules prouvé d'esprit. Les plus méprisables par ces endroits peuvent être lus une fois : sans leurs excès, on ne les eût jamais nommés; semblables à ces malheureux que leur état condamnoit aux ténèbres, et dont le public n'apprend les noms que par le crime et le supplice.

Pour en revenir aux préjugés, il y auroit, pour les juger sans les discuter formellement, une méthode assez sûre, qui ne seroit pas pénible, et qui, dans les détails, seroit souvent applicable, sur-tout en morale. Ce seroit d'observer les choses dont on tire vanité. Il est alors bien vraisemblable que c'est d'une fausse idée. Plus on est vertueux, plus on est éloigné d'en tirer vanité, et plus on est persuadé qu'on ne fait que son devoir; les vertus ne donnent point d'orgueil.

Les préjugés les plus tenaces sont toujours ceux dont les fondemens sont les moins solides. On peut se détromper d'une erreur raisonnée, par cela même que l'on raisonne. Un raisonnement mieux fait peut désabuser du premier; mais comment combattre ce qui n'a ni principe, ni conséquence? Et tels sont tous les faux préjugés. Ils naissent et croissent insensiblement par des circonstances fortuites, et se trouvent enfin généralement établis chez les hommes, sans qu'ils en aient aperçu les progrès. Il n'est pas étonnant que de fausses opinions se soient élevées à l'insçu de ceux qui y sont le plus attachés; mais elles se détruisent comme elles sont nées. Ce n'est pas la raison qui les proscrit, elles se succèdent et périssent par la seule révolution des temps. Les unes font place aux autres, parce que notre esprit ne peut même embrasser qu'un nombre limité d'erreurs.

Quelques opinions consacrées parmi nous paroîtront absurdes à nos neveux : il n'y aura parmi eux que les philosophes qui concevront qu'elles aient pu avoir des partisans. Les hommes n'exigent point de preuves pour adopter une opinion; leur esprit n'a besoin que d'être familiarisé avec elle, comme nos yeux avec les modes.

Il y a des préjugés reconnus, ou du moins avoués pour faux par ceux qui s'en prévalent davantage. Par exemple, celui de la naissance est donné pour tel par ceux qui sont les plus fatigans sur la leur. Ils ne manquent pas, à moins qu'ils ne soient d'un orgueil stupide, de répéter qu'ils savent que la noblesse du sang n'est qu'un heureux hasard. Cependant il n'y a point de préjugé dont on se défasse moins : il y a peu d'hommes assez sages pour regarder la noblesse comme un avantage, et non comme un mérite, et pour se borner à en jouir, sans en tirer vanité. Que ces hommes nouveaux, qu'on vient de décrasser, soient enivrés de titres peu faits pour eux, ils sont excusables; mais on est étonné de trouver la même manie dans ceux qui pourroient s'en rapporter à la publicité de leur nom. Si ceux-ci prétendent par là forcer au respect, ils outrent leurs prétentions, et les portent au delà de leurs droits. Le respect d'obligation n'est dû qu'à ceux à qui l'on est subordonné par devoir, aux vrais supérieurs, que nous devons toujours distinguer de ceux dont le rang seul ou l'état est supérieur au nôtre. Le respect qu'on rend uniquement à la naissance, est un devoir de simple bienséance; c'est un hommage à la mémoire des ancêtres qui ont illustré leur nom, hommage qui, à l'égard de leurs descendans, ressemble en quelque sorte au culte des images auxquelles on n'attribue aucune vertu propre, dont la matière peut être méprisable, qui sont quelquefois des productions d'un art grossier, que la piété seule empêche de trouver ridicules, et pour lesquelles on n'a qu'un respect de relation.

Je suis très-éloigné de vouloir dépriser un ordre aussi respectable que celui de la noblesse. Le préjugé y tient lieu d'éducation à ceux qui ne sont pas en état de se la procurer, du moins pour la profession des armes, qui est l'origine de la noblesse; et à laquelle elle est particulièrement destinée par la naissance. Ce préjugé y rend le courage presque naturel, et plus ordinaire que dans les autres classes de l'état. Mais puisqu'il y a aujourd'hui tant de moyens de l'acquérir, peut-être devroit-il y avoir aussi, pour en maintenir la dignité, plus de motifs qu'il n'y en a de la faire perdre. On y déroge par des professions où la nécessité contraint, et on la conserve avec des actions qui dérogent à l'honneur, à la probité, à l'humanité même.

Si on vouloit discuter la plupart des opinions reçues, que de faux préjugés ne trouveroit-on pas, à ne considérer que ceux dont l'examen seroit relatif à l'éducation ! On suit par habitude, et avec confiance, des idées établies par le hasard.

Si l'éducation étoit raisonnée, les hommes acquerroient une très-grande quantité de vérités avec plus de facilité qu'ils ne reçoivent un petit nombre d'erreurs. Les vérités ont entr'elles une relation, une liaison, des points de contact qui en facilitent la connoissance et la mémoire : au lieu que les erreurs sont ordinairement isolées ; elles ont plus d'effet qu'elles ne sont conséquentes, et il faut plus d'efforts pour s'en détromper que pour s'en préserver.

L'éducation ordinaire est bien éloignée d'être systématique. Après quelques notions imparfaites de choses assez peu utiles, on recommande pour toute instruction les moyens de faire fortune, et pour morale la politesse; encore est-elle moins une leçon d'humanité, qu'un moyen nécessaire à la fortune.

CHAPITRE III.

Sur la politesse et sur les louanges.

CETTE politesse, si recommandée, sur laquelle on a tant écrit, tant donné de préceptes et si peu d'idées fixes, en quoi consiste-t-elle? On regarde comme épuisés les sujets dont on a beaucoup parlé, et comme éclaircis ceux dont on a vanté l'importance. Je ne me flatte pas de traiter mieux cette matière qu'on ne l'a fait jusqu'ici; mais j'en dirai mon sentiment particulier, qui pourra bien différer de celui des autres. Il y a des sujets inépuisables : d'ailleurs il est utile que ceux qu'il nous importe de connoître soient envisagés sous différens aspects, et vus par différens yeux. Une vue foible, et que sa foiblesse même rend attentive, aperçoit quelquefois ce qui avoit échappé à une vue étendue et rapide.

La politesse est l'expression ou l'imitation des vertus sociales; c'en est l'expression, si elle est vraie; et l'imitation, si elle est fausse; et les vertus sociales sont celles qui nous rendent utiles et agréables à ceux avec qui nous avons à vivre. Un homme qui les posséderoit toutes, auroit nécessairement la politesse au souverain degré.

Mais comment arrive-t-il qu'un homme d'un génie élevé, d'un cœur généreux, d'une justice exacte, manque de politesse, tandis qu'on la trouve dans un homme borné, intéressé et d'une probité suspecte? C'est que le premier manque de quelques qualités sociales, telles que la prudence, la discrétion, la réserve, l'indulgence pour les défauts et les foiblesses d'autrui : une des premières vertus sociales est de tolérer dans les autres ce qu'on doit s'interdire à soi-même. Au lieu que le second, sans avoir aucune vertu, a l'art de les imiter toutes. Il sait témoigner du respect à ses supérieurs, de la bonté à ses inférieurs, de l'estime à ses égaux, et persuader à tous qu'il en pense avantageusement, sans avoir aucun des sentimens qu'il imite.

On ne les exige pas même toujours, et l'art de les feindre est ce qui constitue la politesse de nos jours. Cet art est souvent si ridiculé et si vil, qu'il est donné pour ce qu'il est, c'est-à-dire, pour faux.

Les hommes savent que les politesses qu'ils se font ne sont qu'une imitation de l'estime. Ils conviennent, en général, que les choses obligeantes qu'ils se disent ne sont pas le langage de la vérité, et dans les occasions particulières ils en sont les dupes. L'amour-propre persuade grossièrement à chacun que ce qu'il fait par décence, on le lui rend par justice.

Quand on seroit convaincu de la fausseté des protestations d'estime, on les préféreroit encore à la sincérité, parce que la fausseté a un air de respect dans les occasions où la vérité seroit une offense. Un homme sait qu'on pense mal de lui, cela est humiliant; mais l'aveu qu'on lui en feroit seroit une insulte, on lui ôteroit par là toute ressource de chercher à s'aveugler lui-même, et on lui prouveroit le peu de cas qu'on en fait. Les gens les plus unis, et qui s'estiment à plus d'égards, deviendroient ennemis mortels, s'ils se témoignoient complètement ce qu'ils pensent les uns des autres. Il y a un certain voile d'obscurité qui conserve bien des liaisons, et qu'on craint de lever de part et d'autre.

Je suis bien éloigné de conseiller aux hommes de se témoigner durement ce qu'ils pensent, parce qu'ils se trompent souvent dans les jugemens qu'ils portent, et qu'ils sont sujets à se rétracter bientôt, sans juger ensuite plus sainement. Quelque sûr qu'on soit de son jugement, cette dureté n'est permise qu'à l'amitié, encore faut-il qu'elle soit autorisée par la nécessité et l'espérance du succès. Les opérations cruelles n'ont été imaginées que pour sauver la vie, et les palliatifs pour adoucir les douleurs.

Laissons à ceux qui sont chargés de veiller sur les mœurs, le soin de faire entendre les vérités dures; leur voix ne s'adresse qu'à la multitude; mais on ne corrige les particuliers qu'en leur prouvant de l'intérêt pour eux, et en ménageant leur amour-propre.

Quelle est donc l'espèce de dissimulation permise, ou plutôt quel est le milieu qui sépare la fausseté vile de la sincérité offensante? ce sont les égards réciproques. Ils forment le lien de la société, et naissent du sentiment de ses propres imperfections, et du besoin qu'on a d'indulgence pour soi-même. On ne doit ni offenser, ni tromper les hommes.

— Il semble que dans l'éducation des gens du monde, on les suppose incapables de vertus, et qu'ils auroient à rougir de se montrer tels qu'ils sont. On ne leur recommande qu'une fausseté qu'on appelle politesse. Ne diroit-on pas qu'un masque est un remède à la laideur, parce qu'il peut la cacher dans quelques instans?

La politesse d'usage n'est qu'un jargon fade, plein d'expressions exagérées, aussi vides de sens que de sentiment.

La politesse, dit-on, marque cependant l'homme de naissance; les plus grands sont les plus polis. J'avoue que cette politesse est le premier signe de la hauteur, un rempart contre la familiarité. Il y a bien loin de la politesse à la douceur, et plus encore de la douceur à la bonté. Les grands qui écartent les hommes à force de politesse sans bonté, ne sont bons qu'à être écartés eux-mêmes à force de respects sans attachement.

La politesse, ajoute-t-on, prouve une éducation soignée, et qu'on a vécu dans un monde choisi; elle exige un tact si fin, un sentiment si délicat sur les convenances, que ceux qui n'y ont pas été initiés de bonne heure, font dans la suite de vains efforts pour l'acquérir, et ne peuvent jamais en saisir la grâce. Premièrement, la difficulté d'une chose n'est pas une preuve de son excellence. Secondement, il seroit à désirer que des hommes qui, de dessein formé, renoncent à leur caractère, n'en recueillent d'autre fruit que d'être ridicules; peut-être cela les ramèneroit-il au vrai et au simple.

D'ailleurs cette politesse si exquise n'est pas aussi rare que ceux qui n'ont pas d'autre mérite voudroient le persuader. Elle produit aujourd'hui si peu d'effet, la fausseté en est si reconnue, qu'elle en est quelquefois dégoûtante pour ceux à qui elle s'adresse, et qu'elle a fait naître à certaines gens l'idée de jouer la grossièreté et la brusquerie pour imiter la franchise, et couvrir leurs desseins. Ils sont brusques sans être francs, et faux sans être polis.

Ce manége est déjà assez commun pour qu'il dût plus être reconnu qu'il ne l'est encore.

Il devroit être défendu d'être brusque à quiconque ne feroit pas excuser cet inconvénient de caractère par une conduite irréprochable.

Ce n'est pas qu'on ne puisse joindre beaucoup d'habileté à beaucoup de droiture; mais il n'y a qu'une continuité de procédés francs qui constate bien la distinction de l'habileté et de l'artifice.

On ne doit pas pour cela regretter les temps grossiers où l'homme, uniquement frappé de son intérêt, le cherchoit toujours par un instinct féroce au préjudice des autres. La grossièreté et la rudesse n'excluent ni la fraude, ni l'artifice, puisqu'on les remarque dans les animaux les moins disciplinables.

Ce n'est qu'en se policant que les hommes ont appris à concilier leur intérêt particulier avec l'intérêt commun; qu'ils ont compris que, par cet accord, chacun tire plus de la société qu'il n'y peut mettre.

Les hommes se doivent donc des égards, puisqu'ils se doivent tous de la reconnoissance. Ils se doivent réciproquement une politesse digne d'eux, faite pour des êtres pensans, et variée par les différens sentimens qui doivent l'inspirer.

Ainsi la politesse des grands doit être de l'humanité; celle des inférieurs de la reconnoissance, si les grands la méritent; celle des égaux, de l'estime et des services mutuels. Loin d'excuser la rudesse, il seroit à désirer que la politesse, qui vient de la douceur des mœurs, fût toujours unie à celle qui partiroit de la droiture du cœur.

Le plus malheureux effet de la politesse d'usage, est d'enseigner l'art de se passer des vertus qu'elle imite. Qu'on nous inspire dans l'éducation l'humanité et la bienfaisance, nous aurons la politesse, ou nous n'en aurons plus besoin.

Si nous n'avons pas celle qui s'annonce par les grâces, nous aurons celle qui annonce l'honnête homme et le citoyen : nous n'aurons pas besoin de recourir à la fausseté.

Au lieu d'être artificieux pour plaire, il suffira d'être bon; au lieu d'être faux pour flatter les foiblesses des autres, il suffira d'être indulgent.

Ceux avec qui l'on aura de tels procédés, n'en seront ni enorgueillis, ni corrompus; ils n'en seront que reconnoissans, et en deviendront meilleurs.

La politesse, dont je viens de parler, me rappelle une autre espèce de fausseté fort en usage; ce sont les louanges. Elles doivent leur première origine à l'admiration, la reconnoissance, l'estime, l'amour ou l'amitié. Si l'on en excepte ces deux derniers principes, qui conservent leurs droits bien ou mal appliqués, les louanges d'aujourd'hui ne partent guère que de l'intérêt. On loue tous ceux dont on croit avoir à espérer ou à craindre; jamais on n'a vu moins d'estime et plus d'éloges.

A peine le hasard a-t-il mis quelqu'un en place, qu'il devient l'objet d'une conjuration d'éloges. On l'accable de complimens, on lui adresse des vers de toutes parts; ceux qui ne peuvent percer jusqu'à lui se réfugient dans les journaux. Quiconque recevroit de bonne foi tant d'éloges, et les prendroit à la lettre, devroit être fort étonné de se trouver tout à coup un si grand mérite, d'être devenu un homme si supérieur. Il admireroit sa modestie passée qui le lui auroit caché jusqu'au moment de son élévation. On n'en voit que trop qui cèdent naïvement à cette persuasion. Je n'ai presque jamais vu d'homme en place contredit, même par ses amis, dans ses propos les plus absurdes. Comme il n'est pas possible qu'il ne s'aperçoive quelquefois de cet excès de fadeur, je ne conçois pas que quelqu'un n'ait jamais imaginé d'avoir auprès de soi un homme uniquement chargé de lui rendre, sans délation particulière, compte du jugement public à son égard. Les fous, que les princes avoient autrefois à leur cour, suppléoient à cette fonction; c'est sans doute ce qui fait regarder aujourd'hui comme fous ceux qui s'y hasardent. C'est pourtant bien dommage qu'on ait supprimé une charge qui pourroit être exercée par un honnête homme, et qui empêcheroit les gens en place de s'aveugler, ou de croire que le public est aveugle. Faute de ce *Moniteur*, qui leur seroit si utile, je ne sais s'il y en a à qui la tête n'ait plus ou moins tourné en montant; cet accident pourroit être aussi commun au moral qu'au physique. Je crois cependant qu'il y en a d'assez sensés pour regarder les fadeurs qu'on leur jette en face, comme un des inconvéniens de leur état; car ils ont l'expérience que, dans la disgrâce, ils sont délivrés de ce fléau; et c'est une consolation, sur-tout pour ceux qui étoient dignes d'éloges; car ils en sont ordinairement les moins flattés. Les hommes véritablement louables sont sensibles à l'estime; et déconcertés par les louanges. Le mérite a sa pudeur comme la chasteté. Tel se donne naïvement un éloge, qui ne le recevroit pas d'un autre sans rougir ou sans embarras.

Un homme en dignité, à qui la nature auroit refusé la sensibilité aux louanges, seroit bien à plaindre; car il en a terriblement à essuyer, et la forme en est ordinairement aussi dégoûtante que le fonds; c'est la même matière jetée dans le même moule. Il n'y a guère d'éloge dont on pût deviner le héros, si le nom n'étoit en tête. On n'y remarque rien de distinctif; on risqueroit, en ne voyant que l'ouvrage, d'attribuer à un prince ce qui étoit adressé à un particulier obscur. On pourroit, en changeant le nom, transporter le même panégyrique à cent personnages différens, parce qu'il convient aussi peu à l'un qu'à l'autre.

C'étoit ainsi qu'en usoient les anciens à l'égard des statues qu'ils avoient érigées à un empereur. S'ils venoient à le précipiter du trône, ils enlevoient la tête de ses statues, et y plaçoient aussitôt celle de son successeur (*), en attendant qu'il eût le même sort. Mais tant qu'il régnoit, on le louoit exclusivement à tous; on se gardoit bien de rappeler la mémoire d'aucun mérite qui eût pu lui déplaire : Auguste même inspiroit cette crainte à ses panégyristes. On est fâché, pour l'honneur de Virgile, d'Horace, d'Ovide, et autres, que le nom de Cicéron ne se trouve pas une seule fois dans leurs ouvrages. Ils n'ignoroient pas qu'ils auroient pu offenser l'empereur : c'eût été lui rappeler avec quelle ingratitude il avoit abandonné à la proscription le plus vertueux citoyen de son parti.

Quoique ce prince, le plus habile des tyrans,

(*) V. Suétone et Lampridius.

se fût associé au consulat le fils de Cicéron, on voyoit qu'il cherchoit à couvrir ses fureurs passées du masque des vertus. Sa feinte modération étoit toujours suspecte. Plutarque nous a conservé un trait qui prouve à quel point on craignoit de réveiller le souvenir d'un nom cher aux vrais Romains. Auguste étant entré inopinément dans la chambre d'un de ses neveux, s'aperçut que le jeune prince cachoit un livre dans sa robe; il voulut le voir, et trouvant un ouvrage de Cicéron, il en lut une partie; puis rendant le livre : *C'étoit,* dit-il, *un savant homme, et qui aimoit fort la patrie.* Personne n'eût osé en dire autant devant Auguste.

Nous voyons des ouvrages célèbres, dont les dédicaces enflées d'éloges, s'adressent à de prétendus Mécènes qui n'étoient connus que de l'auteur : du moins sont-ils absolument ignorés aujourd'hui, leur nom est enseveli avec eux.

Que d'hommes, je ne dirai pas nuls, mais pervers, j'ai vu loués par ceux qui les regardoient comme tels! Il est vrai que tous les louangeurs sont également disposés à faire une satire; la personne leur est indifférente, il ne s'agit que de sa position.

Il semble qu'un encens si banal, si prostitué, ne devroit avoir rien de flatteur; cependant on voit des hommes estimables à certains égards, avides de louanges, souvent offertes par des protégés qu'ils méprisent, semblables à Vespasien, qui ne trouvoit pas que l'argent de l'impôt levé sur les immondices de Rome eût rien d'infect. L'adulation la plus outrée est la plus sûre de plaire : une louange fine et délicate fait honneur à l'esprit de celui qui la donne ; un éloge exagéré fait plaisir à celui qui le reçoit, il prend l'exagération pour l'expression propre, et pense que les grandes vérités ne peuvent se dire avec finesse.

L'adulation même, dont l'excès se fait sentir, produit encore son effet. *Je sais que tu me flattes*, disoit quelqu'un, *mais tu ne m'en plais pas moins.*

Ce ridicule commerce de louanges a tellement prévalu, que dans mille occasions il est devenu de règle, d'obligation, et semble faire un article de législation ; comme si les hommes étoient essentiellement louables. Qui que ce soit n'est revêtu de la moindre charge, que son installation ne soit accompagnée de complimens sur sa grande capacité ; de sorte que cela ne signifie plus rien.

Les louanges sont mises aujourd'hui au rang des contes de fées ; on ne doit donc pas les regarder précisément comme des mensonges, puisque leurs auteurs n'ont pas supposé qu'on pût les croire. Quelque vils que soient les flatteurs, quelqu'aguerri que fût l'amour-propre, si l'on attachoit aux louanges toute la valeur des termes, il n'y a personne qui eût le front de les donner ni de les recevoir. Une monnoie qui n'a plus de valeur, devroit cesser d'avoir cours.

On ne doit pas confondre avec ce fade jargon les témoignages sincères de l'estime à laquelle un homme de mérite a droit de prétendre et d'être sensible. Il faudroit un grand fonds de vertu, pour la conserver avec le mépris pour l'opinion des hommes dont on est connu.

CHAPITRE IV.

Sur la probité, la vertu et l'honneur.

ON n'entend parler que de probité, de vertu et d'honneur; mais tous ceux qui emploient ces expressions en ont-ils des idées uniformes? Tâchons de les distinguer. Il vaudroit mieux, sans doute, inspirer des sentimens dans une matière qui ne doit pas se borner à la spéculation; mais il est toujours utile d'éclaircir et de fixer les principes de nos devoirs. Il y a bien des occasions où la pratique dépend de nos lumières.

Le premier devoir de la probité est l'observation des lois. Mais indépendamment de celles qui répriment les entreprises contre la société politique, il y a des sentimens et des procédés d'usage qui font la sûreté ou la douceur de la société civile, du commerce particulier des hommes, que les lois n'ont pu ni dû prescrire, et dont l'observation est d'autant plus indispensable, qu'elle est libre et volontaire; au lieu que les lois ont pourvu à leur propre exécution. Qui n'auroit que la probité qu'elles exigent, et ne s'abstiendroit que de ce qu'elles punissent, seroit encore un assez malhonnête homme.

Les lois se sont prêtées à la foiblesse et aux passions, en ne réprimant que ce qui attaque ouvertement la société : si elles étoient entrées dans le détail de tout ce qui peut la blesser indirectement, elles n'auroient pas été universellement comprises, ni par conséquent suivies : il y auroit eu trop de criminels, qu'il eût quelquefois été dur, et souvent difficile de punir, attendu la proportion qui doit toujours être entre les fautes et les peines. Les lois auroient donc été illusoires ; et le plus grand vice qu'elles puissent avoir, c'est de rester sans exécution.

Les hommes venant à se polir et s'éclairer, ceux dont l'âme étoit la plus honnête, ont suppléé aux lois par la morale, en établissant, par une convention tacite, des procédés auxquels l'usage a donné force de loi parmi les honnêtes gens, et qui sont le supplément des lois positives. Il n'y a point, à la vérité, de punition prononcée contre les infracteurs, mais elle n'en est pas moins réelle. Le mépris et la honte en sont le châtiment, et c'est le plus sensible pour ceux qui sont dignes de le ressentir. L'opinion publique, qui exerce la justice à cet égard, y met des proportions exactes, et fait des distinctions très-fines.

On juge les hommes sur leur état, leur éducation, leur situation, leurs lumières. Il semble qu'on soit convenu de différentes espèces de probités, qu'on ne soit obligé qu'à celle de son état, et qu'on ne puisse avoir que celle de son esprit. On est plus sévère à l'égard de ceux qui, étant exposés en vue, peuvent servir d'exemple, que sur ceux qui sont dans l'obscurité. Moins on exige d'un homme dont on devroit beaucoup prétendre, plus on lui fait injure. En fait de procédés, on est bien près du mépris, quand on a droit à l'indulgence.

L'opinion publique étant elle-même la peine des actions dont elle est juge, ne sauroit manquer d'être sévère sur les choses qu'elle condamne. Il y a telle action dont le soupçon fait la preuve, et la publicité le châtiment.

Il est assez étonnant que cette opinion, si sévère sur de simples procédés, se renferme quelquefois dans des bornes sur les crimes qui sont du ressort des lois. Ceux-ci ne deviennent complètement honteux que par le châtiment qui les suit.

Il n'y a point de maxime plus fausse dans nos mœurs, que celle qui dit : *Le crime fait la honte, et non pas l'échafaud.* Cela devroit être, et l'est effectivement en morale; mais nullement dans les mœurs, car on se réhabilite d'un crime impuni : et qu'on ne dise pas que c'est parce que le châtiment le constate, et en fait seul une preuve suffisante, puisqu'un crime constaté par des lettres de grâce flétrit toujours moins que le châtiment. On le remarque principalement dans l'injustice et la bizarrerie du préjugé cruel qui fait rejaillir l'opprobre sur ceux que le sang unit à un criminel; de sorte qu'il est peut-être moins malheureux d'appartenir à un coupable reconnu et impuni, qu'à un infortuné dont l'innocence n'a été reconnue qu'après le supplice.

La vraie raison vient de ce que l'impunité prouve toujours la considération qui suit la naissance, le rang, les dignités, le crédit ou les richesses. Une famille qui ne peut soustraire à la justice un parent coupable, est convaincue de n'avoir aucune considération, et par conséquent est méprisée. Le préjugé doit donc subsister; mais il n'a pas lieu, ou du moins est plus foible, sous le despotisme absolu et chez un peuple libre; par-tout où l'on peut dire: Tu es esclave comme moi, ou je suis libre comme toi. Le pouvoir arbitraire chez l'un, la justice chez l'autre ne faisant acception de personne, font des exemples dans des familles de toutes les classes, qui par conséquent ont besoin d'une compassion réciproque. Qu'il en soit ainsi parmi nous, les fautes deviendront personnelles, le préjugé disparoîtra : il n'y a pas d'autre moyen de l'éteindre.

Pourquoi ces nobles victimes qu'un crime d'état conduit sur l'échafaud, n'impriment-elles point de tache à leur famille? C'est que ces criminels sont ordinairement d'un rang élevé. Le crime, et même le supplice prouvent également de quelle importance ils étoient dans l'état. Leur chute, inspirant la terreur, montre en même temps l'élévation d'où ils sont tombés, et où sont encore ceux à qui ils appartenoient. Tout ce qui saisit par quelque grandeur l'imagination des hommes, leur impose. Ils ne peuvent pas respecter et mépriser à la fois la même famille.

Je crois avoir remarqué une autre bizarrerie dans l'application de ce préjugé. On reproche plus aux enfans la honte de leur père, qu'aux pères celle de leurs enfans. Il me semble que le contraire seroit moins injuste, parce que ce seroit alors punir les pères de n'avoir pas rectifié les mauvaises inclinations de leurs enfans, par une éducation convenable. Si l'on pense autrement, est-ce par un sentiment de compassion pour la vieillesse, ou par le plaisir barbare d'empoisonner la vie de ceux qui ne font que commencer leur carrière?

Pour éclaircir enfin ce qui concerne la probité, il s'agit de savoir si l'obéissance aux lois, et la pratique des procédés d'usage, suffisent pour constituer l'honnête homme. On verra, si l'on y réfléchit, que cela n'est pas encore suffisant pour la parfaite probité. En effet on peut, avec un cœur dur, un esprit malin, un caractère féroce, et des sentimens bas, avoir par intérêt, par orgueil ou par crainte, avoir, dis-je, cette probité qui met à couvert de tout reproche de la part des hommes.

Mais il y a un juge plus éclairé, plus sévère et plus juste que les lois et les mœurs ; c'est le sentiment intérieur qu'on appelle *la conscience*. Son empire s'étend plus loin que celui des lois et des mœurs, qui ne sont pas uniformes chez tous les peuples. La conscience parle à tous les hommes qui ne se sont pas, à force de dépravation, rendus indignes de l'entendre.

Les lois n'ont pas prononcé sur des fautes autant ou plus graves en elles-mêmes que plusieurs de celles qu'elles ont condamnées. Il n'y en a point contre l'ingratitude, la perfidie, et, en bien des cas, contre la calomnie, l'imposture, l'injustice, etc., sans parler de certains désordres qu'elles condamnent, et ne punissent guère, si l'on ne brave la honte, en les réclamant. Tel est le sort de toutes les législations. Celle des peuples que nous ne connoissons que par l'histoire, nous paroît un monument de leur sagesse, parce que nous ignorons en combien de circonstances les lois fléchissoient et restoient sans exécution. Cette ignorance des faits particuliers, des abus de détail, contribue beaucoup à notre admiration pour les gouvernemens anciens.

Cependant quand les lois deviennent indulgentes, les mœurs cessent d'être sévères, quoiqu'elles n'aient pas embrassé tout ce que les lois ont omis. Il y a même des excès condamnés par les lois, qui sont tolérés dans les mœurs, surtout à la cour et dans la capitale, où les mœurs s'écartent souvent de la morale. Combien ne tolèrent-elles pas de choses plus dangereuses que ce qu'elles ont proscrit ! Elles exigent des décences et pardonnent des vices : on est dans la société plus délicat que sévère.

Doit-on regarder comme innocent un trait de satire, ou même de plaisanterie de la part d'un supérieur, qui porte quelquefois un coup irréparable à celui qui en est l'objet; un secours gratuit refusé par négligence à celui dont le sort en dépend; tant d'autres fautes que tout le monde sent, et qu'on s'interdit si peu ?

Voilà cependant ce qu'une probité exacte doit s'interdire, et dont la conscience est le juge infaillible. Il est donc heureux que chacun ait dans son cœur un juge qui défend les autres, ou qui le condamne lui-même.

Je ne prétends point ici parler en homme religieux; la religion est la perfection et non la base de la morale; ce n'est point en métaphysicien subtil, c'est en philosophe, qui ne s'appuie que sur la raison, et ne procède que par le raisonnement. Je n'ai donc pas besoin d'examiner si cette conscience est ou n'est pas un sentiment inné; il me suffiroit qu'elle fût une lumière acquise, et que les esprits les plus bornés eussent encore plus de connoissance du juste et de l'injuste par la conscience, que les lois et les mœurs ne leur en donnent.

Cette connoissance fait la mesure de nos obligations; nous sommes tenus, à l'égard d'autrui, de tout ce qu'à sa place nous serions en droit de prétendre. Les hommes ont encore droit d'attendre de nous, non-seulement ce qu'ils regardent avec raison comme juste, mais ce que nous regardons nous-mêmes comme tel, quoique les autres ne l'aient ni exigé, ni prévu; notre propre conscience fait l'étendue de leurs droits sur nous.

Plus on a de lumières, plus on a de devoirs à remplir; si l'esprit n'en inspire pas le sentiment, il suggère les procédés, et démontre l'obligation d'y satisfaire.

Il y a un autre principe d'intelligence sur ce sujet, supérieur à l'esprit même; c'est la sensibilité d'âme, qui donne une sorte de sagacité sur les choses honnêtes, et va plus loin que la pénétration de l'esprit seul.

On pourroit dire que le cœur a des idées qui lui sont propres. On remarque entre deux hommes dont l'esprit est également étendu, profond et pénétrant sur des matières purement intellectuelles, quelle supériorité gagne celui dont l'âme est sensible, sur les sujets qui sont de cette classe-là. Qu'il y a d'idées inaccessibles à ceux qui ont le sentiment froid! Les âmes sensibles peuvent par vivacité et chaleur tomber dans des fautes que les hommes *à procédés* ne commettroient pas; mais elles l'emportent de beaucoup par la quantité de biens qu'elles produisent.

Les âmes sensibles ont plus d'existence que les autres : les biens et les maux se multiplient à leur égard. Elles ont encore un avantage pour la société, c'est d'être persuadées des vérités dont l'esprit n'est que convaincu; la conviction n'est souvent que passive, la persuasion est active, et il n'y a de ressort que ce qui fait agir. L'esprit seul peut et doit faire l'homme de probité; la sensibilité prépare l'homme vertueux. Je vais m'expliquer.

Tout ce que les lois exigent, ce que les mœurs recommandent, ce que la conscience inspire, se trouve renfermé dans cet axiome si connu et si peu développé : *Ne faites point à autrui ce que vous ne voudriez pas qui vous fût fait.* Voilà la vertu. Sa nature, son caractère distinctif consiste dans *un effort sur soi-même, en faveur des autres.* C'est par cet effort généreux qu'on fait un sacrifice de son bien-être à celui d'autrui. On trouve dans l'histoire quelques-uns de ces efforts héroïques. Tous les degrés de vertu morale se mesurent sur le plus ou le moins de sacrifices qu'on fait à la société.

Il semble, au premier coup-d'œil, que les législateurs étoient des homme bornés ou intéressés, qui, n'ayant pas besoin des autres, vouloient se garantir du mal, et se dispenser de faire du bien. Cette idée paroît d'autant plus vraisemblable, que les premiers législateurs ont été des princes, des chefs du peuple, ceux, en un mot, qui avoient le plus à perdre et le moins à gagner. Il faut avouer que les lois positives, qui ne devroient être qu'une émanation, un développement de la loi naturelle, loin de pouvoir toujours s'y rappeler, y sont quelquefois opposées, et favorisent plutôt l'intérêt des législateurs, des hommes puissans, que celui des foibles qui doit être l'objet principal de toute législation, puisque cet intérêt est celui du plus grand nombre, et constitue la société politique. L'examen des différentes lois confrontées au droit naturel, seroit un objet bien digne de la philosophie appliquée à la morale, à la politique, à la science du gouvernement.

Quoi qu'il en soit, les lois se bornent à défendre : en y faisant réflexion, nous avons vu que c'est par sagesse qu'elles en ont usé ainsi. Elles n'exigent que ce qui est possible à tous les hommes. Les mœurs sont allées plus loin que les lois; mais c'est en partant du même principe; les unes et les autres ne sont guère que prohibitives. La conscience même se borne à inspirer la répugnance pour le mal. Enfin la fidélité aux lois, aux mœurs et à la conscience, fait l'exacte probité. La vertu, supérieure à la probité, exige qu'on fasse le bien, et y détermine.

La probité défend, il faut obéir; la vertu commande, mais l'obéissance est libre, à moins que la vertu n'emprunte la voix de la religion. On estime la probité; on respecte la vertu. La probité consiste presque dans l'inaction; la vertu agit. On doit de la reconnoissance à la vertu; on pourroit s'en dispenser à l'égard de la probité, parce qu'un homme éclairé, n'eût-il que son intérêt pour objet, n'a pas, pour y parvenir, de moyen plus sûr que la probité.

Je n'ignore pas les objections qu'on peut tirer des crimes heureux; mais je sais aussi qu'il y a différentes espèces de bonheur; qu'on doit évaluer les probabilités du danger et du succès, les comparer avec le bonheur qu'on se propose, et qu'il n'y en a aucun dont l'espérance la mieux fondée puisse contrebalancer la perte de l'honneur, ni même le simple danger de le perdre. Ainsi, en ne faisant d'une telle question qu'une affaire de calcul, le parti de la probité est toujours le meilleur qu'il y ait à prendre. Il ne seroit pas difficile de faire une démonstration morale de cette vérité; mais il y a des principes qu'on ne doit pas mettre en question. Il est toujours à craindre que les vérités les plus évidentes ne contractent, par la discussion, un air de problème qu'elles ne doivent jamais avoir.

Quand la vertu est dans le cœur, et n'exige aucun effort, c'est un sentiment, une inclination au bien, un amour pour l'humanité; elle est aux actions honnêtes ce que le vice est au crime; c'est le rapport de la cause à l'effet.

En distinguant la vertu et la probité, en observant la différence de leur nature, il est encore nécessaire, pour connoître le prix de l'une et de l'autre, de faire attention aux personnes, aux temps et aux circonstances.

Il y a tel homme dont la probité mérite plus d'éloges que la vertu d'un autre. Ne doit-on attendre que les mêmes actions de ceux qui ont des moyens si différens? Un homme au sein de l'opulence n'aura-t-il que les devoirs, les obligations de celui qui est assiégé par tous les besoins? Cela ne seroit pas juste. La probité est la vertu des pauvres; la vertu doit être la probité des riches.

On rapporte quelquefois à la vertu des actions où elle a peu de part. Un service offert par vanité, ou rendu par foiblesse, fait peu d'honneur à la vertu.

On retire un homme de son nom d'un état malheureux, dont on pouvoit partager la honte. Est-ce générosité? C'est tout au plus décence, où peut-être orgueil, intérêt réel et sensible.

D'un autre côté, on loue et on doit louer les actes de probité où l'on sent un principe de vertu, un effort de l'âme. Un homme pauvre remet un dépôt dont il avoit seul le secret; il n'a fait que son devoir, puisque le contraire seroit un crime; cependant son action lui fait honneur, et doit lui en faire. On juge que celui qui ne fait pas le mal dans certaines circonstances, est capable de faire le bien : dans un acte de simple probité, c'est la vertu qu'on loue.

Un malheureux pressé de besoins, humilié par la honte de la misère, résiste aux occasions les plus séduisantes. Un homme dans la prospérité n'oublie pas qu'il y a des malheureux, les cherche et prévient leurs demandes. Je chéris sa bienfaisance. Je les estime, je les loue tous deux; mais c'est le premier que j'admire. J'y vois de la vertu.

Les éloges qu'on donne à de certaines probités, à de certaines vertus, ne font que le blâme du commun des hommes. Cependant on ne doit pas les refuser ; il ne faut pas rechercher avec trop de sévérité le principe des actions quand elle tendent au bien de la société. Il est toujours sage et avantageux d'encourager les hommes aux actes honnêtes : ils sont capables de prendre le pli de la vertu comme du vice.

On acquiert de la vertu par la gloire de la pratiquer. Si l'on commence par amour-propre, on continue par honneur, on persévère par habitude. Que l'homme le moins porté à la bienfaisance vienne par hasard, ou par un effort qu'il fera sur lui-même, à faire quelqu'action de générosité, il éprouvera ensuite une sorte de satisfaction, qui lui rendra une seconde action moins pénible : bientôt il se portera de lui-même à une troisième, et dans peu la bonté fera son caractère. On contracte le sentiment des actions qui se répètent.

D'ailleurs, quand on chercheroit à rapporter des actions vertueuses à un système d'esprit et de conduite plutôt qu'au sentiment, l'avantage des autres seroit égal, et la gloire qu'on voudroit rabaisser ne seroit peut-être pas moindre. Heureuse alternative, que de réduire les censeurs à l'admiration, au défaut de l'estime !

Outre la vertu et la probité, qui doivent être les principes de nos actions, il y en a un troisième très-digne d'être examiné; c'est l'honneur: il est différent de la probité, peut-être ne l'est-il pas de la vertu, mais il lui donne de l'éclat, et me paroît être une qualité de plus.

L'homme de probité se conduit par éducation, par habitude, par intérêt, ou par crainte. L'homme vertueux agit avec bonté.

L'homme d'honneur pense et sent avec noblesse. Ce n'est pas aux lois qu'il obéit; ce n'est pas la réflexion, encore moins l'imitation qui le dirigent: il pense, parle et agit avec une sorte de hauteur, et semble être son propre législateur à lui-même.

On s'affranchit des lois par la puissance, on s'y soustrait par le crédit, on les élude par adresse; on remplace le sentiment, et l'on supplée aux mœurs par la politesse; on imite la vertu par l'hypocrisie. L'honneur est distinct de la vertu, et il en fait le courage. Il n'examine point, il agit sans feinte, même sans prudence, et ne connoît point cette timidité ou cette fausse honte qui étouffe tant de vertus dans les âmes foibles; car les caractères foibles ont le double inconvénient de ne pouvoir se répondre de leurs vertus, et de servir d'instrumens aux vices de tous ceux qui les gouvernent.

Quoique l'honneur soit une qualité naturelle, il se développe par l'éducation, se soutient par les principes, et se fortifie par les exemples. On ne sauroit donc trop en réveiller les idées, en réchauffer le sentiment, en relever les avantages et la gloire, et attaquer tout ce qui peut y porter atteinte.

Les réflexions sur cette matière peuvent servir de préservatif contre la corruption des mœurs qui se relâchent de plus en plus. Je n'ai pas dessein de renouveler les reproches que de tout temps on a fait à son siècle, et dont la répétition fait croire qu'ils ne sont pas mieux fondés dans un temps que dans un autre. Je suis persuadé qu'il y a toujours dans le monde une distribution de vertus et de vices à peu près égale; mais il peut y avoir, en différens âges, des partages inégaux de nation à nation, de peuple à peuple. Il y a des âges plus ou moins brillans, et le nôtre ne paroît pas être celui de l'honneur, du moins autant qu'il l'a été. Je ne doute pas que les causes de cette altération ne soient un jour développées dans l'histoire de ce siècle. Ce n'en sera pas l'article le moins curieux ni le moins utile.

On n'est certainement pas aussi délicat, aussi scrupuleux sur les liaisons, qu'on l'a été. Quand un homme avoit jadis de ces procédés tolérés ou impunis par les lois, et condamnés par l'honneur, le ressentiment ne se bornoit pas à l'offense; tous les honnêtes gens prenoient parti, et faisoient justice par un mépris général et public.

Aujourd'hui on a des ménagemens, même sans vue d'intérêt, pour l'homme le plus décrié. *Je n'ai pas*, vous dit-on, *sujet de m'en plaindre personnellement, je n'irai pas me faire le réparateur des torts.* Quelle foiblesse! C'est bien mal entendre les intérêts de la société, et, par conséquent, les siens propres. Pourquoi les malhonnêtes gens rougiroient-ils de l'être, quand on ne rougit pas de leur faire accueil? Si les honnêtes gens s'avisoient de faire cause commune, leur ligue seroit bien forte. Quand les gens d'esprit et d'honneur s'entendront, les sots et les fripons joueront un bien petit rôle. Il n'y a malheureusement que les fripons qui fassent des ligues, les honnêtes gens se tiennent isolés. Mais la probité sans courage n'est digne d'aucune considération; elle ressemble assez à l'attrition qui n'a pour principe qu'une crainte servile.

On se cachoit autrefois de certains procédés, et l'on en rougissoit s'ils venoient à se découvrir. Il me semble qu'on les a aujourd'hui trop ouvertement, et dès-là il doit s'en trouver davantage, parce que la contrainte et la honte retenoient bien des hommes.

Je ne sache que l'infidélité au jeu qui soit plus

décriée aujourd'hui que dans le siècle passé; encore voit-on des gens suspects, à cet égard, qui n'en sont pas moins accueillis d'ailleurs. La seule justice qu'on en fasse, est d'employer beaucoup de politesses et de détours pour se dispenser de jouer avec eux; cela ressemble moins au mépris qu'à la prudence. Mais un homme du monde, qui est irréprochable par cet endroit et par la valeur, est homme d'honneur décidé. Quoiqu'il fasse profession d'être de vos amis, n'ayez rien à démêler avec lui sur l'intérêt, l'ambition ou l'amour-propre. S'il craint seulement d'user son crédit, il vous manquera sans scrupule dans une occasion essentielle, et ne sera blâmé de personne. Vous vous croyez en droit de lui faire des reproches; mais il en est plus surpris que confus: il reste homme d'honneur. Il ne conçoit pas que vous ayez pu regarder comme un engagement de simples propos de politesse; car cette politesse, si recommandée, sauve bien des bassesses; on seroit trop heureux qu'elle ne couvrît que des platitudes.

Il y a, à la vérité, telle action si blâmable, que l'interprétation ne sauroit en être équivoque. Un homme d'un caractère leste trouve encore alors le secret de n'être pas déshonoré, s'il a le courage d'être le premier à la publier, et de plaisanter ceux qui seroient tentés de le blâmer. On n'ose plus la lui reprocher, quand on le voit en faire gloire. L'audace fait sa justification, et le reproche qu'on lui feroit seroit un ridicule auquel on n'ose s'exposer. On commence alors à douter qu'il ait tort; on craint de l'avoir. Dans la façon commune de penser, prévoir une objection, c'est la réfuter sans être obligé d'y répondre; dans les mœurs, prévenir un reproche, c'est le détruire.

Un homme qui en a trompé un autre par l'artifice le plus adroit et le plus criminel, loin d'en avoir des remords ou de la honte, se félicite sur son habileté; il se cache pour réussir, et non pas d'avoir réussi; il s'imagine simplement avoir gagné une belle partie d'échecs, et celui qui est sa dupe ne pense guère autre chose, sinon qu'il l'a perdue par sa faute : c'est de lui-même qu'il se plaint. Le ressentiment est déjà devenu un sentiment trop noble, à peine est-on digne de haïr, et la vengeance n'est plus qu'une revanche utile; on la prend comme un moyen de réussir, et pour l'avantage qui en résulte.

Cette manière de penser, cette négligence des mœurs avilit ceux mêmes qu'elle ne déshonore pas, et devient de plus en plus dangereuse pour la société. Ceux qui pourroient prétendre à la gloire de donner l'exemple par leur rang ou par leurs lumières, paroissent avoir trop peu de respect pour les principes, même quand ils ne les violent pas. Ils ignorent qu'indépendamment des actions, la légèreté de leurs propos, les sentimens qu'ils laissent apercevoir, sont des exemples qu'ils donnent. Le bas peuple n'ayant aucun principe, faute d'éducation, n'a d'autre frein que la crainte, et d'autre guide que l'imitation. C'est dans l'état mitoyen que la probité est encore le plus en honneur.

Le relâchement des mœurs n'empêche pas qu'on ne vante beaucoup l'honneur et la vertu; ceux qui en ont le moins, savent combien il leur importe que les autres en aient. On auroit rougi autrefois d'avancer de certaines maximes, si on les eût contredites par ses actions : les discours formoient un préjugé favorable sur les sentimens. Aujourd'hui les discours tirent si peu à conséquence, qu'on pourroit quelquefois dire d'un homme qu'il a de la probité, quoiqu'il en fasse l'éloge. Cependant les discours honnêtes peuvent toujours être utiles à la société; mais on ne se fait vraiment honneur, et l'on ne se rend digne de les tenir que par sa conduite. C'est un engagement de plus, et l'on ne doit pas craindre d'en prendre, quand il est avantageux de les remplir.

On prétend qu'il a régné autrefois parmi nous un fanatisme d'honneur, et l'on rapporte cette heureuse manie à un siècle encore barbare. Il seroit à désirer qu'elle se renouvelât de nos jours : les lumières que nous avons acquises serviroient à régler cet engouement, sans le refroidir. D'ailleurs, on ne doit pas craindre l'excès en cette matière : la probité a ses limites, et pour le commun des hommes, c'est beaucoup que de les atteindre ; mais la vertu et l'honneur peuvent s'étendre et s'élever à l'infini ; on peut toujours en reculer les bornes ; on ne les passe jamais.

Il faut avouer que, si d'un côté l'honneur a perdu, on a aussi sur certains articles des délicatesses ignorées dans le siècle passé. En voici un trait :

Lorsque le surintendant Fouquet donna à Louis XIV cette fête si superbe dans le château de Vaux, le surintendant porta l'attention jusqu'à faire mettre dans la chambre de chaque courtisan de la suite du roi une bourse remplie d'or, pour fournir au jeu de ceux qui pouvoient manquer d'argent, ou n'en avoir pas assez. Aucun ne s'en trouva offensé ; tous admirèrent la magnificence de ce procédé. Ils tâchèrent peut-être de croire que c'étoit au nom du roi, ou du moins à ses dépens, et ne se trompoient pas sur ce dernier article. Quoi qu'il en soit, ils en usèrent sans plus d'information. Si un ministre des finances s'avisoit aujourd'hui d'en faire autant, la délicatesse de ses hôtes en seroit blessée avec raison ; tous refuseroient avec hauteur et dignité. Jusque-là il n'y a rien à dire. Mais je craindrois fort que quelques-uns de ceux qui rejeteroient avec le plus d'éclat le présent du ministre, ne lui empruntassent une somme pareille ou plus forte, avec un très-ferme dessein de ne jamais la rendre. Il peut y avoir là de la délicatesse ; mais je ne crois pas que ce soit de l'honneur.

Le surintendant de Bullion avoit déjà donné un exemple de ce magnifique scandale. Ayant fait frapper, en 1640, les premiers louis qui aient paru en France, il imagina de donner un dîner à cinq seigneurs de ses courtisans, fit servir au dessert trois bassins pleins des nouvelles espèces, et leur dit d'en prendre autant qu'ils voudroient. Chacun se jeta avidement sur ce fruit nouveau, en emplit ses poches, et s'enfuit avec sa proie sans attendre son carrosse ; de sorte que le surintendant rioit beaucoup de la peine qu'ils avoient à marcher. Le payement de quelques dettes de l'état eût également pu donner cours à ces premières espèces ; mais ce moyen n'eût pas été si noble au jugement de Bullion et de ses convives, que je ne crois pas devoir nommer par égard pour leurs petits-fils, qui, peut-être, loin de me savoir gré de ma discrétion, en rougiroient eux-mêmes, si je nommois leurs pères.

CHAPITRE V.

Sur la réputation, la célébrité, la renommée et la considération.

Les hommes sont destinés à vivre en société; et de plus, ils y sont obligés par le besoin qu'ils ont les uns des autres : ils sont tous, à cet égard, dans une dépendance mutuelle. Mais ce ne sont pas uniquement les besoins matériels qui les lient; ils ont une existence morale qui dépend de leur opinion réciproque.

Il y a peu d'hommes assez sûrs et assez satisfaits de l'opinion qu'ils ont d'eux-mêmes, pour être indifférens sur celle des autres; et il y en a qui en sont plus tourmentés que des besoins de la vie.

Le désir d'occuper une place dans l'opinion des hommes, a donné naissance à la réputation, la célébrité et la renommée, ressorts puissans de la société qui partent du même principe, mais dont les moyens et les effets ne sont pas totalement les mêmes.

Plusieurs moyens servent également à la réputation et à la renommée, et ne diffèrent que par degrés ; d'autres sont exclusivement propres à l'une ou à l'autre.

Une réputation honnête est à la portée du commun des hommes : on l'obtient par les vertus sociales, et la pratique constante de ses devoirs. Cette espèce de réputation n'est, à la vérité, ni étendue, ni brillante; mais elle est souvent la plus utile pour le bonheur.

L'esprit, les talens, le génie procurent la célébrité; c'est le premier pas vers la renommée, qui n'en diffère que par plus d'étendue; mais les avantages en sont peut-être moins réels que ceux d'une bonne réputation. Ce qui nous est vraiment utile nous coûte peu; les choses rares et brillantes sont celles qui exigent le plus de travaux, et dont la jouissance n'est qu'idéale.

Deux sortes d'hommes sont faits pour la renommée. Les premiers, qui se rendent illustres par eux-mêmes, y ont droit; les autres, qui sont les princes, y sont assujétis : ils ne peuvent échapper à la renommée. On remarque également dans la multitude celui qui est plus grand que les autres, et celui qui est placé sur un lieu plus élevé : on distingue en même temps si la supériorité de l'un et de l'autre vient de la personne, ou du lieu où elle est placée. Tels sont le rapport et la différence qui se trouvent entre les grands hommes et les princes qui ne sont que princes.

Mais laissant à part la foule des princes, sans

les préférer ni les exclure à ce titre seul, ne considérons la renommée que par rapport aux hommes à qui elle est personnelle.

Les qualités qui sont uniquement propres à la renommée s'annoncent avec éclat. Telles sont les qualités des hommes d'état destinés à faire la gloire, le bonheur ou le malheur des peuples, soit par les armes, soit dans le gouvernement.

Les grands talens, les dons du génie procurent autant de renommée que les qualités de l'homme d'état, et ordinairement transmettent un nom à une postérité plus reculée.

Quelques-uns des talens qui font la renommée des hommes d'état, seroient inutiles, et quelquefois dangereux dans la vie privée. Tel a été un héros, qui, s'il fût né dans l'obscurité, n'eût été qu'un brigand, et, au lieu d'un triomphe, n'eût mérité qu'un supplice. Il y a eu dans tous les genres des grands hommes, qui, s'ils ne le fussent pas devenus, faute de quelques circonstances, n'auroient jamais pu être autre chose, et auroient paru incapables de tout.

La réputation et la renommée peuvent être fort différentes, et subsister ensemble.

Un homme d'état ne doit rien négliger pour sa réputation; mais il ne doit compter que sur la renommée, qui peut seule le justifier contre ceux qui attaquent sa réputation. Il en est comptable au monde, et non pas à des particuliers intéressés, aveugles ou téméraires.

Ce n'est pas qu'on ne puisse mériter à la fois une grande renommée et une mauvaise réputation; mais la renommée, portant principalement sur des faits connus, est ordinairement mieux fondée que la réputation, dont les principes peuvent être équivoques. La renommée est assez constante et uniforme; la réputation ne l'est presque jamais.

Ce qui peut consoler les grands hommes sur les injustices qu'on fait à leur réputation, ne doit pas la leur faire sacrifier légèrement à la renommée, parce qu'elles se prêtent réciproquement beaucoup d'éclat. Quand on fait le sacrifice de la réputation par une circonstance forcée de son état, c'est un malheur qui doit se faire sentir, et qui exige tout le courage que peut inspirer l'amour du bien public. Ce seroit aimer bien généreusement l'humanité, que de la servir au mépris de la réputation; ou ce seroit trop mépriser les hommes, que de ne tenir aucun compte de leurs jugemens; et dans ce cas les serviroit-on ? Quand le sacrifice de la réputation à la renommée n'est pas forcé par le devoir, c'est une grande folie, parce qu'on jouit réellement plus de sa réputation que de sa renommée.

On ne jouit en effet de l'amitié, de l'estime, du respect et de la considération que de la part de ceux dont on est entouré, dont on est personnellement connu. Il est donc plus avantageux que la réputation soit honnête, que si elle n'étoit qu'étendue et brillante. La renommée n'est, dans bien des occasions, qu'un hommage rendu aux syllabes d'un nom.

Qu'un homme illustre se trouve au milieu de ceux qui, sans le connoître personnellement, célèbrent son nom en sa présence, il jouira avec plaisir de sa célébrité; et s'il n'est pas tenté de se découvrir, c'est parce qu'il en a le pouvoir, et par un jeu libre de l'amour-propre. Mais s'il lui étoit absolument impossible de se faire connoître, son plaisir n'étant plus libre, peut-être sa situation seroit-elle pénible; ce seroit presque entendre parler d'un autre que soi. On peut faire la même réflexion sur la situation contraire d'un homme dont le nom seroit dans le mépris, et qui en seroit témoin ignoré; il ne se feroit pas connoître, et jouiroit, au milieu de son tourment, d'une sorte de consolation, qui seroit dans le rapport opposé à la peine du premier, que nous avons supposé contraint au silence.

Si l'on réduisoit la célébrité à sa valeur réelle, on lui feroit perdre bien des sectateurs. La réputation la plus étendue est toujours très-bornée ; la renommée même n'est jamais universelle. A prendre les hommes numériquement, combien y en a-t-il à qui le nom d'Alexandre n'est jamais parvenu ! Ce nombre surpasse, sans aucune proportion, ceux qui savent qu'il a été le conquérant de l'Asie. Combien y avoit-il d'hommes qui ignoroient l'existence de Kouli-Kam, dans le temps qu'il changeoit une partie de la face de la terre ! Elle a des bornes assez étroites, et la renommée peut toujours s'étendre sans jamais y atteindre. Quel caractère de foiblesse que de pouvoir croître continuellement, sans atteindre à un terme limité !

On se flatte du moins que l'admiration des hommes instruits doit dédommager de l'ignorance des autres. Mais le propre de la renommée est de compter, de multiplier les voix, et non pas de les apprécier. D'ailleurs, quel homme d'état osera se répondre de vivre dans l'histoire, quand on voit des médailles de plusieurs rois dont les noms ne se trouvent dans aucun historien ? L'état de ces princes (*) devoit cependant être considérable. Les arts y étoient florissans, à n'en juger que par la beauté de quelques-unes de ces médailles. Il y a des arts qui ne peuvent

(*) La reine Philistis, les rois Mostis, Samès, Memtès, Sarias, Abdissar, etc.

être portés à un certain degré de perfection, sans que beaucoup d'autres soient également cultivés. Il y avoit, sans doute, à la cour de ces rois, comme ailleurs, de petits seigneurs très-importans, faisant du fracas, s'imaginant occuper fort la renommée, avoir un jour place dans l'histoire; et les maîtres, sous qui ils rampoient, n'y sont pas nommés! Les antiquaires les mieux instruits de la science numismatique, exercent aujourd'hui leur sagacité à tâcher de deviner en quel pays ces monarques ont régné. Il paroît cependant par le sujet, le goût du travail, les types des médailles, par les légendes qui sont grecques, que ce n'étoit pas sur des peuples ignorés, et que l'époque n'en est pas de la plus haute antiquité. On conjecture que c'étoit en Sicile, en Illyrie, chez les Parthes, etc. Mais l'histoire n'en fait pas la moindre mention.

Cependant plusieurs ne plaignent ni travaux, ni peines, uniquement pour être connus. Ils veulent qu'on parle d'eux, qu'on en soit occupé; ils aiment mieux être malheureux qu'ignorés. Celui dont les malheurs attirent l'attention, est à demi consolé.

Quand le désir de la célébrité n'est qu'un sentiment, il peut être, suivant son objet, honnête pour celui qui l'éprouve, et utile à la société; mais si c'est une manie, elle est bientôt injuste, artificieuse et avilissante par les manœuvres qu'elle emploie : l'orgueil fait faire autant de bassesses que l'intérêt. Voilà ce qui produit tant de réputations usurpées et peu solides.

Rien ne rendroit plus indifférent sur la réputation, que de voir comment elle s'établit souvent, se détruit, se varie, et quels sont les auteurs de ces révolutions.

A peine un homme paroît-il dans quelque carrière que ce soit, pour peu qu'il montre de dispositions heureuses, quelquefois même sans cela, que chacun s'empresse de le servir, de l'annoncer, de l'exalter : c'est toujours en commençant qu'on est un prodige. D'où vient cet empressement ? Est-ce générosité, bonté ou justice ? Non, c'est envie, souvent ignorée de ceux qu'elle excite. Dans chaque carrière il se trouve toujours quelques hommes supérieurs. Les subalternes, ne pouvant aspirer aux premières places, cherchent à en écarter ceux qui les occupent en leur suscitant des rivaux.

On dira peut-être qu'il doit être indifférent par qui les premiers rangs soient occupés, à ceux qui n'y peuvent parvenir ; mais c'est bien peu connoître les passions que de les faire raisonner. Elles ont des motifs, et jamais de principes. L'envie sent et agit, ne réfléchit ni ne prévoit : si elle réussit dans son entreprise, elle cherche aussitôt à détruire son propre ouvrage. On tâche de précipiter du faîte celui à qui on a prêté la main pour faire les premiers pas : on ne lui pardonne point de n'avoir plus besoin de secours.

C'est ainsi que les réputations se forment et se détruisent. Quelquefois elles se soutiennent, soit par la solidité du mérite qui les affermit, soit par l'artifice de celui qui, ayant été élevé par la cabale, sait mieux qu'un autre les ressorts qui la font mouvoir, ou qui embarrassent son action.

Il arrive souvent que le public est étonné de certaines réputations qu'il a faites ; il en cherche la cause, et ne pouvant la découvrir, parce qu'elle n'existe pas, il n'en conçoit que plus d'admiration et de respect pour le fantôme qu'il a créé. Ces réputations ressemblent aux fortunes, qui, sans fonds réels, portent sur le crédit, et n'en sont que plus brillantes.

Comme le public fait des réputations par caprice, des particuliers en usurpent par manége, ou par une sorte d'impudence qu'on ne doit pas même honorer du nom d'amour-propre : Ils annoncent qu'ils ont beaucoup de mérite : on plaisante d'abord de leurs prétentions ; ils répètent les mêmes propos si souvent, et avec tant de confiance, qu'ils viennent à bout d'en imposer. On ne se souvient plus par qui on les a entendu tenir, et l'on finit par les croire ; cela se répète et se répand comme un bruit de ville qu'on n'approfondit point.

On fait même des associations pour ces sortes de manœuvres; c'est ce qu'on appelle *une cabale*.

On entreprend de dessein formé de faire une réputation, et l'on en vient à bout.

Quelque brillante que soit une telle réputation, il n'y a quelquefois que celui qui en est le sujet qui en soit la dupe. Ceux qui l'ont créée savent à quoi s'en tenir, quoiqu'il y en ait aussi qui finissent par respecter leur propre ouvrage.

D'autres, frappés du contraste de la personne et de sa réputation, ne trouvant rien qui justifie l'opinion publique, n'osent manifester leur sentiment propre. Ils aquiescent au préjugé, par timidité, complaisance ou intérêt; de sorte qu'il n'est pas rare d'entendre quantité de gens répéter le même propos, qu'ils désavouent tous intérieurement. La plupart des hommes n'osent ni blâmer ni louer seuls, et ne sont pas moins timides pour protéger que pour attaquer; il y en a peu qui aient le courage de se passer de partisans ou de complices, je ne dis pas pour manifester leur sentiment, mais pour y persister; ils tâchent de s'y affermir eux-mêmes en le suggérant à d'autres, sinon ils l'abandonnent.

Quoi qu'il en soit, les réputations usurpées

qui produisent le plus d'illusions, ont toujours un côté ridicule qui devroit empêcher d'en être fort flatté. Cependant on voit quelquefois employer les mêmes manœuvres par ceux qui auroient assez de mérite pour s'en passer.

Quand le mérite sert de base à la réputation, c'est une grande maladresse que d'y joindre l'artifice, parce qu'il nuit plus à la réputation méritée, qu'il ne sert à celle qu'on ambitionne. Si le public vient à reconnoître ce manége dans un homme qui d'ailleurs a des talens, et tôt ou tard il le reconnoît, il se révolte, et dégrade la gloire la mieux acquise. C'est une injustice; mais il ne faut pas le mettre en droit d'être injuste. L'envie, à qui les prétextes suffisent, s'applaudit d'avoir des motifs, les saisit avec ardeur, et les emploie avec adresse. Elle ne pardonne au mérite que lorsqu'elle est trompée par sa propre malignité, et qu'elle croit remarquer des défauts qui lui servent de pâture. Elle se console en croyant rabaisser d'un côté ce qu'elle est forcée d'admirer d'un autre; elle cherche moins à détruire ce qu'elle se flatte d'outrager.

Une sorte d'indifférence sur son propre mérite est le plus sûr appui de la réputation; on ne doit pas affecter d'ouvrir les yeux de ceux que la lumière éblouit. La modestie est le seul éclat qu'il soit permis d'ajouter à la gloire.

Si l'artifice est un moyen honteux pour la réputation, il y a un art, et même un art honnête qui naît de la prudence, de la sagesse, et qui n'est pas à dédaigner. Les gens d'esprit ont plus d'avantages que les autres, non-seulement pour la gloire, mais encore pour acquérir et mériter la réputation de vertu. Une intelligence fine, aussi contraire à la fausseté qu'à l'imprudence, un discernement prompt et sûr, fait qu'on place les bienfaits avec choix, qu'on parle, qu'on se tait et qu'on agit à propos. Il n'y a personne qui n'ait quelquefois occasion de faire une action honnête, courageuse, et toutefois sans danger. Le sot la laisse passer, faute de l'apercevoir; l'homme d'esprit la sent et la saisit. L'expérience prouve cependant que l'esprit seul n'y suffit pas, et qu'il faut encore un cœur noble pour employer cet art heureux.

J'ai vu de ces succès brillans, et je suis persuadé que celui même qui étoit comblé d'éloges, sentoit combien il lui en avoit peu coûté pour les obtenir; mais il n'en étoit pas moins louable.

J'en ai remarqué d'autres qui, avec la bienfaisance dans le cœur, avec les actes de vertus les plus fréquens, faute d'intelligence et d'*à propos*, n'étoient pas, à beaucoup près, aussi estimés qu'estimables. Leur mérite ne faisoit point de sensation; à peine le soupçonnoit-on. Il est vrai que si, par un heureux hasard le mérite simple et uni vient à être remarqué, il acquiert l'éclat le plus subit. On le loue avec complaisance, on voudroit encore l'augmenter; l'envie même y applaudit sans sortir de son caractère : elle en tire parti pour en humilier d'autres.

Si les réputations se forment et se détruisent avec facilité, il n'est pas étonnant qu'elles varient, et soient souvent contradictoires dans la même personne. Tel a une réputation dans un lieu, qui dans un autre en a une toute différente; il a celle qu'il mérite le moins, et on lui refuse celle à laquelle il a le plus de droit. On en voit des exemples dans tous les ordres. Je ne puis me dispenser d'entrer ici dans quelques détails, qui rendront les principes plus sensibles par l'application que j'en vais faire.

Un homme est taxé d'avarice, parce qu'il méprise le faste, et se refuse le superflu pour fournir le nécessaire à des malheureux ignorés. On loue la générosité d'un autre qui répand avec ostentation ce qu'il ravit avec artifice ou violence; il fait des présens, et refuse le payement de ses dettes : on admire sa magnificence, quand il est à la fois victime du faste et de l'avarice.

On accuse d'insolence un homme qui ne fléchit pas avec bassesse sous une autorité usurpée ou tyrannique : on reproche l'emportement à un autre, parce qu'il n'a pas porté la patience jusqu'à l'avilissement. Comme elle a ses bornes, les gens naturellement doux finissent souvent par avoir tort mal-à-propos, quand la mesure est comble. On ne sauroit croire combien il importe, pour le bien de la paix, de ne se pas laisser trop vexer, à moins que l'on ne consente à être avili.

On vante, au contraire, la douceur d'un homme entier, opiniâtre par caractère et poli par orgueil.

Une femme est déshonorée, parce qu'elle a constaté sa faute par l'éclat de sa douleur et de sa honte; tandis qu'une autre se met à couvert de tout reproche par l'excès de son impudence; celle-ci n'est pas même l'objet d'un mépris secret. Les hommes haïssent ce qu'ils n'oseroient punir; mais ils méprisent ce qu'ils osent blâmer hautement. Leurs actions déterminent plus leurs jugemens, que leurs jugemens ne règlent leurs actions.

Si l'on passe des simples particuliers à ceux qui, paroissant sur un théâtre plus éclairé, sont à portée d'être mieux connus, on verra qu'on n'en juge pas avec plus de justice.

Un ministre est taxé de dureté, parce qu'il est juste, qu'il rejette des sollicitations payées, et refuse de se prêter à ce que les courtisans appellent *des affaires :* commerce injurieux au mérite, scandaleux pour le public, avilissant pour l'autorité, dangereux pour l'état, et malheureusement trop commun.

On loue la bonté d'un autre, parce qu'on peut le séduire, le tromper et le faire servir d'instrument à l'injustice.

Un prince passe pour sévère, parce qu'il aime mieux prévenir les fautes, que d'être obligé de les punir; de cruauté, parce qu'il réprime les tyrannies subalternes, de toutes les plus odieuses. Les lois cruelles contre les oppresseurs sont les plus douces pour la société; mais l'intérêt particulier se fait toujours le législateur de l'ordre public.

Louis XII, un des meilleurs, et par conséquent des plus grands rois que la France ait eus, fut accusé d'avarice, parce qu'il ne fouloit pas les peuples pour enrichir des favoris sans mérite. Le peuple doit être le favori d'un roi; et les princes n'ont droit au superflu, que lorsque les peuples ont le nécessaire. Les reproches qu'on osoit lui faire ne prouvoient que sa bonté. On porta l'insolence jusqu'à le jouer sur le théâtre. *J'aime mieux*, dit ce prince honnête homme, *que mon avarice les fasse rire, que si elle les faisoit pleurer.* Il ajoutoit : *Leurs plaisanteries prouvent ma bonté; car ils n'oseroient pas les faire sous tout autre prince.* Il avoit raison; les reproches des courtisans valent souvent des éloges, et leurs éloges sont des pièges.

A l'égard des réputations de probité, il est étonnant qu'il n'y en ait pas plus d'établies, attendu la facilité avec laquelle on l'usurpe quelquefois. On ne voyoit jadis que des hypocrites de vertu; on trouve aujourd'hui des hypocrites de vice. Des gens ayant remarqué qu'une vertu austère n'est pas toujours exempte d'un peu de dureté, parce qu'on est moins circonspect quand on est irréprochable, et qu'on s'observe moins quand on ne craint pas de se trahir; ces gens tirent parti de leur férocité naturelle, et souvent la portent à l'excès, pour établir la sévérité de leur vertu : leurs déclarations contre l'impudence sont des preuves continuelles de la leur. Qu'il y a de ces gens dont la dureté fait toute la vertu! L'étourderie est encore une preuve très-équivoque de la franchise; on ne devroit se fier qu'à l'étourderie de ceux à qui elle est souvent préjudiciable.

La dureté et l'étourderie sont des défauts de caractère qui n'excluent pas absolument, et supposent encore moins la vertu; mais qui la gâtent, quand ils s'y trouvent unis. Cependant combien de fois a-t-on été trompé par cet extérieur!

Si l'on souscrit légèrement à certaines réputations de probité, on en flétrit souvent avec une témérité encore plus blâmable, par passion, par intérêt. On abuse du malheur d'un homme pour attaquer sa probité. On s'élève contre la réputation des autres, uniquement pour donner opinion de sa vertu.

Si un homme a le courage de défendre une réputation qu'il croit injustement attaquée, on ne lui fait pas toujours l'honneur de le regarder comme une dupe; ce soupçon seroit trop ridicule : on suppose qu'il a intérêt de soutenir une thèse extraordinaire. Qu'on se soit visiblement trompé en jugeant défavorablement, on n'est suspect que d'un excès de sagacité; mais si c'est en jugeant trop favorablement, c'est, dit-on, le comble de l'imbécillité : cependant l'erreur est la même, et le caractère est très-différent.

Ces faux jugemens ne partent pas toujours de la malignité. Les hommes font beaucoup d'injustices sans méchanceté, par légèreté, précipitation, sottise, témérité, imprudence.

Les décisions hasardées avec le plus de confiance font le plus d'impression. Eh! qui sont, ceux qui jouissent du droit de prononcer? Des gens qui, à force de braver le mépris, viennent à bout de se faire respecter, et de donner le ton; qui n'ont que des opinions et jamais de sentimens; qui en changent, les quittent, et les reprennent, sans le savoir ni s'en douter; ou qui sont opiniâtres sans être constans...

Voilà cependant les juges des réputations; voilà ceux dont on méprise le sentiment, et dont on recherche le suffrage; ceux qui procurent la considération, sans en avoir eux-mêmes aucune.

La considération est différente de la célébrité. La renommée même ne la donne pas toujours, et l'on ne peut en avoir sans imposer par un grand éclat.

La considération est un sentiment d'estime mêlé d'une sorte de respect personnel, qu'un homme inspire en sa faveur. On en peut jouir également parmi ses inférieurs, ses égaux et ses supérieurs en rang, et en naissance. On peut, dans un rang élevé, ou avec une naissance illustre, avec un esprit supérieur, ou des talens distingués, on peut même avec de la vertu, si elle est seule et dénuée de tous les autres avantages; être sans considération. On peut en avoir avec un esprit borné, ou malgré l'obscurité de la naissance et de l'état.

La considération ne suit pas nécessairement le grand homme; l'homme de mérite y a toujours droit; et l'homme de mérite est celui qui, ayant toutes les qualités et tous les avantages de son état, ne les ternit par aucun endroit. Pour donner enfin une idée plus précise de la considération, on l'obtient par la réunion du mérite, de la décence, du respect pour soi-même, par le pouvoir connu d'obliger et de nuire, et par l'usage éclairé qu'on fait du premier, en s'abstenant de l'autre.

L'*espèce*, terme nouveau, mais qui a un sens juste, est l'opposé de l'homme de considération. Il y en a de toutes classes. L'*espèce* est celui qui, n'ayant pas le mérite de son état, se prête encore de lui-même à son avilissement personnel : il manque plus à soi qu'aux autres. Un homme d'un haut rang peut être une *espèce*, un autre de bas état peut avoir de la considération.

Si l'on acquiert la considération, on l'usurpe aussi. Vous voyez des hommes dont on vante le mérite : si l'on veut examiner en quoi il consiste, on est étonné du vide ; on trouve que tout se borne à un air, un ton d'importance et de suffisance ; un peu d'impertinence n'y nuit pas ; et quelquefois le maintien suffit. Ils se sont portés pour respectables, et on les respecte : sans quoi, on n'iroit pas jusqu'à les estimer.

On doit conclure de l'analyse que nous venons de faire, et de la discussion dans laquelle nous sommes entrés, que la renommée est le prix des talens supérieurs, soutenus de grands efforts, dont l'effet s'étend sur les hommes en général, ou du moins sur une nation; que la réputation a moins d'étendue que la renommée, et quelquefois d'autres principes; que la réputation usurpée n'est jamais sûre; que la plus honnête est toujours la plus utile; et que chacun peut aspirer à la considération de son état.

CHAPITRE VI.

Sur les grands seigneurs.

Après avoir considéré des objets qui regardent les hommes en général, portons nos réflexions sur quelques classes de la société, et commençons par les grands seigneurs.

Grand seigneur est un mot dont la réalité n'est plus que dans l'histoire. Un grand seigneur étoit un homme sujet par sa naissance, grand par lui-même, soumis aux lois, mais assez puissant pour n'obéir que librement; ce qui en faisoit souvent un rebelle contre le souverain, et un tyran pour les autres sujets. Il n'y en a plus. Ce n'est pas qu'il n'y ait, et qu'il ne doive toujours se trouver dans une monarchie une classe supérieure de sujets, qu'on nomme des seigneurs, auxquels on rend des respects d'usage, et dont quelques-uns les obtiendroient par leur mérite personnel.

Le peuple a pu gagner à l'abaissement des seigneurs : ceux-ci ont encore plus perdu; mais il est plus avantageux à l'état qu'ils aient tout perdu, que s'ils avoient tout conservé.

Si l'on s'avisoit aujourd'hui de faire la liste

de ceux à qui l'on donne, ou qui s'attribuent le titre de seigneur, on ne seroit pas embarrassé de savoir par qui la commencer; mais il seroit impossible de marquer précisément où elle doit finir. On arriveroit jusqu'à la bourgeoisie, sans avoir distingué une nuance de séparation. Tout ce qui va à Versailles croit aller à la cour, et en être.

La plupart de ceux qui passent pour des seigneurs, ne le sont que dans l'opinion du peuple, qui les voit sans les approcher. Frappé de leur éclat extérieur, il les admire de loin, sans savoir qu'il n'a rien à en espérer, et qu'il n'en a guère plus à craindre. Le peuple ignore que, pour être ses maîtres par accident, ils sont obligés d'être ailleurs, comme il est lui-même à leur égard.

Plus élevés que puissans, un faste ruineux et presque nécessaire, les met continuellement dans le besoin des grâces, et hors d'état de soulager un honnête homme, quand ils en auroient la volonté. Il faudroit pour cela qu'ils donnassent des bornes au luxe, et le luxe n'en admet d'autres que l'impuissance de croître; il n'y a que les besoins qui se restreignent, pour fournir au superflu.

A l'égard de la crainte qu'ils peuvent inspirer, je sais combien on peut m'opposer d'exemples contraires à mon sentiment; mais c'est l'erreur où l'on est à ce sujet qui les multiplie. Cette crainte s'évanouiroit, si l'on faisoit attention que les grands et les petits ont le même maître, qu'ils sont liés par les mêmes lois, et qu'elles sont rarement sans effet, quand on les réclame hardiment; mais ce courage n'est pas ordinaire, et il en faut plus pour anéantir une puissance imaginaire, que pour résister à une puissance réelle.

Les hommes ont plus de timidité dans l'esprit que dans le cœur; et les esclaves volontaires font plus de tyrans que les tyrans ne font d'esclaves forcés.

C'est, sans doute, ce qui a fait distinguer le courage d'esprit du courage de cœur; distinction très-juste; quoiqu'elle ne soit pas toujours bien fixée. Il me semble que le courage d'esprit consiste à voir les dangers, les périls, les maux et les malheurs précisément tels qu'ils sont, et par conséquent les ressources. Les voir moindres qu'ils ne sont, c'est manquer de lumières; les voir plus grands, c'est manquer de cœur : la timidité les exagère, et par là les fait croître; le courage aveugle les déguise, et ne les affoiblit pas toujours; l'un et l'autre mettent hors d'état d'en triompher.

Le courage d'esprit suppose et exige souvent celui du cœur: le courage de cœur n'a guère d'usage que dans les maux matériels, les dangers physiques, ou ceux qui y sont relatifs. Le courage d'esprit a son application dans les circonstances les plus délicates de la vie. On trouve aisément des hommes qui affrontent les périls les plus évidens : on en voit rarement qui, sans se laisser abattre par un malheur, sachent en tirer des moyens pour un heureux succès. Combien a-t-on vu d'hommes timides à la cour qui étoient des héros à la guerre !

Pour revenir aux grands, ceux qui sont les dépositaires de l'autorité ne sont pas précisément ceux qu'on appelle des seigneurs. Ceux-ci sont obligés d'avoir recours aux gens en place, et en ont plus souvent besoin que le peuple qui, condamné à l'obscurité, n'a ni l'occasion de demander, ni la prétention d'espérer.

Ce n'est pas qu'il n'y ait des seigneurs qui ont du crédit ; mais ils ne le doivent qu'à la considération qu'ils se sont faite, à des services rendus, au besoin que l'état en a, ou qu'il en espère.

Mais les grands, qui ne sont que grands, n'ayant ni pouvoir ni crédit direct, cherchent à y participer par le manége, la souplesse et l'intrigue, caractères de la foiblesse. Les dignités, enfin, n'attirent guère que des respects ; les places seules donnent le pouvoir. Il y a très-loin du crédit du plus grand seigneur à celui du moindre ministre, souvent même d'un premier commis.

Quelque frappantes que soient ces distinctions, il semble que ceux qui vivent à la cour les sentent plus qu'ils ne les voient; leur conduite y est plus conforme que leurs idées; car ils n'ont pas besoin de réflexions pour savoir à qui il leur importe de plaire. A l'égard du peuple, il ne s'en doute seulement pas; et c'est un des grands avantages des seigneurs : c'est par là qu'ils en exigent, comme un tribut, tous les services qu'il leur rend avec soumission.

Ce n'est pas uniquement par timidité que leurs inférieurs hésitent à les presser sur des engagemens, sur des dettes; ils ne sont pas bien sûrs du droit qu'ils en ont : le faste d'un seigneur en impose au malheureux même qui en a fait les frais; il tombe dans le respect devant son ouvrage, comme le sculpteur adora en tremblant le marbre dont il venoit de faire un dieu.

Il est vrai que si ce grand même tombe dans un malheur décidé, le peuple devient son plus cruel persécuteur. Son respect étoit une adoration, son mépris ressemble à l'impiété; l'idole n'étoit que renversée, le peuple la foule aux pieds.

Les grands sont si persuadés de la considération que le faste leur donne, aux yeux même de leurs pareils, qu'ils font tout pour le soutenir.

Un homme de la cour est avili dès qu'il est ruiné; et cela est au point que celui qui se maintient par des ressources criminelles, est encore plus considéré que celui qui a l'âme assez noble pour se faire une justice sévère; mais aussi, lorsqu'on succombe après avoir épuisé les ressources les plus injustes, c'est le comble de l'avilissement, parce qu'il n'y a de vice bien reconnu que celui qui est joint au malheur. On ne lui trouve plus cet *air noble* qu'on admiroit auparavant. C'est que rien ne contribue tant à le faire trouver dans quelqu'un, que de croire d'avance qu'il doit l'avoir.

Je hasarderai à ce sujet une réflexion sur ce qu'on appelle *noble*. Ce terme, dans son acception générale, signifie ce qui est distingué, relevé au-dessus des choses de même genre. On l'entend ainsi, soit au physique, soit au moral, en parlant de la naissance, de la taille, du maintien, des manières, d'une action, d'un procédé, du style, du langage, etc. L'air noble devroit donc aussi se prendre dans le même sens; mais il me semble que l'application en a dû changer, et n'a pas, dans tous les temps, fait naître la même idée.

Dans l'enfance d'une nation, l'air noble étoit vraisemblablement un extérieur qui annonçoit la force et le courage. Ces qualités donnoient à ceux qui en étoient doués la supériorité sur les autres hommes. Mais dans les sociétés formées, les enfans ayant succédé au rang de leurs pères, et n'ayant plus qu'à jouir du fruit des travaux de leurs ancêtres, ils se plongèrent dans la mollesse. Les corps s'énervèrent, successivement les races ne parurent plus les mêmes. Cependant comme on continua de rendre les mêmes respects aux mêmes dignités, les enfans qu'on en voyoit revêtus avoient un extérieur si différent des pères, qu'on a dû prendre une idée très-opposée à celle de *l'ancien air noble*, qui avoit été synonyme de grand. Celui d'aujourd'hui doit donc être une figure délicate et foible, sur-tout si elle est décorée de marques de dignités; car c'est principalement ce qui fait reconnoître l'air noble. En effet, on ne l'accorderoit pas aujourd'hui à une figure d'athlète; la comparaison la plus obligeante qu'en feroient les gens du grand monde, seroit celle d'un grenadier, d'un beau soldat; mais si les marques de dignités s'y trouvoient jointes, comme la nature conserve toujours ses droits, il éclipseroit alors tous les *petits airs nobles*, modernes, par un *air de grandeur* auquel ils ne peuvent prétendre. Il y a une grande distance de l'un à l'autre.

Le véritable air noble pour l'homme puissant, en place, en dignité, c'est l'air qui annonce, qui promet de la bonté, et qui tient parole.

CHAPITRE VII.

Sur le crédit.

CE que je viens de dire sur les grands, me donne occasion d'examiner ce que c'est que le crédit, sa nature, ses principes et ses effets.

Le crédit est l'usage de la puissance d'autrui; et il est plus ou moins grand à proportion que cet usage est plus ou moins fort, et plus ou moins fréquent (*). Le crédit marque donc une sorte d'infériorité, du moins relativement à la puissance qu'on emploie, quelque supériorité qu'on eût à d'autres égards.

Aussi parle-t-on du crédit d'un simple particulier auprès d'un grand, de celui d'un grand auprès d'un ministre, de celui d'un ministre auprès du souverain; et, sans que l'esprit y fasse attention, l'idée qu'on a du crédit est si déterminée, qu'il n'y a personne qui ne trouvât ridicule d'entendre parler du crédit du roi, à moins qu'on ne parlât de celui qu'il auroit dans l'Europe parmi les autres souverains, dont la réunion forme à son égard une espèce de supériorité.

(*) Le crédit en commerce et en finance ne présente pas une autre idée; c'est l'usage des fonds d'autrui.

Un prince, avec une puissance bornée, peut avoir plus de crédit dans l'Europe qu'un roi très-grand par lui-même, et absolu chez lui. La puissance de celui-ci pourroit seule être un obstacle à ce crédit. Il n'y a point de siècle qui n'en ait fourni des exemples, et l'on a vu quelquefois des particuliers l'emporter à cet égard sur des souverains.

Heinsius, grand pensionnaire de Hollande, avoit autant ou plus de crédit que les princes de son temps, pendant la guerre de la succession d'Espagne. L'abus qu'il en fit ruina sa patrie.

Je n'entrerai pas là-dessus dans un détail étranger à mon sujet; je ne veux considérer que ce qui a rapport à de simples particuliers.

Le crédit est donc la relation du besoin à la puissance, soit qu'on la réclame pour soi ou pour autrui; avec la distinction, qu'obtenir un service pour autrui, c'est crédit; l'obtenir pour soi-même, ce n'est que faveur.

Le crédit n'est donc pas extrêmement flatteur par sa nature; mais il peut l'être par ses principes et par ses effets. Ses principes sont l'estime et la considération personnelle dont on jouit, l'inclination dont on est l'objet, l'intérêt qu'on présente, ou la crainte qu'on inspire.

Le crédit fondé sur l'estime est celui dont on devroit être le plus flatté, et il pourroit être regardé comme une justice rendue au mérite. Celui qu'on doit à l'inclination, moins honorable par lui-même, est ordinairement plus sûr que le premier. L'un et l'autre cèdent presque toujours à l'espérance ou à la crainte, c'est-à-dire à l'intérêt, puisque ce sont deux effets d'une même cause. Ainsi, quand ces différens motifs sont en concurrence, il est aisé de juger quel est celui qui doit prévaloir.

Les deux premiers ne sont pas communément fort puissans. On n'accorde qu'à regret au mérite; cela ressemble trop à la justice, et l'amour-propre est plus flatté de faire des grâces. D'un autre côté, l'inclination détermine moins qu'on ne s'imagine à obliger, quoiqu'elle y fasse trouver du plaisir; elle est souvent subordonnée à beaucoup d'autres motifs, à des plaisirs qui l'emportent sur celui de l'amitié, quoiqu'ils ne soient pas si honnêtes.

D'ailleurs, les hommes en place ont peu d'amis, et ne s'en embarrassent guère. L'ambition et les affaires les occupent trop pour laisser dans leur cœur place à l'amitié, et celle qu'on a pour eux, ressemble à un culte. Quand ils paroissent se livrer à leurs amis, ils ne cherchent qu'à se délasser par la dissipation. Ils deviennent des espèces d'enfans gâtés qui se laissent aimer sans reconnoissance, et qui s'irritent à la moindre contradiction qu'éprouvent leurs volontés ou leurs fantaisies. Il faut convenir qu'ils ont souvent occasion de connoître les hommes, d'apprendre à les estimer peu, et à ne pas compter sur eux. Ils savent qu'ils sont plus assiégés par intérêt, que recherchés par goût et par estime, même quand ils en sont dignes. Ils voient les manœuvres basses et criminelles que les concurrens emploient auprès d'eux les uns contre les autres, et jugent s'ils doivent être fort sensibles à leur attachement. Quoique l'adulation les flatte, comme si elle étoit sincère, le motif bas ne leur en échappe pas toujours, et ils ont l'expérience de la désertion que leurs pareils ont éprouvée dans la disgrâce. Un peu de défiance est donc pardonnable aux gens en place, et leur amitié doit être plus éclairée, plus circonspecte que celle des autres.

Si le mérite et l'amitié donnent si peu de part au crédit, il ne sera plus qu'un tribut payé à l'intérêt, un pur échange dont l'espérance et la crainte décident et sont la monnoie. On ne refuse guère ceux qu'on peut obliger avec gloire, et dont la reconnoissance honore le bienfaiteur: cette gloire est l'intérêt qu'il en retire. On refuse encore moins ceux dont on espère du retour, parce que cette espérance est un intérêt plus sensible à la plupart des hommes; et l'on accorde presque tout à ceux dont on craint le ressentiment, sur-tout si l'on peut cacher cette crainte sous le masque de la prévenance. Mais, si l'on ne peut pas dissimuler son vrai motif, on prend facilement son parti. Il semble qu'on lise dans le cœur des hommes qu'ils approuveront intérieurement la conduite qu'ils auroient eux-mêmes.

La crainte qu'on dissimule le moins, est celle qu'inspirent certaines gens à la cour, dont on méprise l'état, mais que l'intimité domestique ou des circonstances peuvent rendre dangereux. On a pour eux des ménagemens qui donnent à la crainte un air de prudence; c'est pourquoi on n'en rougit point, parce qu'il semble que le caractère ne sauroit être avili de ce qui fait honneur à l'esprit. Les sollicitations, les simples recommandations de ces sortes de gens l'emportent souvent sur celles des plus grands seigneurs, et toujours sur celles des amis, sur-tout s'ils sont anciens; car les nouveaux ont plus d'avantages. On fait tout pour ceux qu'on veut gagner ou achever d'engager, et rien pour ceux dont on est sûr. Le privilége d'un ancien ami n'est guère que d'être refusé de préférence, et obligé d'approuver le refus, trop heureux si, par un excès de confiance, on lui fait part des motifs.

Tant de circonstances concourent et se croisent quelquefois dans les moindres grâces, qu'il seroit difficile de dire comment et par qui elles sont accordées: Il arrive delà qu'on donne sans générosité, et qu'on reçoit sans reconnoissance, parce qu'il est rare que le bienfait tombe sur le besoin, et encore plus rare qu'il le prévienne. On refuse durement le nécessaire, on accorde aisément le superflu; on offre les services, on refuse les secours.

L'intérêt, la considération qu'on espère, et la générosité, sont donc les principaux moteurs des gens en crédit.

Ceux qui n'emploient le leur que par intérêt ne méritent pas même de passer pour avoir du crédit. Ce ne sont plus que de vils protégés, dont l'avilissement rejaillit sur les protecteurs. Une grâce payée avilit celui qui la reçoit, et déshonore celui qui la fait.

Quand on se propose la considération pour objet, on emploie communément son crédit pour le faire connoître et lui donner de l'éclat. La seule réputation d'en avoir est un des plus sûrs moyens de l'affermir, de l'étendre, et même de le procurer; en tout cas, elle est un prix si flatteur, que bien des gens en sacrifieroient la réalité à l'apparence. Combien en voit-on qui sont accablés de sollicitations sur une fausse réputation de crédit, et qui, pour conserver la considération qu'ils tirent de cette erreur, se gardent bien d'écarter les importuns en les détrompant !

Cependant ceux qui, en obligeant, ne se proposent qu'un bien si frivole, doivent être persuadés, quelque crédit qu'ils aient, qu'ils ne sauroient rendre autant de services qu'ils font de mécontens.

Il ne seroit pas impossible qu'en ne s'occupant que du désir d'obliger, on se fît une réputation très-opposée, parce que le volume des bienfaits ne peut jamais égaler le volume des besoins. Il n'y a point de crédit qui ne soit au-dessous de la réputation qu'il procure. Les moindres preuves de crédit multiplient les demandes.

Un homme qui a rendu plusieurs services par générosité, peut être regardé comme désobligeant, parce qu'il n'est pas en état de rendre tous ceux qu'on exige de lui. C'est par cette raison que les gens en place ne sauroient employer trop d'humanité pour adoucir les refus nécessaires.

On pourroit penser que la reconnoissance de ceux qu'ils obligent, doit les consoler de l'injustice de ceux qu'ils ont blessés par des refus forcés; mais il n'est que trop ordinaire de voir des gens demander les grâces avec ardeur, et souvent avec bassesse, les recevoir comme une justice, avec froideur, et tâcher de persuader qu'ils n'avoient pas fait la moindre démarche, et qu'on a prévenu leurs désirs. Cette conduite n'est sûrement pas l'effet d'une reconnoissance délicate, qui veut laisser au bienfaiteur la gloire d'une justice éclairée.

Il s'en faut bien que je veuille dégoûter les bienfaiteurs ; je veux, au contraire, prévenir leurs dégoûts, en leur inspirant un sentiment désintéressé, noble, et dont le succès est toujours sûr ; c'est de n'obliger que par générosité, de ne chercher en obligeant que le plaisir d'obliger, salaire infaillible, et que l'ingratitude des hommes ne sauroit ravir. Mais si les bienfaiteurs sont sensibles à la reconnoissance, que leurs bienfaits cherchent le mérite, parce qu'il n'y a que le mérite de reconnoissant.

CHAPITRE VIII.

Sur les gens à la mode.

De tous les peuples, le François est celui dont le caractère a, dans tous les temps, éprouvé le moins d'altération; on retrouve les François d'aujourd'hui dans ceux des croisades, et, en remontant jusqu'aux Gaulois, on y remarque encore beaucoup de ressemblance. Cette nation a toujours été vive, gaie, généreuse, brave, sincère, présomptueuse, inconstante, avantageuse et inconsidérée. Ses vertus partent du cœur, ses vices ne tiennent qu'à l'esprit, et ses bonnes qualités corrigeant ou balançant les mauvaises, toutes concourent peut-être également à rendre le François de tous les hommes le plus sociable. C'est-là son caractère propre, et c'en est un très-estimable; mais je crains que depuis quelque temps on n'en ait abusé; on ne s'est pas contenté d'être sociable, on a voulu être aimable, et je crois qu'on a pris l'abus pour la perfection. Ceci a besoin de preuves, c'est-à-dire d'explication.

Les qualités propres à la société, sont la politesse, la franchise sans rudesse, la prévenance sans bassesse, la complaisance sans flatterie, les égards sans contrainte, et sur-tout le cœur porté à la bienfaisance; ainsi l'homme sociable est le citoyen par excellence.

L'homme aimable, du moins celui à qui l'on donne aujourd'hui ce titre, est fort indifférent sur le bien public : ardent à plaire à toutes les sociétés où son goût et le hasard le jettent, et prêt à en sacrifier chaque particulier, il n'aime personne, n'est aimé de qui que ce soit, plaît à tous, et souvent est méprisé et recherché par les mêmes gens.

Par un contraste assez bizarre, toujours occupé des autres, il n'est satisfait que de lui, et n'attend son bonheur que de leur opinion, sans songer précisément à leur estime qu'il suppose apparemment, ou dont il ignore la nature. Le désir immodéré d'amuser, l'engage à immoler l'absent qu'il estime le plus à la malignité de ceux dont il fait le moins de cas, mais qui l'écoutent. Aussi frivole que dangereux, il met presque de bonne foi la médisance et la calomnie au rang des amusemens, sans soupçonner qu'elles aient d'autres effets; et, ce qu'il y a d'heureux et de plus honteux dans les mœurs, le jugement qu'il en porte se trouve quelquefois juste.

Les liaisons particulières de l'homme sociable, l'attachent de plus en plus à l'état, à ses concitoyens; celles de l'homme aimable ne font que l'écarter des devoirs essentiels. L'homme sociable inspire le désir de vivre avec lui; on n'aime qu'à rencontrer l'homme aimable. Tel est enfin dans ce caractère l'assemblage de vices, de frivolités et d'inconvéniens, que l'homme *aimable* est souvent l'homme le moins digne d'être aimé.

Cependant l'ambition de parvenir à cette réputation devient de jour en jour une espèce de maladie épidémique : eh ! comment ne seroit-on pas flatté d'un titre qui éclipse la vertu et fait pardonner le vice ! Qu'un homme soit déshonoré au point qu'on en fasse des reproches à ceux qui vivent avec lui, ils conviennent de tout; ce n'est pas en essayant de le justifier qu'ils se défendent eux-mêmes. Tout cela est vrai, vous dit-on; mais il est fort aimable. Il faut que cette raison soit bonne, ou bien généralement admise; car on n'y réplique pas. L'homme le plus dangereux dans nos mœurs, est celui qui est vicieux avec de la gaîté et des grâces; il n'y a rien que cet extérieur ne fasse passer, et n'empêche d'être odieux.

Qu'arrive-t-il de là ? Tout le monde veut être aimable, et ne s'embarrasse pas d'être autre chose ; on y sacrifie ses devoirs, et je dirois la considération, si on la perdoit par là. Un des plus malheureux effets de cette manie futile est le mépris de son état, le dédain de la profession dont on est comptable, et dans laquelle on devroit toujours chercher sa première gloire.

Le magistrat regarde l'étude et le travail comme des soins obscurs, qui ne conviennent qu'à des hommes qui ne sont pas faits pour le monde. Il voit que ceux qui se livrent à leurs devoirs ne sont connus que par hasard de ceux qui en ont un besoin passager; de sorte qu'il n'est pas rare de rencontrer de ces magistrats aimables qui, dans les affaires d'éclat, sont moins des juges que des solliciteurs qui recommandent à leurs confrères les intérêts des gens connus.

Le militaire d'une certaine classe croit que l'application au service doit être le partage des subalternes; ainsi les grades ne seroient plus que des distinctions de rang, et non pas des emplois qui exigent des fonctions.

L'homme de lettres qui, par des ouvrages travaillés, auroit pu instruire son siècle, et faire passer son nom à la postérité, néglige ses talens, et les perd faute de les cultiver : il auroit été compté parmi les hommes illustres; il reste un homme d'esprit de société.

L'ambition même, cette passion toujours si ardente, et autrefois si active, ne va plus à la fortune que par le manége et l'art de plaire. Les principes de l'ambitieux n'étoient pas autrefois plus justes qu'ils ne le sont aujourd'hui, ses motifs plus louables, ses démarches plus innocentes; mais ses travaux pouvoient être utiles à l'état, et quelquefois inspirer l'émulation à la vertu.

On dira sans doute que la société est devenue, par le désir d'y être aimable, plus délicieuse qu'elle ne l'avoit jamais été : cela peut être; mais il est certain que ce qu'elle a gagné, l'état l'a perdu, et cet échange n'est pas un avantage.

Que seroit-ce si la contagion venoit à gagner toutes les autres professions? Et on peut le craindre, quand on voit qu'elle a percé dans un ordre uniquement destiné à l'édification, et pour lequel les qualités aimables de nos jours auroient été jadis pour le moins indécentes.

Les qualités aimables étant pour la plupart fondées sur des choses frivoles, l'estime que nous en faisons nous accoutume insensiblement à l'indifférence pour celles qui devroient nous intéresser le plus. Il semble que ce qui touche le bien public nous soit étranger.

Qu'un grand capitaine, qu'un homme d'état aient rendu les plus grands services, avant que de hasarder notre estime, nous demandons s'ils sont aimables, quels sont leurs agrémens, quoiqu'il y en ait peut-être qu'il ne sied pas toujours à un grand homme d'avoir à un degré supérieur.

Toute question importante, tout raisonnement suivi, tout sentiment raisonnable sont exclus des sociétés brillantes et sortent du *bon ton.* Il y a peu de temps que cette expression est inventée, et elle est déjà triviale, sans en être mieux éclaircie : je vais dire ce que j'en pense.

Le *bon ton*, dans ceux qui ont le plus d'esprit, consiste à dire agréablement des riens, et ne se pas permettre le moindre propos sensé, si l'on ne le fait excuser par les grâces du discours; à voiler enfin la raison, quand on est obligé de la produire, avec autant de soin que la pudeur en exigeoit autrefois, quand il s'agissoit d'exprimer quelqu'idée libre. L'agrément est devenu si nécessaire, que la médisance même cesseroit de plaire, si elle en étoit dépourvue. Il ne suffit pas de nuire; il faut sur-tout amuser; sans quoi le discours le plus méchant retombe plus sur son auteur que sur celui qui en est le sujet.

Ce prétendu *bon ton*, qui n'est qu'un abus de l'esprit, ne laisse pas d'en exiger beaucoup; ainsi il devient dans les sots un jargon inintelligible pour eux-mêmes; et, comme les sots font le grand nombre, ce jargon a prévalu. C'est ce qu'on appelle le *persifflage*, amas fatigant de paroles sans idées, volubilité de propos qui font rire les fous, scandalisent la raison, déconcertent les gens honnêtes ou timides, et rendent la société insupportable.

Ce mauvais genre est quelquefois moins extravagant, et alors il n'en est que plus dangereux: c'est lorsqu'on immole quelqu'un, sans qu'il s'en doute, à la malignité d'une assemblée, en le rendant tout à la fois instrument et victime de la plaisanterie commune, par les choses qu'on lui suggère, et les aveux ingénus qu'on en tire.

Les premiers essais de cette sorte d'esprit ont dû naturellement réussir ; et comme les inventions nouvelles vont toujours en se perfectionnant, c'est-à-dire, en augmentant de dépravation quand le principe en est vicieux, la méchanceté se trouve aujourd'hui l'âme de certaines sociétés, et a cessé d'être odieuse, sans même perdre son nom.

La méchanceté n'est aujourd'hui qu'une mode. Les plus éminentes qualités n'auroient pu jadis la faire pardonner, parce qu'elles ne peuvent jamais rendre autant à la société que la méchanceté lui fait perdre, puisqu'elle en sape les fondemens ; et qu'elle est par là, sinon l'assemblage, du moins le résultat des vices. Aujourd'hui la méchanceté est réduite en art ; elle tient lieu de mérite à ceux qui n'en ont point d'autre, et souvent leur donne de la considération.

Voilà ce qui produit cette foule de petits méchans subalternes et imitateurs, de caustiques fades, parmi lesquels il s'en trouve de si innocens, leur caractère y est si opposé, ils auroient été de si bonnes gens; en suivant leur cœur, qu'on est quelquefois tenté d'en avoir compassion, tant le mal coûte à faire. Aussi en voit-on qui abandonnent leur rôle comme trop pénible; d'autres persistent, flattés et corrompus par les progrès qu'ils ont faits. Les seuls qui aient gagné à ce travers de mode, sont ceux qui, nés avec le cœur dépravé, l'imagination déréglée, l'esprit faux, borné et sans principes, méprisant la vertu, et incapables de remords, ont le plaisir de se voir les héros d'une société dont ils devroient être l'horreur.

Un spectacle assez curieux est de voir la subordination qui règne entre ceux qui forment ces sortes d'associations. Il n'y a point d'état où elle soit mieux réglée. Ils se signalent ordinairement sur les étrangers que le hasard leur adresse; comme on sacrifioit autrefois dans quelques contrées ceux que leur mauvais sort y faisoit aborder. Mais lorsque les victimes nouvelles leur manquent, c'est alors que la guerre civile commence. Le chef conserve son empire, en immolant alternativement ses sujets les uns aux autres. Celui qui est la victime du jour est impitoyablement accablé par tous les autres, qui sont charmés d'écarter l'orage de dessus eux; la cruauté est souvent l'effet de la crainte, c'est le courage des lâches. Les subalternes s'essaient cependant les

uns contre les autres; on cherche à ne se lancer
que des traits fins; on voudroit qu'ils fussent piquans sans être grossiers; mais, comme l'esprit
n'est pas toujours aussi léger que l'amour-propre
est sensible, on en vient souvent à se dire des
choses si outrageantes, qu'il n'y a que l'expérience qui empêche d'en craindre les suites. Si
l'on pouvoit cependant imaginer quelque tempérament honnête entre le caractère ombrageux et
l'avilissement volontaire, on ne vivroit pas avec
moins d'agrément, et l'on auroit plus d'union et
d'égards réciproques.

Les choses étant sur le pied où elles sont,
l'homme le plus piqué n'a pas le droit de rien
prendre au sérieux, ni d'y répondre avec dureté.
On ne se donne, pour ainsi dire, que des car-
tels d'esprit; il faudroit s'avouer vaincu, pour
recourir à d'autres armes, et la gloire de l'esprit
est le point d'honneur d'aujourd'hui.

On est cependant toujours étonné que de pareilles sociétés ne se désunissent point par la
crainte, le mépris, l'indignation ou l'ennui. Il
faut espérer qu'à force d'excès, elles finiront
par faire prendre la méchanceté en ridicule; et
c'est l'unique moyen de la détruire. On remarque que la raison froide est la seule chose qui
leur impose, et quelquefois les déconcerte.

On croiroit que l'habitude d'offenser rendroit

ceux qui l'ont contractée incapables de se plier aux moyens de travailler à leur fortune. Point du tout ; il vaut mieux inspirer la crainte que l'estime. D'ailleurs, ces hommes qu'on prétend si singuliers, si caustiques, si méchans, si misantropes, réussissent parfaitement auprès de ceux dont ils ont besoin. La réputation qu'ils se sont fabriquée, donne un très-grand poids à leurs prévenances ; ils descendent plus facilement qu'on ne croit à la flatterie basse. Celui qui en est l'objet, ne doute pas qu'il n'ait un mérite bien décidé, puisqu'il force de tels caractères à un style qui leur est si étranger.

Il faut convenir que les sociétés dont je parle sont rares ; il n'y a que la parfaitement bonne compagnie qui le soit davantage, et celle-ci n'est peut-être qu'une belle chimère dont on approche plus ou moins. Elle ressemble assez à une république dispersée ; on en trouve des membres dans toutes sortes de classes, il est très-difficile de les réunir en un corps. Il n'y a cependant personne qui n'en réclame le titre pour sa société : c'est un mot de ralliement. Je remarque seulement qu'il n'y a personne aussi qui ne croie qu'elle peut se trouver dans un ordre supérieur au sien, et jamais dans une classe inférieure. La haute magistrature la suppose à la cour comme chez elle ; mais elle ne la croit pas dans une certaine bourgeoisie, qui, à son tour, a des nuances d'orgueil.

Pour l'homme de la cour, sans vouloir entrer dans aucune composition sur cet article, il croit fermement que la bonne compagnie n'existe que parmi les gens de sa sorte. Il est vrai qu'à esprit égal ils ont un avantage sur le commun des hommes, c'est de s'exprimer en meilleurs termes, et avec des tours plus agréables. Le sot de la cour dit ses sottises plus élégamment que le sot de la ville ne dit les siennes. Dans un homme obscur, c'est une preuve d'esprit, ou du moins d'éducation, que de s'exprimer bien. Pour l'homme de la cour, c'est une nécessité ; il n'emploie pas de mauvaises expressions, parce qu'il n'en sait point. Un homme de la cour qui parleroit bassement, me paroîtroit presque avoir le mérite d'un savant dans les langues étrangères. En effet, tous les talens dépendent des facultés naturelles, et sur-tout de l'exercice qu'on en fait. Le talent de la parole, ou plutôt de la conversation, doit donc se perfectionner à la cour plus que partout ailleurs, puisqu'on est destiné à y parler et réduit à n'y rien dire : ainsi les tours se multiplient, les idées se rétrécissent. Je n'ai pas besoin, je crois, d'avertir que je ne parle ici que des courtisans oisifs, à qui Versailles est nécessaire, et qui y sont inutiles.

Il résulte de ce que j'ai dit, que les gens d'esprit de la cour, quand ils ont les qualités du cœur, sont les hommes dont le commerce est le plus aimable ; mais de telles sociétés sont rares. Le jeu sert à soulager les gens du monde du pénible fardeau de leur existence ; et les talens qu'ils appellent quelquefois à leur secours en cherchant le plaisir, prouvent le vide de leur âme, et ne le remplissent pas. Ces remèdes sont inutiles à ceux que le goût, la confiance et la liberté réunissent.

Les gens du monde seroient sans doute fort surpris qu'on leur préférât souvent certaines sociétés bourgeoises, où l'on trouve, sinon un plaisir délicat, du moins une joie contagieuse, souvent un peu de rudesse, mais on est trop heureux qu'il ne s'y glisse pas une demi-connoissance du monde, qui ne seroit qu'un ridicule de plus : encore ne se feroit-il pas sentir à ceux qui l'auroient ; ils ont le bonheur de ne connoître de ridicule que ce qui blesse la raison ou les mœurs.

A l'égard des sociétés, si l'on veut faire abstraction de quelques différences d'expressions, on trouvera que la classe générale des gens du monde et la bourgeoisie opulente se ressemblent plus au fond qu'on ne le suppose. Ce sont les mêmes tracasseries, le même vide, les mêmes misères. La petitesse dépend moins des objets que des hommes qui les envisagent. Quant au commerce habituel, en général, les gens du monde ne valent pas mieux, ne valent pas moins que la bourgeoisie. Celle-ci ne gagne ou ne perd guère à les imiter. A l'exception du bas peuple qui n'a que des idées relatives à ses besoins, et qui en est ordinairement privé sur tout autre sujet, le reste des hommes est partout le même. La bonne compagnie est indépendante de l'état et du rang, et ne se trouve que parmi ceux qui pensent et qui sentent, qui ont les idées justes et les sentimens honnêtes.

CHAPITRE IX.

Sur le ridicule, la singularité et l'affectation.

LE ridicule ressemble souvent à ces fantômes qui n'existent que pour ceux qui y croient. Plus un mot abstrait est en usage, moins l'idée en est fixe, parce que chacun l'étend, la restreint ou la change; et l'on ne s'aperçoit de la différence des principes que par celle des conséquences et des applications qu'on en fait. Si l'on vouloit définir les mots que l'on comprend le moins, il faudroit définir ceux dont on se sert le plus.

Le ridicule consiste à choquer la mode ou l'opinion, et communément on les confond assez avec la raison; cependant ce qui est contre la raison est sottise ou folie; contre l'équité c'est crime. Le ridicule ne devroit donc avoir lieu que dans les choses indifférentes par elles-mêmes, et consacrées par la mode. Les habits, le langage, les manières, le maintien; voilà son domaine, son ressort: voici son usurpation.

Comme la mode est parmi nous la raison par excellence, nous jugeons des actions, des idées et des sentimens sur leur rapport avec la mode. Tout ce qui n'y est pas conforme est trouvé ridicule. *Cela se fait* ou *ne se fait pas* : voilà la règle de nos jugemens. *Cela doit-il se faire* ou *ne se pas faire?* il est rare qu'on aille jusque-là. En conséquence de ce principe, le ridicule s'étend jusque sur la vertu, et c'est le moyen que l'envie emploie le plus sûrement pour en ternir l'éclat. Le ridicule est supérieur à la calomnie, qui peut se détruire en retombant sur son auteur. La malignité adroite ne s'en fie pas même à la difformité du vice; elle lui fait l'honneur de le traiter comme la vertu, en lui associant le ridicule pour le décrier; il devient par là moins odieux et plus méprisé.

Le ridicule est devenu le poison de la vertu et des talens, et quelquefois le châtiment du vice. Mais il fait malheureusement plus d'impression sur les âmes honnêtes et sensibles, que sur les vicieux qui depuis quelque temps s'aguerrissent contre le ridicule; parmi eux on en donne, on en reçoit, et l'on en rit.

Le ridicule est le fléau des gens du monde, et il est assez juste qu'ils aient pour tyran un être fantastique.

On sacrifie sa vie à son honneur, souvent son honneur à sa fortune, et quelquefois sa fortune à la crainte du ridicule.

Je ne suis pas étonné qu'on ait quelque attention à ne pas s'y exposer, puisqu'il est d'une si grande importance dans l'esprit de plusieurs de ceux avec qui l'on est obligé de vivre. Mais on ne doit pas excuser l'extrême sensibilité que des hommes raisonnables ont sur cet article. Cette crainte excessive a fait naître des essaims de petits donneurs de ridicules, qui décident de ceux qui sont en vogue, comme les marchandes de modes fixent celles qui doivent avoir cours. S'ils ne s'étoient pas emparés de l'emploi de distribuer les ridicules, ils en seroient accablés ; ils ressemblent à ces criminels qui se sont faits exécuteurs pour sauver leur vie.

La plus grande sottise de ces êtres frivoles, et celle dont ils se doutent le moins, est de s'imaginer que leur empire est universel : s'ils savoient combien il est borné, la honte les y feroit renoncer. Le peuple n'en connoît pas le nom ; et c'est tout ce que la bourgeoisie en sait. Parmi les gens du monde, ceux qui sont occupés ne sont frappés que par distraction de ce petit peuple incommode : ceux mêmes qui en ont été, et que la raison ou l'âge en ont séparés, s'en souviennent à peine ; et les hommes illustres seroient trop élevés pour l'apercevoir, s'ils ne daignoient pas quelquefois s'en amuser.

Quoique l'empire du ridicule ne soit pas aussi étendu que ceux qui l'exercent le supposent, il ne l'est encore que trop parmi les gens du monde ; et il est étonnant qu'un caractère aussi léger que le nôtre, se soit soumis à une servitude dont le premier effet est de rendre le commerce uniforme, languissant et ennuyeux.

La crainte puérile du ridicule étouffe les idées, rétrécit les esprits, et les forme sur un seul modèle, suggère les mêmes propos peu intéressans de leur nature, et fastidieux par la répétition. Il semble qu'un seul ressort imprime à différentes machines un mouvement égal et dans la même direction. Je ne vois que les sots qui puissent gagner à un travers qui abaisse à leur niveau les hommes supérieurs, puisqu'ils sont tous alors assujétis à une mesure commune où les plus bornés peuvent atteindre.

L'esprit est presque égal quand on est asservi au même ton, et ce ton est nécessaire à ceux qui, sans cela, n'en auroient point à eux ; il ressemble à ces livrées qu'on donne aux valets, parce qu'ils ne seroient pas en état de se vêtir.

Avec ce ton de mode on peut être impunément un sot, et on regardera comme tel un homme de beaucoup d'esprit qui ne l'aura pas : il n'y a rien qu'on distingue moins de la sottise que l'ignorance des petits usages. Combien de fois a-t-on rougi à la cour pour un homme qu'on y produisoit avec confiance, parce qu'on l'avoit admiré ailleurs, et qu'on l'avoit annoncé avec une bonne foi imprudente ! On ne s'étoit cependant pas trompé; mais on ne l'avoit jugé que d'après la raison, et on le confronte avec la mode.

Ce n'est pas assez que de ne pas s'exposer au ridicule pour s'en affranchir; on en donne à ceux qui en méritent le moins souvent, aux personnes les plus respectables, si elles sont assez timides pour le recevoir. Des gens méprisables, mais hardis, et qui sont au fait des mœurs régnantes, le repoussent et l'anéantissent mieux que les autres.

Comme le ridicule, n'ayant souvent rien de décidé, n'a d'existence alors que dans l'opinion, il dépend en partie de la disposition de celui à qui on veut le donner, et dans ce cas là il a besoin d'être accepté. On le fait échouer, non en le repoussant avec force, mais en le recevant avec mépris et indifférence, quelquefois en le recevant de bonne grâce. Ce sont les flèches des Mexicains qui auroient pénétré le fer, et qui s'amortissoient contre des armures de laine.

Quand le ridicule est le mieux mérité, il y a encore un art de le rendre sans effet; c'est d'outrer ce qui y a donné lieu. On humilie son adversaire en dédaignant les coups qu'il veut porter.

D'ailleurs cette hardiesse d'affronter le ridicule impose aux hommes; et comme la plupart ne sont pas capables de n'estimer les choses que ce qu'elles valent, où leur mépris s'arrête leur admiration commence, et le singulier en est communément l'objet.

Par quelle bizarrerie la même chose à un certain degré rend-elle ridicule, et portée à l'excès donne-t-elle une sorte d'éclat? Car tel est l'effet de la singularité marquée, soit que le principe en soit louable ou repréhensible.

Cela ne peut venir que du dégoût que cause l'uniformité de caractère qu'on trouve dans la société. On est si ennuyé de rencontrer les mêmes idées, les mêmes opinions, les mêmes manières, et d'entendre les mêmes propos, qu'on sait un gré infini à celui qui suspend cet état léthargique.

La singularité n'est pas précisément un caractère; c'est une simple manière d'être qui s'unit à tout autre caractère, et qui consiste à être *soi*, sans s'apercevoir qu'on soit différent des autres; car si l'on vient à le reconnoître, la singularité s'évanouit; c'est une énigme qui cesse de l'être, aussitôt que le mot en est connu. Quand on s'est aperçu qu'on est différent des autres, et que cette différence n'est pas un mérite, on ne peut y persister que par l'affectation, et c'est alors petitesse ou orgueil, ce qui revient au même, et produit le dégoût; au lieu que la singularité naturelle met un certain piquant dans la société, qui en ranime la langueur.

Les sots qui connoissent souvent ce qu'ils n'ont pas, et qui s'imaginent que ce n'est que faute de s'en être avisés, voyant le succès de la singularité, se font singuliers, et l'on sent ce que ce projet bizarre doit produire.

Au lieu de se borner à n'être rien, ce qui leur convenoit si bien, ils veulent à toute force être quelque chose, et ils sont insupportables. Ayant remarqué, ou plutôt entendu dire que des génies reconnus ne sont pas toujours exempts d'un grain de folie, ils tâchent d'imaginer des folies, et ne font que des sottises.

La fausse singularité n'est qu'une privation de caractère, qui consiste non-seulement à éviter d'être ce que sont les autres, mais à tâcher d'être uniquement ce qu'ils ne sont pas.

On voit de ces sociétés où les caractères se sont partagés comme on distribue des rôles. L'un se fait philosophe, un autre plaisant, un troisième *homme d'humeur*. Tel se fait caustique qui penchoit d'abord à être complaisant; mais il a trouvé le rôle occupé. Quand on n'est rien, on a le choix de tout.

Il n'est pas étonnant que ces travers entrent dans la tête d'un sot; mais on est étonné de les rencontrer avec de l'esprit. Cela se remarque dans ceux qui, nés avec plus de vanité que d'orgueil, croient rendre leurs défauts brillans par la singularité, en les outrant, plutôt que de s'appliquer à s'en corriger. Ils jouent leur propre caractère, ils étudient alors la nature pour s'en écarter de plus en plus, et s'en former une particulière; ils ne veulent rien faire ni dire qui ne s'éloigne du simple; et malheureusement quand on cherche l'extraordinaire, on ne trouve que des platitudes. Les gens d'esprit même n'en ont jamais moins, que lorsqu'ils tâchent d'en avoir.

On devroit sentir que le naturel qu'on cherche ne se trouve jamais, que l'effort produit l'excès, et que l'excès décèle la fausseté du caractère.

On veut jouer le brusque, et l'on devient féroce; le vif, et l'on n'est que pétulant et étourdi; la bonté jouée dégénère en politesse contrainte, et se trahit enfin par l'aigreur; la fausse sincérité n'est qu'offensante, et quand elle pourroit s'imiter quelque temps, parce qu'elle ne consiste que dans des actes passagers, on n'atteindroit jamais à la franchise qui en est le principe, et qui est une continuité de caractère. Elle est comme la probité; plusieurs actes qui y sont conformes n'en font pas la démonstration, et un seul de contraire la détruit.

Enfin toute affectation finit par se déceler, et l'on retombe alors au-dessous de sa valeur réelle. Tel est regardé comme un sot, après, et peut-être pour avoir été pris pour un génie. On ne se venge point à demi d'avoir été sa dupe.

Soyons donc ce que nous sommes; n'ajoutons rien à notre caractère; tâchons seulement d'en retrancher ce qui peut être incommode aux autres et dangereux pour nous-mêmes. Ayons le courage de nous soustraire à la servitude de la mode, sans passer les bornes de la raison.

CHAPITRE X.

Sur les gens de fortune.

IL y a deux sortes de conditions qui ont plus de relation avec la société, et sur-tout avec les gens du monde, qu'elles n'en avoient autrefois. Ce sont les gens de lettres et les gens de fortune; ce qui ne doit s'entendre que des plus distingués d'entr'eux; les uns par leur réputation ou leurs agrémens personnels, les autres par une opulence fastueuse : car dans tous les états il y a des chefs, un ordre mitoyen et du peuple.

Il n'y a pas encore long-temps que les financiers ne voyoient que des protecteurs dans les gens de condition, dont ils sont aujourd'hui les rivaux. La plupart des fortunes de finance du dernier siècle n'étoient pas assez honnêtes pour en faire gloire, et dès là elles en devenoient plus considérables. Les premiers gains faisoient naître l'avarice, l'avarice augmentoit l'avidité, et ces passions sont ennemies du faste. Une habitude d'économie ne se relâche guère, et suffit seule, sans génie ni bonheur marqué, pour tirer des richesses immenses d'une médiocre fortune, et d'un travail continuel.

S'il se trouvoit alors des gens d'affaires assez sensés pour vouloir jouir, ils l'étoient assez pour se borner aux commodités, aux plaisirs, à tous les avantages d'une opulence sourde ; ils évitoient un éclat qui ne pouvoit qu'exciter l'envie des grands et la haine des petits. Si l'on se contentoit de ce qui fait réellement plaisir, on passeroit pour modeste.

Ceux à qui les richesses ne donnent que de l'orgueil, parce qu'ils n'ont pas à se glorifier d'autre chose, ont toujours aimé à faire parade de leur fortune ; trop enivrés de la jouissance pour rougir des moyens, leur faste étoit jadis le comble de la folie, du mauvais goût et de l'indécence.

Cette ostentation d'opulence est plus communément la manie de ces hommes nouveaux qu'un coup du sort a subitement enrichis, que de ceux qui sont parvenus par degrés. Il est assez singulier que les hommes tirent plus de vanité de leur bonheur que de leurs travaux. Ceux qui doivent tout à leur industrie, savent combien ils ont évité, fait et réparé de fautes ; ils jouissent avec précaution, parce qu'ils ne peuvent pas s'exagérer les principes de leur fortune ; au lieu que ceux qui se trouvent tout à coup des êtres si différens d'eux-mêmes, se regardent comme des objets dignes de l'attention particulière du sort. Ils ne savent à quoi l'attribuer; et cette obscurité de causes, on l'interprète toujours à son avantage.

Telles sont les fortunes qu'on peut appeler ridicules, et qui l'étoient encore plus autrefois qu'aujourd'hui, par le contraste de la personne et du faste déplacé.

D'ailleurs, la fortune de finance n'étoit guère alors qu'une loterie; au lieu qu'elle est devenue un art, ou tout au moins un jeu mêlé d'adresse et de hasard.

Les financiers prétendent que leur administration est *une belle machine*. Je ne doute pas qu'elle n'ait beaucoup de ressorts dont la multiplicité en cache le jeu au public; mais elle est encore bien loin d'être une science. Il faut que dans tous les temps elle ait été une énigme; car les historiens ne parlent guère de cette partie du gouvernement si importante dans tous les états. La raison n'en seroit pas impossible à trouver; mais je ne veux pas trop m'écarter de mon sujet.

Quoi qu'il en soit, si la finance prenoit jamais la forme qu'elle pourroit avoir, pourquoi seroit-elle méprisée? L'état doit avoir des revenus; il faut qu'il y ait des citoyens chargés de la perception, et qu'ils y trouvent des avantages, pourvu que ces avantages soient limités, comme ceux des autres professions, suivant le degré de travail et d'utilité; sans quoi ils deviennent scandaleux.

On ne doit s'élever que contre la vexation ou l'insolence de ceux qui abusent, et les punir avec éclat et sévérité. C'est ainsi que dans toutes les conditions, quelqu'élevées qu'elles fussent, on devroit immoler à la vengeance publique ceux qui font haïr l'autorité par l'abus qu'ils en font, et qui, en rendant les hommes malheureux par leurs excès, les corrompent par leurs exemples.

Il faut convenir que c'est moins à leurs vexations qu'à l'insolence de quelques-uns d'entre eux, que les financiers doivent rapporter le décri où ils sont. Croit-on que cela dépende des injustices qui seront tombées sur des gens obscurs dont les plaintes sont étouffées, les malheurs ignorés, et qui ne seroient pas protégés par ceux qui crient vaguement à l'injustice, quand ils en seroient connus? Dans les déclamations contre la finance, ce n'est ni la générosité ni la justice qui réclament, quoiqu'elles en eussent souvent le droit et l'occasion; c'est l'envie qui poursuit le faste.

Voilà ce qui devroit inspirer aux gens riches, et qui n'étoient pas nés pour l'être, une modestie raisonnée. Ils ne sentent pas assez combien ceux qui pourroient avoir mérité leur fortune ont encore besoin d'art, pour se la faire pardonner.

Malheureusement les hommes veulent afficher leur bonheur ; ils devroient pourtant sentir qu'il est fort différent de la gloire, dont la publicité fait et augmente l'existence. Les malheureux sont déjà assez humiliés par l'éclat seul de la prospérité ; faut-il les outrager par l'ostentation qu'on en fait ? Il est, pour le moins, imprudent de fortifier un préjugé peut-être trop légitime contre les fortunes immenses et rapides. Les eaux qui croissent subitement sont toujours un peu bourbeuses ; celles qui sortent d'une source pure conservent leur limpidité. Les débordemens peuvent féconder les terres qu'ils ont couvertes ; mais c'est après avoir épuisé les sucs de celles qu'ils ont ravagées : les ruisseaux fertilisent celles qu'ils arrosent. Telle est la double image des fortunes rapides et des fortunes légitimes ; celles-ci sont presque toujours bornées.

Je ne suis pas étonné que le peuple voie avec chagrin et murmure des fortunes dont il fournit la substance, sans jamais les partager. Mais les gens de condition doivent les regarder comme des biens qui leur sont substitués, et destinés à remplacer un patrimoine qu'ils ont dissipé, souvent sans avantage pour l'état. Il y a peu de fortunes qui ne tombent dans quelques maisons distinguées. Un homme de qualité vend un nom qu'il n'a pas eu la peine d'illustrer; et, sans le commerce qui s'est établi entre l'orgueil et la nécessité, la plupart des maisons nobles tomberoient dans la misère, et par conséquent dans l'obscurité; les exemples n'en sont pas rares dans les provinces. La mésalliance a commencé par les hommes qui conservent toujours leur nom; celle des filles de qualité est plus moderne, mais elle prend faveur. La cour et les finances portent souvent les mêmes deuils. Si les gens riches ne s'allioient qu'entr'eux, il faudroit nécessairement que, par la seule puissance des richesses, ils parvinssent eux-mêmes aux dignités qu'ils conservent dans des familles étrangères : peut-être s'aviseront-ils un jour de ce secret-là, à moins que les gens de la cour ne s'avisent eux-mêmes d'entrer dans les affaires. Les premiers qui heurteroient le préjugé pourroient d'abord avoir des scrupules; mais quand ils en ont, quelques plaisanteries les soulagent, et beaucoup d'argent les dissipe. Cette révolution n'est peut-être pas fort éloignée. Ne voit-on pas déjà des hommes assez vils pour abandonner des professions respectables, et embrasser, en se dégradant eux-mêmes, le métier de la finance? au lieu que les financiers d'autrefois ou leurs enfans n'aspiroient qu'à sortir de leur état, et s'élever par des professions que l'on quitte aujourd'hui pour la leur.

Cependant les gens de condition ont déja perdu le droit de mépriser la finance, puisqu'il y en a peu qui n'y tiennent par le sang.

C'étoit autrefois une espèce de bonté que de ne pas humilier les financiers. Aujourd'hui qu'ils tiennent à tout, le mépris pour eux seroit, de la part des gens de condition, injustice et sottise. Il y en a tels qui ne se sont pas mésalliés, parce que les gens de fortune n'en ont pas fait assez de cas pour les rechercher.

Tous ceux qui tirent vanité de leur naissance, ne sont pas toujours dignes de se mésallier. Il n'appartient pas à tout le monde de vendre son nom.

Si les raisons de décence ne répriment pas la hauteur des gens de condition à l'égard de la finance, celles d'intérêt les contiennent.

Les plaisanteries sur les financiers, en leur absence, marquent plus d'envie contre leur opulence, que de mépris pour leurs personnes, puisqu'on leur prodigue en face les égards, les prévenances et les éloges. Les gens de condition se flattent que cette conduite peut être regardée comme la marque d'une supériorité si décidée, qu'elle peut s'humaniser sans risque ; mais personne ne se trompe sur les véritables motifs.

Quelquefois ils se permettent avec les financiers ces petits accès d'une humeur modérée, d'autant plus flatteuse pour l'inférieur, qu'elle ressemble au procédé naïf de l'égalité. Ceux qui jouent ce rôle désireroient que les spectateurs désintéressés le prissent pour de la hauteur; mais il n'y a pas moyen, parce que, si ce manége paroît produire un effet opposé à celui qu'ils en espéroient, on les voit s'adoucir par degrés, et aller jusqu'à la fadeur pour ramener un homme prêt à s'effaroucher. Ils se tirent d'embarras par une sorte de plaisanterie qui sert à couvrir bien des bassesses.

Si les gens riches viennent enfin à se croire supérieurs aux autres hommes, ont-ils si grand tort? N'a-t-on pas pour eux les mêmes égards, je dirai les mêmes respects que pour ceux qui sont dans les places auxquelles on les rend par devoir? Les hommes ne peuvent juger que sur l'extérieur. Sont-ils donc ridiculement dupes, parce que ceux qui les trompent sont bassement et adroitement perfides?

Il y a peu de gens riches qui dans des momens ne se sentent humiliés de n'être que riches, ou de n'être regardés que comme tels.

Cette réflexion les mortifie, et leur donne du dépit. Alors, pour s'en distraire, et en imposer aux autres et à eux-mêmes, ils cèdent à des accès d'une humeur impérieuse qui ne leur réussit pas toujours. En effet l'orgueil des richesses ne ressemble point à celui de la naissance. L'un a quelque chose de libre, d'aisé qui semble exiger des égards légitimes. L'autre a un air de grossièreté révoltante qui avertit de l'usurpation. On s'avise quelquefois de comparer l'insolent avec l'insolence, et l'un ne paroissant pas fait pour l'autre, on le fait rentrer dans l'ordre. J'en ai vu des exemples. J'ai rencontré aussi des gens de fortune dignes de leurs richesses, par l'usage qu'ils en faisoient. La bienfaisance leur donne une supériorité réelle sur ceux à qui ils rendent service. Les vrais inférieurs sont ceux qui reçoivent, et l'humiliation s'y joint quand les services sont pécuniaires. C'est ce qui a fait mettre avec justice les mendians au-dessous des esclaves : ceux-ci ne sont que dans l'abaissement, les autres sont dans la bassesse. Ainsi ceux qui font la cour aux financiers sont bas; plus bas encore s'ils en reçoivent; et, s'ils les paient d'ingratitude, la bassesse n'a plus de nom; elle augmente à proportion de la naissance et de l'élévation des ingrats.

Pourquoi s'étonner de la considération que donnent les richesses? Il est sûr qu'elles ne font pas un mérite réel; mais elles sont le moyen de toutes les commodités, de tous les plaisirs, et quelquefois du mérite même. Tout ce qui contribue, ou passe pour contribuer au bonheur, sera chéri des hommes. Il est difficile de ne pas identifier les riches et les richesses. Les décorations extérieures ne font-elles pas la même illusion?

Si l'on veut, par un examen philosophique, dépouiller un homme de tout l'éclat qui lui est étranger, la raison en a le droit; mais je vois que l'humeur l'exerce plus que la philosophie.

D'ailleurs, pourquoi ne considéreroit-on pas ce qui est représentatif de tout ce que l'on considère? Voilà précisément ce que les richesses sont parmi nous; il n'y a de différence que de la cause à l'effet. La seule chose respectée que les richesses ne peuvent donner, c'est une naissance illustre; mais si elle n'est pas soutenue par les places, les dignités ou la puissance; si elle est seule enfin, elle est éclipsée par tout ce que l'or peut procurer. Voulons-nous avoir le droit de mépriser les riches? Commençons par mépriser les richesses; changeons nos mœurs.

Il y a eu des lieux et des temps où l'or étoit méprisé, et le mérite seul honoré. Sparte et Rome naissante nous en fournissent des exemples. Mais, pour peu qu'on fasse attention à la constitution et à l'esprit de ces républiques, on sentira qu'on n'y devoit faire aucun cas de l'or, puisqu'il n'y étoit représentatif de rien. On ignoroit les commodités; les vrais besoins ne donnent pas l'idée de celles que nous connoissons. L'imagination ne s'étoit pas encore exercée sur les plaisirs; ceux de la nature suffisoient, et les plus grands ne coûtent pas cher; le luxe étoit honteux, ainsi l'or étoit inutile et méprisé. Ce mépris étoit à la fois le principe et l'effet de la modération et de l'austérité. La vie la plus pénible cesse de gêner les hommes, dès qu'elle est glorieuse; et, dans les âmes hautes, les grands sacrifices ne sont pas toujours aussi cruels qu'ils le paroissent aux âmes vulgaires. Un certain sentiment de fierté et d'estime pour soi-même élève l'âme et la rend capable de tout. L'orgueil est le premier des tyrans ou des consolateurs.

Telle fut Lacédémone, telle fut Rome dans son berceau; mais aussitôt que le vice et les plaisirs y eurent pénétré, tout, jusqu'aux choses qui doivent être le prix de la vertu, tout, dis-je, y fut vénal; l'or y fut donc recherché, nécessaire, estimé et honoré. Voilà précisément l'état où nous nous trouvons par nos connoissances, nos goûts, nos besoins nouveaux, nos plaisirs et nos commodités recherchées. Qu'on fasse revivre les anciennes mœurs de Rome ou de Sparte, peut-être n'en serons-nous ni plus, ni moins heureux; mais l'or sera inutile.

Les hommes n'ont qu'un penchant décidé, c'est leur intérêt; s'il est attaché à la vertu, ils sont vertueux sans effort; que l'objet change, le disciple de la vertu devient l'esclave du vice, sans avoir changé de caractère : c'est avec les mêmes couleurs qu'on peint la beauté et les monstres.

Les mœurs d'un peuple font le principe actif de sa conduite, les lois n'en sont que le frein; celles-ci n'ont donc pas sur lui le même empire que les mœurs. On suit les mœurs de son siècle, on obéit aux lois; c'est l'autorité qui les fait et qui les abroge. Les mœurs d'une nation lui sont plus sacrées et plus chères que ses lois. Comme elle n'en connoît pas l'auteur, elle les regarde comme son ouvrage, et les prend toujours pour la raison.

Cependant on ne sauroit croire avec quelle facilité un prince changeroit chez certains peuples les mœurs les plus dépravées, et les dirigeroit vers la vertu, pourvu que ce ne fût pas un projet annoncé, et que ses ordres à cet égard ne fussent que son exemple. Une telle révolution paroîtroit le chef-d'œuvre des entreprises; mais elle le seroit plus par son effet que par ses difficultés. En attendant qu'elle arrive, et les choses étant sur le pied où elles sont, ne soyons pas étonnés que les richesses procurent de la considération. Cela sera honteux, si l'on veut; mais cela doit être, parce que les hommes sont plus conséquens dans leurs mœurs que dans leurs jugemens.

On comprend ordinairement dans le monde parmi les financiers, une autre classe de gens riches, qui prétendent avec raison devoir en être distingués. Ce sont les commerçans, hommes estimables, nécessaires à l'état, qui ne s'enrichissent qu'en procurant l'abondance, en excitant une industrie honorable, et dont les richesses prouvent les services. On ne les rencontre pas dans la société aussi communément que les financiers, parce que les affaires les occupent, et ne leur permettent pas de perdre un temps dont ils connoissent le prix, pour des amusemens frivoles, dont le goût vient autant de l'habitude que de l'oisiveté, et qui, sous le nom de plaisirs, causent l'ennui aussi souvent qu'ils le dissipent.

Les commerçans sont donc plus occupés que les financiers. Quoique le commerce ait sa méthode comme la finance, celle-ci se simplifie en s'éclaircissant; et tout l'art des fripons est de l'embrouiller. La science du commerce est moins compliquée et mieux ordonnée, moins obscure, mais plus étendue, et s'étend encore plus en se perfectionnant. L'application de ses principes exige une attention suivie, de nouveaux accidens demandent de nouvelles mesures, le travail est presque continuel; au lieu que la finance, plus bornée en elle-même, ressemble assez à une machine qui n'a pas souvent besoin de la main de l'ouvrier pour agir, quand le mouvement est une fois imprimé; c'est une pendule qu'on ne remonte que rarement, mais qui auroit besoin d'être totalement refaite sur une meilleure théorie.

Tous les préjugés d'état ne sont pas également faux, et l'estime que les commerçans font du leur est d'accord avec la raison. Ils ne font aucune entreprise, il ne leur arrive aucun avantage que le public ne le partage avec eux; tout les autorise à estimer leur profession. Les commerçans sont le premier ressort de l'abondance. Les financiers ne sont que des canaux propres à la circulation de l'argent, et qui trop souvent s'engorgent. Que ces canaux soient de bronze ou d'argile, la matière en est indifférente, l'usage est le même.

On ne doit pas confondre les commerçans dont je parle, avec ces hommes qui, sans avoir l'esprit du commerce, n'ont que le caractère marchand, n'envisagent que leur intérêt particulier, et y sacrifieroient celui de l'état, s'il se trouvoit en opposition avec le leur. Tel commerce peut enrichir une société marchande, qui est ruineux pour un état ; et tel autre seroit avantageux à l'état, qui ne donneroit à des marchands que des gains médiocres, mais légitimes, ou quelquefois leur occasionneroit des pertes. Le commerçant, digne de ce nom, est celui dont les spéculations et les entreprises n'ont pour objet que le bien public, et dont les effets rejaillissent sur la nation (*).

Les commerçans s'honorent par la voie même qui les enrichit ; les financiers s'imaginent tendre au même but par le faste et l'étalage de leurs richesses : c'est ce qui les a engagés à se produire dans le monde où ils auroient été les seuls étrangers, si l'on n'y eût à peu près dans le même temps recherché les gens de lettres.

(*) Les commerçans ont créé et rendu militaire la marine marchande qui a été le berceau de Barth, Duguay-Trouin, Cassart, Miniac, Ducasse, Gardin, Porée, Villetreux et de quelques autres que je nommerois, s'ils ne vivoient pas. Mais je me suis également interdit l'éloge et le blâme directs. Ils n'appartiennent qu'à l'histoire dont c'est le devoir, et qui doit, ainsi que la justice, ne faire acception de personne.

Combien d'armemens ont été faits par les Le Gendre, Fontaine-des-Montées, Bruni, Eon de la Baronie, Granville-Loquet, Masson, Le Couteulx, Magon, Montaudouin, La Rue, Castanier, Casaubon, Mouchard, les Vincent, et tant d'autres que leur fortune ne doit pas faire placer parmi les financiers qui ruinoient l'état par des usures, dans le temps que les commerçans le soutenoient par leur crédit !

CHAPITRE XI.

Sur les gens de lettres.

Autrefois les gens de lettres livrés à l'étude, et séparés du monde, en travaillant pour leurs contemporains, ne songeoient qu'à la postérité. Leurs mœurs, pleines de candeur et de rudesse, n'avoient guère de rapport avec celles de la société ; et les gens du monde, moins instruits qu'aujourd'hui, admiroient les ouvrages, ou plutôt le nom des auteurs, et ne se croyoient pas trop capables de vivre avec eux. Il entroit même dans cet éloignement plus de considération que de répugnance.

Le goût des lettres, des sciences et des arts a gagné insensiblement, et il est venu au point que ceux qui ne l'ont pas, l'affectent. On a donc recherché ceux qui les cultivent ; et ils ont été attirés dans le monde à proportion de l'agrément qu'on a trouvé dans leur commerce.

On a gagné de part et d'autre à cette liaison. Les gens du monde ont cultivé leur esprit, formé leur goût, et acquis de nouveaux plaisirs. Les gens de lettres n'en ont pas retiré moins d'avantages. Ils ont trouvé de la considération ;

ils ont perfectionné leur goût, poli leur esprit, adouci leurs mœurs, et acquis sur plusieurs articles des lumières qu'ils n'auroient pas puisées dans les livres.

Les lettres ne donnent pas précisément un état; mais elles en tiennent lieu à ceux qui n'en ont pas d'autre, et leur procurent des distinctions, que des gens qui leur sont supérieurs par le rang n'obtiendroient pas toujours. On ne se croit pas plus humilié de rendre hommage à l'esprit qu'à la beauté, à moins qu'on ne soit d'ailleurs en concurrence de rang ou de dignité; car l'esprit peut devenir alors l'objet le plus vif de la rivalité. Mais lorsqu'on a une supériorité de rang bien décidée, on accueille l'esprit avec complaisance; on est flatté de donner à un homme d'un rang inférieur le prix qu'il faudroit disputer avec un rival à d'autres égards.

L'esprit a l'avantage que ceux qui l'estiment, prouvent qu'ils en ont eux-mêmes; ou le font croire, ce qui est à peu près la même chose pour bien des gens.

On distingue la république des lettres en plusieurs classes. Les savans, qu'on appelle aussi érudits, ont joui autrefois d'une grande considération; on leur doit la renaissance des lettres; mais comme aujourd'hui on ne les estime pas autant qu'ils le méritent, le nombre en diminue trop, et c'est un malheur pour les lettres : ils se produisent peu dans le monde qui ne leur convient guère, et à qui ils ne conviennent pas davantage.

Il y a un autre ordre de savans qui s'occupent des sciences exactes. On les estime, on en reconnoît l'utilité, on les récompense quelquefois; leur nom est cependant plus à la mode que leur personne, à moins qu'ils n'aient d'autres agrémens que le mérite qui fait leur célébrité.

Les gens de lettres les plus recherchés sont ceux qu'on appelle communément beaux-esprits, entre lesquels il y a encore une distinction à faire. Ceux dont les talens sont marqués et couronnés par des succès, sont bientôt connus et accueillis; mais si leur esprit se trouve renfermé dans la sphère du talent, quelque génie qu'on y reconnoisse, on applaudit l'ouvrage, et on néglige l'auteur. On lui préfère, dans la société, celui dont l'esprit est d'un usage plus varié, et d'une application moins décidée, mais plus étendue.

Les premiers font plus d'honneur à leur siècle ; mais on cherche dans la société ce qui plaît davantage. D'ailleurs il y a compensation sur tout. De grands talens ne supposent pas toujours un grand fonds d'esprit : un petit volume d'eau peut fournir un jet plus brillant qu'un ruisseau dont le cours paisible, égal et abondant fertilise une terre utile. Les hommes de talent doivent avoir plus de célébrité, c'est leur récompense. Les gens d'esprit doivent trouver plus d'agrément dans la société, puisqu'ils y en portent davantage ; c'est une reconnoissance fondée. Les talens ne se communiquent point par la fréquentation. Avec les gens d'esprit, on développe, on étend, et on leur doit une partie du sien. Aussi le plaisir et l'habitude de vivre avec eux font naître l'intimité, et quelquefois l'amitié, malgré les disproportions d'état, quand les qualités du cœur s'y trouvent ; car il faut avouer que, malgré la manie d'esprit à la mode, les gens de lettres, dont l'âme est connue pour honnête, ont tout un autre coup-d'œil dans le monde que ceux dont on loue les talens, et dont on désavoue la personne.

On a dit que le jeu et l'amour rendent toutes les conditions égales : je suis persuadé qu'on y eût joint l'esprit, si le proverbe eût été fait depuis que l'esprit est devenu une passion. Le jeu égale en avilissant le supérieur ; l'amour, en élevant l'inférieur ; et l'esprit, parce que la véritable égalité vient de celles des âmes. Il seroit à désirer que la vertu produisît le même effet ; mais il n'appartient qu'aux passions de réduire les hommes à n'être que des hommes ; c'est-à-dire, à renoncer à toutes les distinctions extérieures.

Cependant, de tous les empires, celui des gens d'esprit, sans être visible, est le plus étendu. Le puissant commande, les gens d'esprit gouvernent, parce qu'à la longue, ils forment l'opinion publique, qui tôt ou tard subjugue ou renverse toute espèce de despotisme.

Les gens de la cour sont ceux dont les lettres ont le plus à se louer; et si j'avois un conseil à donner à un homme qui ne peut se faire jour que par son esprit, je lui dirois : Préférez à tout l'amitié de vos égaux; c'est la plus sûre, la plus honnête, et souvent la plus utile : ce sont les petits amis qui rendent les grands services, sans tyranniser la reconnoissance ; mais si vous ne voulez que des liaisons de société, faites-les à la cour; ce sont les plus agréables et les moins gênantes. Le manége, l'intrigue, les piéges, et ce qu'on appelle les *noirceurs*, ne s'emploient qu'entre les rivaux d'ambition. Les courtisans ne pensent pas à nuire à ceux qui ne peuvent les traverser, et font quelquefois gloire de les obliger. Ils aiment à s'attacher un homme de mérite dont la reconnoissance peut avoir de l'éclat. Plus on est grand, moins on s'avise de faire sentir une distance trop marquée pour être méconnue. L'amour-propre éclairé ne diffère guère de la modestie dans ses effets. Un homme de lettres estimable n'en essuiera point de faste offensant; au lieu qu'il pourroit y être exposé avec ces gens qui n'ont sur lui que la supériorité que leur impertinence suppose, et qui croient que c'est un moyen de la lui prouver. Depuis que le bel esprit est devenu une contagion, tel s'érige en protecteur qui auroit besoin lui-même d'être protégé, et à qui il ne manque pour cela que d'en être digne.

Plusieurs devroient sentir qu'ils seroient assez honorés d'être utiles aux lettres, parce qu'ils en retireroient plus de considération qu'ils ne pourroient leur en procurer.

D'autres qui se croient gens du monde, parce qu'on ne sait pas pourquoi ils s'y trouvent, paroissent étonnés d'y rencontrer les gens de lettres. Ceux-ci pourroient, à plus juste titre, être surpris d'y trouver ces gens d'un état fort commun, qui, malgré leur complaisance pour les grands, et leur impertinence avec leurs égaux, seront toujours hors-d'œuvre. On fera toujours une différence entre ceux qui sont recherchés dans le monde, et ceux qui s'y jettent malgré les dégoûts qu'ils éprouvent.

En effet, réduisons les choses au vrai. On est homme du monde par la naissance et les dignités; on s'y attache par intérêt; on s'y introduit par bassesse; on y est lié par des circonstances particulières, telles que sont les alliances des gens de fortune; on y est admis par choix, c'est le partage des gens de lettres; et les liaisons de goût entraînent nécessairement des distinctions.

Les gens de fortune qui ont de l'esprit et des lettres le sentent si bien que, si on les consulte, ou qu'on suive simplement leur conduite, on verra qu'ils jouissent de leur fortune, mais qu'ils s'estiment à d'autres égards. Ils sont même blessés des éloges qu'on donne à leur magnificence, parce qu'ils sentent qu'ils ont un autre mérite que celui-là; on veut tirer sa gloire de ce qu'on estime le plus. Ils recherchent les gens de lettres, et se font honneur de leur amitié.

Les succès de quelques gens de lettres en ont égaré beaucoup dans cette carrière; tous se sont flattés de jouir des mêmes agrémens, et plusieurs se sont trompés, soit qu'ils eussent moins de mérite, soit que leur mérite fût moins de commerce.

Quantité de jeunes gens ont cru obéir au génie, et leurs mauvais succès n'ont fait que les rendre incapables de suivre d'autres routes où ils auroient réussi, s'ils y étoient entrés d'abord. Par là l'état a perdu de bons sujets, sans que la république des lettres y ait rien gagné.

Quoique les avantages que les lettres procurent se réduisent ordinairement à quelques agrémens dans la société, ils n'ont pas laissé d'exciter l'envie. Les sots sont presque tous par état ennemis des gens d'esprit. L'esprit n'est pas souvent fort utile à celui qui en est doué; et cependant il n'y a point de qualité qui soit si fort exposée à la jalousie.

On est étonné qu'il soit permis de faire l'éloge de son cœur, et qu'il soit révoltant de louer son esprit; et la vanité qu'on tireroit du dernier se pardonneroit d'autant moins, qu'elle seroit mieux fondée. On en a conclu que les hommes estiment plus l'esprit que la vertu. N'y en auroit-il point une autre raison?

Il me semble que les hommes n'aiment point ce qu'ils sont obligés d'admirer. On n'admire que forcément et par surprise. La réflexion cherche à prescrire contre l'admiration; et quand elle est forcée d'y souscrire, l'humiliation s'y joint, et ce sentiment ne dispose pas à aimer.

Un seul mot renferme souvent une collection d'idées : tels sont les termes d'esprit et de cœur. Si un homme nous fait entendre qu'il a de l'esprit, et que de plus il ait raison de le croire, c'est comme s'il nous prévenoit que nous ne lui imposerons point par de fausses vertus; que nous ne lui cacherons point nos défauts, qu'il nous verra tels que nous sommes, et nous jugera avec justice. Une telle annonce ressemble déjà à un acte d'hostilité. Au lieu que celui qui nous parle de la bonté de son cœur, et qui nous en persuade, nous apprend que nous pouvons compter sur son indulgence, même sur son aveuglement, sur ses services, et que nous pourrons être impunément injustes à son égard.

Les sots ne se bornent pas à une haine oisive contre les gens d'esprit, ils les représentent comme des hommes dangereux, ambitieux, intrigans : ils supposent enfin qu'on ne peut faire de l'esprit que ce qu'ils en feroient eux-mêmes.

L'esprit n'est qu'un ressort capable de mettre en mouvement la vertu ou le vice. Il est comme ces liqueurs qui, par leur mélange, développent et font percer l'odeur des autres. Les vicieux l'emploient pour leur passion. Mais combien l'esprit a-t-il guidé, soutenu, embelli, développé et fortifié de vertus! L'esprit seul, par un intérêt éclairé, a quelquefois produit des actions aussi louables que la vertu même l'auroit pu faire. C'est ainsi que la sottise seule a peut-être fait ou causé autant de crimes que le vice.

A l'égard des gens d'esprit, proprement dit, c'est-à-dire, qui sont connus par leurs talens, ou par un goût décidé pour les sciences et les lettres, c'est les connoître bien peu, que de craindre leur concurrence et leurs intrigues dans les routes de la fortune et de l'ambition. La plupart en sont incapables; et ceux qui, par hasard, veulent s'en mêler, finissent ordinairement par être des dupes. Les intrigans de profession les connoissent bien pour tels; et quand ils les engagent dans quelques affaires délicates, ils songent à les tromper les premiers, les font servir d'instrumens; mais ils se gardent bien de leur confier le ressort principal (*). Il y a, au contraire, des sots qui, par une ardeur soutenue, des démarches suivies sans distraction de leur objet, parviennent à tout ce qu'ils désirent.

L'amour des lettres rend assez insensible à la cupidité et à l'ambition, console de beaucoup de privations, et souvent empêche de les connoître ou de les sentir. Avec de telles dispositions, les gens d'esprit doivent, tout balancé, être encore meilleurs que les autres hommes. A la disgrâce du surintendant Fouquet, les gens de lettres lui restèrent le plus courageusement attachés. La Fontaine, Pélisson, et mademoiselle de Scudéry allèrent jusqu'à s'exposer au ressentiment du roi, et même des ministres.

De deux personnes également bonnes, sensi-

(*) Voyez dans les communautés; ce ne sont pas ceux qui les illustrent par des talens qu'on charge du régime.

bles et bienfaisantes, celle qui aura le plus d'esprit l'emportera encore par la vertu pratique. Elle aura mille procédés délicats, inconnus à l'esprit borné. Elle n'humiliera point par ses bienfaits : elle aura, en obligeant, ces égards si supérieurs aux services, et qui, loin de faire des ingrats, font éprouver une reconnoissance délicieuse. Enfin, quelque vertu qu'on ait, on n'a que celle de l'étendue de son esprit.

Il arrive encore que l'esprit inspire à celui qui en est doué, une secrète satisfaction qui ne tend qu'à le rendre agréable aux autres, séduisant pour lui-même, inutile à sa fortune, et heureusement assez indifférent sur cet article.

Les gens d'esprit devroient d'autant moins s'embarrasser de la basse jalousie qu'ils excitent, qu'ils ne vivent jamais plus agréablement qu'entr'eux. Ils doivent savoir par expérience combien ils se sont réciproquement nécessaires. Si quelque pique les éloigne quelquefois les uns des autres, les sots les réconcilient, par l'impossibilité de vivre continuellement avec des sots.

Les ennemis étrangers feroient peu de tort aux gens de lettres, s'il ne s'en trouvoit pas d'assez imprudens pour fournir des moyens de les décrier, en se desservant quelquefois eux-mêmes.

Je voudrois, pour l'honneur des lettres et le bonheur de ceux qui les cultivent, qu'ils fussent tous persuadés d'une vérité qui devroit être pour eux un principe fixe de conduite : c'est qu'ils peuvent se déshonorer eux-mêmes par les choses injurieuses qu'ils font, disent ou écrivent contre leurs rivaux; qu'ils peuvent tout au plus les mortifier, s'en faire des ennemis, et les engager à une représaille aussi honteuse; mais qu'ils ne sauroient donner atteinte à une réputation consignée dans le public. On ne fait et l'on ne détruit que la sienne propre, et toujours par soi-même. La jalousie marque de l'infériorité dans celui qui la ressent. Quelque supériorité qu'on eût à beaucoup d'égards sur un rival, dès qu'on en conçoit de la jalousie, il faut qu'on lui soit inférieur par quelqu'endroit.

Il n'y a point de particulier, si élevé ou si illustre qu'il puisse être, point de société si brillante qu'elle soit, qui détermine le jugement du public, quoiqu'une cabale puisse par hasard procurer des succès, ou donner des dégoûts passagers. Cela seroit encore plus difficile aujourd'hui que dans le siècle précédent, parce que le public étoit moins instruit, ou se piquoit moins d'être juge. Aujourd'hui il s'amuse des scènes littéraires, méprise personnellement ceux qui les donnent avec indécence, et ne change rien à l'opinion qu'il a prise de leurs ouvrages.

Il est inutile de prouver aux gens de lettres que la rivalité qui produit autre chose que l'émulation est honteuse : cela n'a pas besoin de preuves; mais ils devroient sentir que leur désunion va directement contre leur intérêt général et particulier; et quelques-uns ne paroissent pas s'en apercevoir.

Des ouvrages travaillés avec soin, des critiques sensées, sévères, mais justes et décentes, où l'on marque les beautés en relevant les défauts, pour donner des vues nouvelles; voilà ce qu'on a droit d'attendre des gens de lettres. Leurs discussions ne doivent avoir que la vérité pour objet, objet qui n'a jamais causé ni fiel, ni aigreur, et qui tourne à l'avantage de l'humanité : au lieu que leurs querelles sont aussi dangereuses pour eux, que scandaleuses pour les sages. Des hommes stupides, assez éclairés par l'envie pour sentir l'infériorité, trop orgueilleux pour l'avouer, peuvent seuls être charmés de voir ceux qu'ils seroient obligés de respecter, s'humilier les uns les autres. Les sots apprennent ainsi à cacher leur haine sous un air de mépris dont ils doivent seuls être l'objet.

Je crois voir dans la république des lettres un peuple, dont l'intelligence feroit la force, fournir des armes à des Barbares, et leur montrer l'art de s'en servir.

Il semble qu'on fasse aujourd'hui précisément le contraire de ce qui se pratiquoit, lorsqu'on faisoit combattre des animaux pour amuser des hommes.

CHAPITRE XII.

Sur la manie du bel-esprit.

Il n'y a rien de si utile dont on ne puisse abuser, ne fût-ce que par l'excès. Il ne s'agit donc pas d'examiner jusqu'à quel point les lettres peuvent être utiles à un état florissant, et contribuer à sa gloire; mais de savoir premièrement, si le goût du bel-esprit n'est pas trop répandu, peut-être même plus qu'il ne le faudroit pour sa perfection;

Secondement, d'où vient la vanité qu'on en tire, et conséquemment l'extrême sensibilité qu'on a sur cet article. L'examen et la solution de ces deux questions s'appuieront nécessairement sur les mêmes raisons.

Il est sûr que ceux qui cultivent les lettres par état, en retireroient peu d'avantages, si les autres hommes n'en avoient pas du moins le goût. C'est l'unique moyen de procurer aux lettres les récompenses et la considération dont elles ont besoin pour se soutenir avec éclat. Mais lorsque la partie de la littérature que l'on comprend d'ordinaire sous le nom de *bel-esprit*, devient une mode, une espèce de manie publique, les gens de lettres n'y gagnent pas, et les autres professions y perdent. Cette foule de prétendans au bel-esprit fait qu'on distingue moins ceux qui ont des droits d'avec ceux qui n'ont que des prétentions.

A l'égard des hommes qui sont comptables à la société de diverses professions graves, utiles, ou même de nécessité, qui exigent presque toute l'application de ceux qui s'y destinent, telles que la guerre, la magistrature, le commerce, les arts, c'est, sans doute, une grande ressource pour eux que la connoissance et le goût modéré des lettres. Ils y trouvent un délassement, un plaisir, et un certain exercice d'esprit qui n'est pas inutile à leurs autres fonctions. Mais si ce goût devient trop vif, et dégénère en passion, il est impossible que les devoirs réels n'en souffrent. Les premiers de tous sont ceux de la profession qu'on a embrassée, parce que la première obligation est d'être citoyen.

Les lettres ont par elles-mêmes un attrait qui séduit l'esprit, lui rend les autres occupations rebutantes, et fait négliger celles qui sont les plus indispensables. On ne voit guère d'homme passionné pour le bel-esprit, s'acquitter bien d'une profession différente. Je ne doute point qu'il n'y ait des hommes engagés dans des professions très-opposées aux lettres, pour lesquelles ils avoient des talens marqués. Il seroit à désirer pour le bien de la société qu'ils s'y fussent totalement livrés, parce que leur génie et leur état étant restés en contradiction, ils ne sont bons à rien.

Ces talens décidés, ces vocations marquées sont très-rares ; la plupart des talens dépendent communément des circonstances, de l'exercice et de l'application qu'on en a faits. Mettons un peu ces prétendus talens naturels et non cultivés à l'épreuve.

Nous voyons des hommes dont l'oisiveté forme, pour ainsi dire, l'état ; ils se font amateurs de bel-esprit ; ils s'annoncent pour le goût, c'est leur affiche ; recherchent les lectures ; ils s'empressent ; ils conseillent ; ils veulent protéger, sans qu'on les en prie, ni qu'ils en aient le droit ; et croient naïvement, ou tâchent de faire croire qu'ils ont part aux ouvrages et aux succès de ceux qu'ils ont incommodés de leurs conseils.

Cependant ils se font par-là une sorte d'existence, une petite réputation de société. Pour peu qu'ils montrent d'esprit, s'ils restent dans l'inaction, et se bornent prudemment au droit de juger décisivement, ils usurpent dans l'opinion une espèce de supériorité sur les talens mêmes. On les croit capables de faire tout ce qu'ils n'ont pas fait, et uniquement parce qu'ils n'ont rien fait. On leur reproche leur paresse ; ils cèdent aux instances, et se hasardent à entrer dans la carrière dont ils étoient les arbitres. Leurs premiers essais profitent du préjugé favorable de leur société. On loue, on admire, on se récrie que le public ne doit pas être privé d'un chef-d'œuvre. La modeste complaisance de l'auteur se laisse violer, et consent à se produire au grand jour.

C'est alors que l'illusion s'évanouit; le public condamne l'ouvrage, ou s'en occupe peu; les admirateurs se rétractent, et l'auteur déplacé apprend, par son expérience, qu'il n'y a point de profession qui n'exige un homme tout entier. En effet, on citeroit peu d'ouvrages de goût, qui ne soient partis d'auteurs de profession; parmi lesquels on doit comprendre ceux qui peuvent avoir une profession différente, mais qui ne s'en livrent pas moins à l'étude et à l'exercice des lettres, souvent avec plus de goût et d'assiduité qu'aux fonctions de leur état. En effet, ce qui constitue l'homme de lettres n'est pas une vaine affiche, où la privation de tout autre titre; mais l'étude, l'application, la réflexion et l'exercice.

Les mauvais succès ne détrompent pas ceux qu'ils humilient. Il n'y a point d'amour-propre plus sensible et moins corrigible que celui qui naît du bel-esprit; et il est infiniment plus ombrageux dans ceux dont ce n'est pas la profession, que dans les vrais auteurs, parce qu'on est plus humilié d'être au-dessous de ses prétentions que de ses devoirs. C'est en vain qu'ils affichent l'indifférence, ils ne trompent personne. L'indifférence est la seule disposition de l'âme qui doive être ignorée de celui qui l'éprouve; elle n'existe plus dès qu'on l'annonce.

Il n'y a point d'ouvrages qui ne demandent du travail; les plus mauvais ont souvent le plus coûté, et l'on ne se donne point de peine sans objet. On n'en a point, dit-on, d'autre que son amusement: dans ce cas-là il ne faut point faire imprimer; il ne faut pas même lire à ses amis, puisque c'est vouloir les consulter ou les amuser. On ne consulte point sur les choses qui n'intéressent pas, et l'on ne prétend pas amuser avec celles qu'on n'estime point. Cette prétendue indifférence est donc toujours fausse; il n'y a qu'un intérêt très-sensible qui fasse jouer l'indifférence. C'est une précaution en cas de mauvais succès, ou l'ostentation d'un droit qu'on voudroit établir pour décidé.

On n'a jamais tant donné de ridicule au bel-esprit, que depuis qu'on en est infatué. Cependant la foiblesse sur ce sujet est telle, que ceux qui pourroient tirer leur gloire d'ailleurs, se repaissent sur le bel-esprit d'éloges dont ils reconnoissent eux-mêmes la mauvaise foi. Votre sincérité vous en feroit des ennemis irréconciliables, eux qui s'élèvent contre l'amour-propre des auteurs de profession.

Examinons quelles sont les causes de cet amour-propre excessif; voici celles qui m'ont frappé.

Chez les peuples sauvages la force a fait la noblesse et la distinction entre les hommes; mais parmi des nations policées, où la force est soumise à des lois qui en préviennent ou en répriment la violence, la distinction réelle et personnelle la plus reconnue vient de l'esprit.

La force ne sauroit être parmi nous une distinction ni un moyen de fortune; c'est un avantage pour des travaux pénibles, qui sont le partage de la plus malheureuse classe des citoyens. Mais, malgré la subordination que les lois, la politique, la sagesse ou l'orgueil ont pu établir, il reste toujours à l'esprit dans les classes les plus obscures des moyens de fortune et d'élévation qu'il peut saisir, et que des exemples lui indiquent. Au défaut des avantages réels que l'esprit peut procurer suivant l'application qu'on en peut faire dans les diverses professions, le plus stérile pour la fortune donne encore une sorte de considération.

Mais comment arrive-t-il que de toutes les

sortes d'esprit dont on peut faire usage, le bel-esprit soit celui qui inspire le plus d'amour-propre? Sur quoi fonde-t-on sa supériorité? et qu'est-ce qui en favorise si fort la prétention? Voilà d'où vient l'illusion.

Premièrement, les hommes ne sont jamais plus jaloux de leurs avantages, que lorsqu'ils les regardent comme leur étant personnels, qu'ils s'imaginent ne les devoir qu'à eux-mêmes; et, comme ils jugent moins de l'esprit par des effets éloignés, et dont ils n'aperçoivent pas toujours la liaison, que sur des signes immédiats ou prochains, les hommes qui ne sont pas faits à la réflexion, croient voir cette prérogative dans le bel-esprit plus que dans tout autre. Ils jugent qu'il appartient en propre à celui qui en est doué. Ils voient, ou croient voir qu'il produit de lui-même et sans secours étrangers; car ils ne distinguent pas ces secours qui sont cependant très-réels. Ils ne font pas attention qu'à talens égaux, les écrivains les plus distingués sont toujours ceux qui se sont nourris de la lecture réfléchie des ouvrages de ceux qui ont paru avec éclat dans la même carrière. On ne voit pas, dis-je, assez que l'homme le plus fécond, s'il étoit réduit à ses propres idées, en auroit peu; que c'est par la connoissance et la comparaison des idées étrangères, qu'on parvient à en produire une quantité d'autres qu'on ne doit qu'à soi. Qui ne seroit riche que des siennes propres, seroit fort pauvre; mais qui n'auroit que celles d'autrui, pourroit encore être assez sot, et ne s'en pas douter.

Secondement, ce qui favorise encore l'opinion avantageuse qu'on a du bel-esprit, vient d'un parallèle qu'on est souvent à portée de faire.

On remarque que le fils d'un homme d'esprit et de talent fait souvent des efforts inutiles pour marcher sur les traces de son père : il n'y a rien de moins héréditaire; au lieu que le fils d'un savant devient, s'il le veut, un savant lui-même. En géométrie et dans toutes les vraies sciences qui ont des principes, des règles et une méthode, on peut parvenir, et l'on parvient ordinairement, sinon à la gloire, du moins aux connoissances de ses prédécesseurs.

Peut-être dira-t-on, à l'avantage de certaines sciences, que l'utilité en est plus réelle ou plus reconnue que celle du bel-esprit; mais cette objection est plus favorable à ces sciences mêmes qu'à ceux qui les professent.

Il est vrai que celui qui s'annonce pour les sciences est obligé d'en être instruit jusqu'à un certain point, sans quoi il ne peut pas s'en imposer grossièrement à lui-même, et il en imposeroit difficilement aux autres, s'ils ont intérêt de s'en éclaircir. Quoique les sciences ne soient pas exemptes de charlatanerie, elle y est plus difficile que sur ce qui n'a rapport qu'à l'esprit. On se trompe de bonne foi à cet égard, et l'on trompe assez facilement les autres, surtout si l'on ne se commet pas en donnant des ouvrages, et qu'on se borne au simple titre d'homme d'esprit et de goût. Voilà ce qui rend le bel-esprit si commun, qu'il ne devroit pas inspirer tant de vanité.

Mais laissant à part ce peuple de gens d'esprit, sur quoi les auteurs de mérite, et dont les preuves sont incontestables, fondent-ils leur supériorité à l'égard de plusieurs professions?

En supposant que l'esprit dût être la seule mesure de l'estime, en ne comptant pour rien les différens degrés d'utilité, et ne jugeant les professions que sur la portion d'esprit qu'elles exigent, combien y en a-t-il qui supposent autant et peut-être plus de pénétration, de sagacité, de prestesse, de discussion, de comparaison, en un mot, d'étendue de lumière, que les ouvrages de goût et d'agrément les plus célèbres?

Je ne citerai pas ce qui regarde le gouvernement ou la conduite des armées; on pourroit croire que l'éclat qui accompagne certaines places peut influer sur l'estime qu'on fait de ceux qui les remplissent avec succès, et j'aurois trop d'avantage. Je n'entrerai pas non plus dans le détail de tous les différens emplois ; il y en auroit plus qu'on ne croit qui auroient des titres solides à produire. Portons du moins la vue sur quelques occupations de la société.

Le magistrat, qui est digne de sa place, ne doit-il pas avoir l'esprit juste, exact, pénétrant, exercé, pour percer jusqu'à la vérité à travers les nuages dont l'injustice et la chicanne cherchent à l'obscurcir; pour arracher à l'imposture le masque de l'innocence; pour discerner l'innocence malgré l'embarras, la frayeur ou la maladresse qui semblent déposer contr'elle; pour distinguer l'assurance de l'innocent d'avec l'audace du coupable ; pour connoître également et concilier l'équité naturelle et la loi positive; pour faire céder l'une à l'autre, suivant l'intérêt de la société, et par conséquent de la justice même?

Faut-il moins de qualités dans l'orateur pour éclaircir et présenter l'affaire sur laquelle le juge doit prononcer ; pour diriger les lumières du magistrat, et quelquefois les lui fournir ? car je ne parle point de l'art criminel d'égarer la justice.

Quel discernement ! quelle finesse de discussion n'exige pas l'art de la critique !

Quelle force de génie ne faut-il pas pour imaginer certains systèmes qui peut-être sont faux, mais qui n'en servent pas moins à expliquer des phénomènes, constater, concilier des faits, et trouver des vérités nouvelles !

Quelle sagacité dans les sciences, pour inventer des méthodes qui prouvent l'étendue des lumières dans les inventeurs, et dont l'utilité est telle, qu'elles guident avec certitude ceux mêmes qui n'en conçoivent pas les principes !

Cependant plusieurs de ces philosophes sont à peine connus; il n'y a de célèbres que ceux qui ont fait des révolutions dans les esprits, tandis que ceux qui ne sont qu'utiles restent ignorés. Les hommes ne méconnoissent jamais plus les bienfaits que lorsqu'ils en jouissent avec tranquillité.

La gloire du bel-esprit est bien différente. Elle est sentie et publiée par le commun des hommes, qui sont jusqu'à un certain point en état d'en concevoir les idées, et qui se sentent incapables de les produire sous la forme où elles leur sont présentées; de là naît leur admiration. Au lieu que les philosophes ne sont sentis que par des philosophes, ils ne peuvent prétendre qu'à l'estime de leurs pairs; c'est jouir d'une considération bien bornée.

Mais pourquoi entrer dans un examen détaillé des occupations qu'on regarde comme dépendantes principalement de l'esprit ? Il y en a beaucoup d'autres qu'on ne range pas ordinairement dans cette classe-là, et qui n'en exigent pas moins.

Doutera-t-on, par exemple, qu'il ne faille une grande étendue de lumières pour imaginer une nouvelle branche de commerce, ou pour en perfectionner une déjà bien établie, pour apercevoir un vice d'administration consacré par le temps ?

On avouera, sans doute, qu'on ne peut pas refuser l'esprit à ceux qui se sont illustrés dans les différentes carrières dont je viens de parler ; mais on dira qu'il n'en faut pas beaucoup pour y marcher foiblement. Pour réponse à cette distinction, il suffit d'en faire une pareille, et de demander quel cas on fait de ceux qui rampent dans la littérature ; on va jusqu'à l'injustice à leur égard, en les estimant moins qu'ils ne le méritent.

On fait encore une objection dont on est frappé, et qui est bien foible. On remarque, dit-on, que plusieurs hommes se sont fait un nom dans les arts ou dans certaines sciences, quoiqu'ils fussent incapables de toutes les autres choses auxquelles ils s'étoient d'abord inutilement appliqués, et que, loin d'être en état de produire le moindre ouvrage de goût et d'agrément, à peine atteignent-ils au courant de la conversation. Dès-là on prend droit de les regarder comme des espèces de machines, dont les ressorts n'ont qu'un effet déterminé.

Mais croit-on que tous ceux qui se sont distingués dans le bel-esprit, eussent été également capables de toutes les autres professions, et des différens emplois de la société? Ils n'auroient peut-être jamais été ni bons magistrats, ni bons commerçans, ni bons jurisconsultes, ni bons artistes. Sont-ils bien sûrs qu'ils y auroient été propres? Ce qu'ils ont pris chez eux pour répugnance sur certaines occupations, pouvoit être un signe d'incapacité autant que de dégoût. N'y auroit-il point d'exemples de beaux-esprits distingués qui fussent assez bornés sur d'autres articles, même sur ce qui paroît avoir, et en effet a le plus de rapport avec l'esprit, tel que le simple talent de la conversation, car c'en est un comme un autre? On en trouveroit sans doute des exemples, et l'on auroit tort d'en être étonné.

Pour faire voir que l'universalité des talens est une chimère, je ne veux pas chercher mes autorités dans la classe commune des esprits; montons jusqu'à la sphère de ces génies rares, qui, en faisant honneur à l'humanité, humilient les hommes par la comparaison. Newton qui a deviné le système de l'univers, du moins pour quelque temps, n'étoit pas regardé comme capable de tout par ceux mêmes qui s'honoroient de l'avoir pour compatriote.

Guillaume III, qui se connoissoit en hommes, étoit embarrassé sur une affaire politique ; on lui conseilla de consulter Newton : Newton, dit-il, n'est qu'un grand philosophe. Ce titre étoit, sans doute, un éloge rare ; mais enfin, dans cette occasion-là, Newton n'étoit pas ce qu'il falloit, il en étoit incapable, et n'étoit qu'un grand philosophe. Il est vraisemblable, mais non pas démontré, que, s'il eût appliqué à la science du gouvernement les travaux qu'il avoit consacrés à la connoissance de l'univers, le roi Guillaume n'eût pas dédaigné ses conseils.

Dans combien de circonstances, sur combien de questions, le philosophe n'eût-il pas répondu à ceux qui lui auroient conseillé de consulter le monarque : Guillaume n'est qu'un politique, un grand roi.

Le prince et le philosophe étoient également capables de connoître les limites de leur génie ; au lieu qu'un homme d'imagination regarderoit comme une injustice d'être récusé sur quelque matière que ce pût être. Les hommes de ce caractère se croient capables de tout ; l'inexpérience même fortifie leur amour-propre, qui ne peut s'éclairer que par des fautes, et diminuer par des connoissances acquises.

Les plus grandes affaires, celles du gouvernement ne demandent que de bons esprits; le bel-esprit y nuiroit, et les grands esprits y sont rarement nécessaires. Ils ont des inconvéniens pour la conduite, et ne sont propres qu'aux révolutions; ils sont nés pour édifier ou pour détruire. Le génie a ses bornes et ses écarts; la raison cultivée suffit à tout ce qui nous est nécessaire.

Si, d'un côté, il y a peu de talens si décidés pour un objet, qu'il eût été absolument impossible à celui qui en est doué de réussir dans toute autre chose; on peut, d'un autre côté, soutenir que tout est talent; c'est-à-dire en général, qu'avec quelque disposition naturelle, on peut, en y joignant de l'application, et sur-tout des exercices réitérés, réussir dans quelque carrière que ce puisse être. Je ne prétends avancer qu'une proposition générale; j'excepte les vrais génies et les hommes totalement stupides, deux sortes d'êtres presqu'également rares.

On voit, par exemple, des hommes qui ne paroissent pas capables de lier deux idées ensemble, et qui cependant font au jeu les combinaisons les plus compliquées, les plus sûres et les plus rapides. Il faut nécessairement de l'esprit pour de telles opérations; on dit qu'ils ont l'esprit du jeu. Mais, s'il n'y avoit aucun jeu d'inventé, croit-on que ces joueurs si subtils eussent été réduits à la seule existence matérielle? Cet esprit de calcul et de combinaison auroit pu être appliqué à des sciences qui leur auroient peut-être fait un nom.

Les circonstances décident souvent de la différence des talens. C'est ainsi que le choc du caillou fait sortir la flamme, en rompant l'équilibre qui la retenoit captive.

Ce qui est beaucoup plus rare que les grands talens, c'est une flexibilité d'esprit qui saisisse un objet, l'embrasse, et puisse ensuite se replier vers un autre, qui en pénètre l'intérieur avec force, et qui le présente avec clarté. C'est une vue qui, au lieu d'avoir une direction fixe, déterminée et sur une seule ligne, a une action sphérique. Voilà ce qu'on peut appeler *l'esprit de lumière :* il peut imiter tous les talens, sans toutefois les porter au même degré que les hommes qui sont bornés; mais s'il est quelquefois moins brillant que les talens, il est beaucoup plus utile.

Les talens sont ou deviennent personnels à ceux qui en sont doués, ou qui les ont acquis par l'exercice; au lieu que l'esprit de lumière se communique, et développe celui des autres. Ceux qui l'ont en partage ne peuvent le méconnoître, et se rendent intérieurement justice ; car la modestie n'est, et ne peut être qu'une vertu extérieure ; c'est un voile dont on couvre son mérite, pour ne point blesser les yeux de l'envie : au lieu que l'humilité est le sentiment, l'aveu sincère de sa foiblesse. Ils n'ignorent pas aussi que cet esprit même qui semble appartenir uniquement à la nature, a presqu'autant besoin d'exercice que les talens pour se perfectionner ; mais si la présomption les gagne ; s'ils viennent à s'exagérer leur esprit, en prenant leur facilité à s'instruire pour les connoissances mêmes ; leur prévoyance ; leur sagacité, pour l'expérience, ils tombent dans des bévues plus grossières que ne font les hommes bornés, mais attentifs. Les chutes sont plus rudes quand on court que lorsqu'on marche lentement. L'esprit est le premier des moyens ; il sert à tout, et ne supplée presqu'à rien.

Dans l'examen que je viens de faire, mon dessein n'est assurément pas de dépriser le vrai bel-esprit. Tout peut, à la vérité, être regardé comme talent, ou, si l'on veut, comme *métier*. Mais il y en a qui exigent un assemblage de qualités rares ; et le bel-esprit est du nombre. Je prétends seulement que, s'il est dans la première classe, il n'y est pas seul; que si l'on veut lui donner une préférence exclusive, on joint le ridicule à l'injustice; et que si la manie du bel-esprit augmente ou se soutient long-temps au point où elle est, elle nuira infailliblement à l'esprit.

C'est contre l'excès et l'altération du bien qu'on doit être en garde; le mal bien reconnu exige moins d'attention; parce qu'il s'annonce assez de lui-même; et, pour finir par un exemple qui a beaucoup de rapport à mon sujet, ce seroit un problème à résoudre, que d'examiner combien l'impression a contribué au progrès des lettres et des sciences, et combien elle y peut nuire. Je ne veux pas m'engager dans une discussion qui exigeroit un traité particulier; mais je demande simplement qu'on fasse attention que si l'impression a multiplié les bons ouvrages, elle favorise aussi un nombre effroyable de traités sur différentes matières; de sorte qu'un homme qui veut s'appliquer à un genre particulier, l'approfondir, et s'instruire, est obligé de payer à l'étude un tribut de lectures inutiles, rebutantes et souvent contraires à son objet. Avant que d'être en état de choisir ses guides, il a épuisé ses forces.

Je rappellerai donc à cet égard ce que j'ai avancé sur l'éducation, que le plus grand service que les sociétés littéraires pourroient rendre aujourd'hui aux lettres, aux sciences et aux arts, seroit de faire des méthodes, et de tracer des routes, qui épargneroient du travail, des erreurs, et conduiroient à la vérité par les voies les plus courtes et les plus sûres.

CHAPITRE XIII.

Sur le rapport de l'esprit et du caractère.

LE caractère est la forme distinctive d'une âme d'avec une autre, sa différente manière d'être. Le caractère est aux âmes ce que la physionomie et la variété dans les mêmes traits sont aux visages.

Les visages sont composés des mêmes parties ; c'est en cela qu'ils se ressemblent : l'accord de ces parties est différent ; voilà ce qui les distingue les uns des autres, et empêche de les confondre.

Les hommes sans caractère sont des visages sans physionomie, de ces visages communs qu'on ne prend pas la peine de distinguer.

L'esprit est une des facultés de l'âme qu'on peut comparer à la vue ; et l'on peut considérer la vue par sa netteté, son étendue, sa promptitude, et par les objets sur lesquels elle est exercée ; car, outre la faculté de voir, on apprend encore à voir.

Je ne veux pas entrer ici dans une discussion métaphysique, qu'on ne jugeroit peut-être pas assez nécessaire à mon sujet, quoiqu'il n'y eût peut-être pas de métaphysique mieux employée que celle qui seroit appliquée aux mœurs; elle justifieroit le sentiment, en démontrant les principes.

Nous avons vu dans le chapitre précédent les injustices qu'on fait dans la prééminence qu'on donne à certains talens; nous allons voir qu'on n'en fait pas moins dans les jugemens qu'on porte sur les différentes sortes d'esprit. Il y en a du premier ordre que l'on confond quelquefois avec la sottise.

Ne voit-on pas des gens dont la naïveté et la candeur empêchent qu'on ne rende justice à leur esprit? Cependant la naïveté n'est que l'expression la plus simple et la plus naturelle d'une idée dont le fonds peut être fin et délicat; et cette expression simple a tant de grâce, et d'autant plus de mérite, qu'elle est le chef-d'œuvre de l'art dans ceux à qui elle n'est pas naturelle.

La candeur est le sentiment intérieur de la pureté de son âme, qui empêche de croire qu'on ait rien à dissimuler; et la naïveté empêche de le savoir.

L'ingénuité peut être une suite de la sottise, quand elle n'est pas l'effet de l'inexpérience; mais la naïveté n'est souvent que l'ignorance de choses de convention, faciles à apprendre, quelquefois bonnes à dédaigner; et la candeur est la première marque d'une belle âme. La naïveté et la candeur peuvent se trouver dans le plus beau génie, et alors elles en font l'ornement le plus précieux et le plus aimable.

Il n'est pas étonnant que le vulgaire qui n'est pas digne de respecter des avantages si rares, soit l'admirateur de la finesse de caractère, qui n'est souvent que le fruit de l'attention fixe et suivie d'un esprit médiocre que l'intérêt anime. La finesse peut marquer de l'esprit; mais elle n'est jamais dans un esprit supérieur, à moins qu'il ne se trouve avec un cœur bas. Un esprit supérieur dédaigne les petits ressorts, il n'emploie que les grands, c'est-à-dire les simples.

On doit encore distinguer la finesse de l'esprit de celle du caractère. L'esprit fin est souvent faux, précisément parce qu'il est trop fin; c'est un corps trop délié pour avoir de la consistance. La finesse imagine au lieu de voir; à force de supposer elle se trompe. La pénétration voit, et la sagacité va jusqu'à prévoir. Si le jugement fait la base de l'esprit, sa promptitude contribue encore à sa justesse; mais si l'imagination domine, c'est la source d'erreurs la plus féconde.

Enfin, la finesse est un mensonge en action; et le mensonge part toujours de la crainte ou de l'intérêt, et par conséquent de la bassesse. On ne voit point d'homme puissant et absolu, quelque vicieux qu'il soit d'ailleurs, mentir à celui qui lui est soumis, parce qu'il ne le craint pas. Si cela arrive, c'est sûrement par une vue d'intérêt, auquel cas il cesse en ce point d'être puissant, et devient alors dépendant de ce qu'il désire, et ne peut emporter par la force ouverte.

Il ne faut pas être surpris qu'un homme d'esprit soit trompé par un sot. L'un suit continûment son objet, et l'autre ne s'avise pas d'être en garde. La duperie des gens d'esprit vient de ce qu'ils ne comptent pas assez avec les sots, c'est-à-dire, de ce qu'ils les comptent pour trop peu.

On auroit plus de raison de s'étonner des fautes grossières où les gens d'esprit tombent d'eux-mêmes. Leurs fautes sont cependant encore moins fréquentes que celles des autres hommes; mais quelquefois plus graves et toujours plus remarquées. Quoi qu'il en soit, j'en ai cherché la raison, et je crois l'apercevoir dans le peu de rapport qui se trouve entre l'esprit d'un homme et son caractère; car ce sont deux choses très-distinctes.

La dépendance mutuelle de l'esprit et du caractère peut être envisagée sous trois aspects. On n'a pas le caractère de son esprit, ou l'esprit de son caractère. On n'a pas assez d'esprit pour son caractère. On n'a pas assez de caractère pour son esprit.

Un homme, par exemple, sera capable des plus grandes vues, de concevoir, digérer et ordonner un grand dessein. Il passe à l'exécution, et il échoue, parce qu'il se dégoûte, qu'il est rebuté des obstacles même qu'il avoit prévus et dont il voyoit les ressources. On le reconnoît d'ailleurs pour un homme de beaucoup d'esprit, et ce n'est pas en effet par là qu'il a manqué. On est étonné de sa conduite, parce qu'on ignore qu'il est léger et incapable de suite dans le caractère; qu'il n'a que des accès d'ambition qui cèdent à une paresse naturelle; qu'il est incapable d'une volonté forte à laquelle peu de choses résistent, même pour les gens bornés; et qu'enfin il n'a pas le caractère de son esprit. Sans manquer d'esprit, on manque à son esprit par légèreté, par passion, par timidité.

Un autre, d'un caractère propre aux plus grandes entreprises, avec du courage et de la constance, manquera de l'esprit qui fournit les moyens; il n'a pas l'esprit de son caractère.

Voilà l'opposition du caractère et de l'esprit. Mais il y a une autre manière de faire des fautes, malgré beaucoup d'esprit même analogue au caractère; c'est lorsqu'on n'a pas encore assez d'esprit pour ce caractère.

Un homme d'un esprit étendu et rapide, aura des projets encore plus vastes : il faut nécessairement qu'il échoue, parce que son esprit ne suffit pas encore à son caractère. Il y a tel homme qui n'a fait que des sottises, qui avec un autre caractère que le sien, auroit passé avec justice pour un génie supérieur.

Mettons en opposition un homme dont l'esprit a une sphère peu étendue, mais dont le cœur exempt des passions vives ne le porte pas au delà de cette sphère bornée. Ses entreprises et ses moyens sont en proportion égale ; il ne fera point de faute, et sera regardé comme sage, parce que la réputation de sagesse dépend moins des choses brillantes qu'on fait, que des sottises qu'on ne fait point.

Peut-être y a-t-il plus d'esprit chez les gens vifs que chez les autres; mais aussi ils en ont plus de besoin. Il faut voir clair et avoir le pied sûr quand on veut marcher vîte; sans quoi, je le répète, les chutes sont fréquentes et dangereuses. C'est par cette raison que de tous les sots, les plus vifs sont les plus insupportables.

Un caractère trop vif nuit quelquefois à l'esprit le plus juste, en le poussant au delà du but, sans qu'il l'ait aperçu. On ne se trouve pas humilié de cet excès, parce qu'on suppose que le moins est renfermé dans le plus; mais ici le plus et le moins ne sont pas bien comparés, et sont de nature différente. Il faut plus de force pour s'arrêter au terme, que pour le passer par la violence de l'impulsion. Voir le but où l'on tend, c'est jugement; y atteindre, c'est justesse; s'y arrêter, c'est force; le passer, ce peut être foiblesse.

Les jugemens de l'extrême vivacité ressemblent assez à ceux de l'amour-propre qui voit beaucoup, compare peu, et juge mal. La science de l'amour-propre est de toutes la plus cultivée et la moins perfectionnée. Si l'amour-propre pouvoit admettre des règles de conduite, il deviendroit le germe de plusieurs vertus, et suppléeroit à celles même qu'il paroît exclure.

On objectera peut-être qu'on voit des hommes d'un flegme et d'un esprit également reconnus tomber dans des égaremens qui tiennent de l'extravagance; mais on ne fait pas attention que ces mêmes hommes, malgré cet extérieur froid, sont des caractères violens. Leur tranquillité n'est qu'apparente; c'est l'effet d'un vice des organes, un maintien de hauteur ou d'éducation, une fausse dignité; leur sang-froid n'est que de l'orgueil.

On confond assez communément la chaleur et la vivacité, la morgue et le sang-froid. Cependant on est souvent très-violent, sans être vif. Le feu pénétrant du charbon de terre jette peu de flamme, c'est même en étouffant celle-ci qu'on augmente l'activité du feu; la flamme, au contraire, peut être fort brillante, sans beaucoup de chaleur.

Le plus grand avantage pour le bonheur, est une espèce d'équilibre entre les idées et les affections, entre l'esprit et le caractère.

Enfin, si l'on reproche tant de fautes aux gens d'esprit, c'est qu'il y en a peu qui, par la nature ou l'étendue de leur esprit, aient celui de leur caractère; et malheureusement celui-ci ne change point. Les mœurs se corrigent, l'esprit se fortifie ou s'altère; les affections changent d'objet, le même peut successivement inspirer l'amour ou la haine; mais le caractère est inaltérable, il peut être contraint ou déguisé, il n'est jamais détruit. L'orgueil humilié et rampant est toujours de l'orgueil.

L'âge, la maladie, l'ivresse changent, dit-on, le caractère. On se trompe. La maladie et l'âge peuvent l'affoiblir, en suspendre les fonctions, quelquefois le détruire, sans jamais le dénaturer. Il ne faut pas confondre avec le caractère ce qui part de la chaleur du sang, de la force du tempérament. Presque tous les hommes, quoique de caractères différens ou opposés, sont courageux dans le jeune âge, et timides dans la vieillesse. On ne prodigue jamais tant sa vie que lorsqu'on en a le plus à perdre. Que de guerriers dont le courage s'écoule avec le sang! N'en a-t-on pas vu qui, après avoir bravé mille fois le trépas, tombés dans une maladie de langueur, éprouvoient dans un lit toutes les âfres de la mort.

L'ivresse, en égarant l'esprit, n'en donne que plus de ressort au caractère. Le vil complaisant d'un homme en place s'étant enivré, lui tint les propos d'une haine envenimée, et se fit chasser. On voulut excuser l'offenseur sur l'ivresse. Je ne puis m'y tromper, répondit l'offensé; ce qu'il me dit étant ivre, il le pense à jeun.

Après avoir examiné l'opposition qui peut se trouver entre le caractère et l'esprit, sous combien de faces ne pourroit-on pas envisager la question? Combien de combinaisons faudroit-il faire! combien de détails à développer, si l'on vouloit montrer les inconvéniens qui résultent de la contrariété du caractère et de l'esprit avec la santé! On n'imagine pas à quel point la conduite qu'on suit, et les différens partis qu'on prend et qu'on abandonne dépendent de la santé. Un caractère fort, un esprit actif exigent une santé robuste. Si elle est trop foible pour y répondre, elle achève par là de se détruire. Il y a mille occasions où il est nécessaire que le caractère, l'esprit et la santé soient d'accord.

Tout ce que l'homme qui a le plus d'esprit

peut faire, c'est de s'étudier, de se connoître, de consulter ses forces, et de compter ensuite avec son caractère; sans quoi les fautes, et même les malheurs ne servent qu'à l'abattre, sans le corriger; mais, pour un homme d'esprit, ils sont une occasion de réfléchir. C'est, sans doute, ce qui a fait dire qu'il y a toujours de la ressource avec les gens d'esprit. La réflexion sert de sauvegarde au caractère, sans le corriger, comme les règles en servent au génie, sans l'inspirer. Elles font peu pour l'homme médiocre, elles préviennent les fautes de l'homme supérieur.

CHAPITRE XIV.

Sur l'estime et le respect.

CE que j'ai dit jusqu'ici des différens jugemens des hommes m'engage à tâcher d'en pénétrer les causes.

Toutes les facultés de notre âme se réduisent, comme on l'a vu, à sentir et penser; nous n'avons que des idées ou des affections, car la haine même n'est qu'une révolte contre ce qui s'oppose à nos affections.

Dans les choses purement intellectuelles nous ne ferions jamais de faux jugemens, si nous avions présentes toutes les idées qui regardent le sujet dont nous voulons juger. L'esprit n'est jamais faux, que parce qu'il n'est pas assez étendu, au moins sur le sujet dont il s'agit, quelqu'étendue qu'il pût avoir d'ailleurs sur d'autres matières; mais dans celles où nous avons intérêt, les idées ne suffisent pas à la justesse de nos jugemens. La justesse de l'esprit dépend alors de la droiture du cœur, et du calme des passions; car je doute qu'une démonstration mathématique parût une vérité à quelqu'un dont elle combattroit une passion forte; il y supposeroit du paralogisme.

Si nous sommes affectés pour ou contre un objet, il est bien difficile que nous soyons en état d'en juger sainement. Notre intérêt plus ou moins développé, mieux ou moins bien entendu, mais toujours senti, fait la règle de nos jugemens.

Il y a des sujets sur lesquels la société a prononcé, et qu'elle n'a pas laissés à notre discussion. Nous souscrivons à ses décisions par éducation et par préjugé; mais la société même s'est déterminée par les principes qui dirigent nos jugemens particuliers, c'est-à-dire, par l'intérêt. Nous consultons tous séparément notre intérêt personnel bien ou mal appliqué; la société a consulté l'intérêt commun qui rectifie l'intérêt particulier. C'est l'intérêt public, peut-être l'intérêt de ceux qui gouvernent, mais qu'il faut bien supposer juste, qui a dicté les lois et qui fait les vertus; c'est l'intérêt particulier qui fait les crimes, quand il est opposé à l'intérêt commun. L'intérêt public, fixant l'opinion générale, est la mesure de l'estime, du respect, du véritable prix, c'est-à-dire, du prix reconnu des choses. L'intérêt particulier décide des jugemens les plus vifs et les plus intimes, tels que l'amitié et l'amour, les deux effets les plus sensibles de l'amour de nous-mêmes. Passons à l'application de ces principes.

Qu'est-ce que l'estime, sinon un sentiment que nous inspire ce qui est utile à la société? Mais quoique cette utilité soit nécessairement relative à tous les membres de la société, elle est trop habituelle et trop peu directe pour être vivement sentie. Ainsi notre estime n'est presque qu'un jugement que nous portons, et non pas une affection qui nous échauffe, telle que l'amitié que nous inspirent ceux qui nous sont personnellement utiles; et j'entends par utilité personnelle, non-seulement des services, des bienfaits matériels, mais encore le plaisir et tout ce qui peut nous affecter agréablement, quoiqu'il puisse dans la suite nous être réellement nuisible. L'utilité ainsi entendue doit, comme on juge bien, s'appliquer même à l'amour, le plus vif de tous les sentimens, parce qu'il a pour objet ce que nous regardons comme le souverain bien, dans le temps que nous en sommes affectés.

On m'objectera peut-être que si l'amour et l'estime ont la même source, et que, suivant mon principe, ils ne different que par les degrés, l'amour et le mépris ne devroient jamais se réunir sur le même objet; ce qui, dira-t-on, n'est pas sans exemple. On ne fait pas ordinairement la même objection sur l'amitié; on suppose qu'un honnête homme qui est l'ami d'un homme méprisable, est dans l'ignorance à son égard, et non pas dans l'aveuglement; et que, s'il vient à être instruit du caractère qu'il ignoroit, il en fera justice en rompant. Je n'examinerai donc pas ce qui concerne l'amitié, qui n'est pas toujours entre ceux où l'on croit la voir. Il y a bien de prétendues amitiés; bien des actes de reconnoissance qui ne sont que des procédés, quelquefois intéressés, et non pas des attachemens.

D'ailleurs, si je satisfais à l'objection sur le sentiment le plus vif, on me dispensera, je crois, d'éclaircir ce qui concerne des sentimens plus foibles.

Je dis donc que l'amour et le mépris n'ont jamais eu le même objet à la fois : car je ne prends point ici pour amour ce désir ardent, mais indéterminé, auquel tout peut servir de pâture, que rien ne fixe, et auquel sa violence même interdit le choix; je parle de celui qui lie la volonté vers un objet à l'exclusion de tout autre. Un amant de cette espèce ne peut, dis-je, jamais mépriser l'objet de son attachement, sur-tout s'il s'en croit aimé; car l'amour-propre offensé peut balancer, et même détruire l'amour. On voit, à la vérité, des hommes qui ressentent la plus forte passion pour un objet qui l'est aussi du mépris général; mais, loin de partager ce mépris, ils l'ignorent; s'ils y ont souscrit eux-mêmes avant leur passion, ils l'oublient ensuite, se rétractent de bonne foi, et crient à l'injustice. S'il leur arrive, dans ces orages si communs aux amans, de se faire des reproches outrageans, ce sont des accès de fureur si peu réfléchis, qu'ils arrivent aux amans qui ont le plus droit de se respecter.

L'aveuglement peut n'être pas continuel, et avoir des intervalles où un homme rougit de son attachement ; mais cette lueur de raison n'est qu'un instant de sommeil de l'amour qui se réveille bientôt pour la désavouer. Si l'on reconnoît des défauts dans l'objet aimé, ce sont de ceux qui gênent, qui tourmentent l'amour, et qui ne l'humilient pas. Peut-être ira-t-on jusqu'à convenir de sa foiblesse, et sera-t-on forcé d'avouer l'erreur de son choix ; mais c'est par impuissance de réfuter les reproches, pour se soustraire à la persécution, et assurer sa tranquillité contre des rémontrances fatigantes, qu'on n'est plus obligé d'entendre, quand on est convenu de tout. Un amant est bien loin de sentir ou même de penser ce qu'on le force de prononcer, sur-tout s'il est d'un caractère doux. Mais, pour peu qu'il ait de fermeté, il résistera avec courage. Ce qu'on lui présentera comme des taches humiliantes dans l'objet de sa passion, il n'en fera que des malheurs qui le lui rendront plus cher ; la compassion viendra encore redoubler, ennoblir l'amour, en faire une vertu; et quelquefois ce sera avec raison, sans qu'on puisse la faire adopter à des censeurs incapables de sentiment, et de faire les distinctions fines et honnêtes qui séparent le vice d'avec le malheur. Que ceux qui n'ont jamais aimé se tiennent pour dit, quelque supériorité d'esprit qu'ils aient, qu'il y a une infinité d'idées, je dis d'idées justes, auxquelles ils ne peuvent atteindre, et qui ne sont réservées qu'au sentiment.

Je viens de dire que des instans de dépit ne pouvoient pas être regardés comme un état fixe de l'âme, ni prouver que le mépris s'allie avec l'amour. Il me reste à prévenir l'objection qu'on pourroit tirer des hommes qui sentent continuellement la honte de leur attachement, et qui sont humiliés de faire de vains efforts pour se dégager. Ces hommes existent assurément; et en plus grand nombre qu'on ne croit; mais ils ne sont plus amoureux, quelqu'apparence qu'ils en aient.

Il n'y a rien que l'on confonde si fort avec l'amour, et qui y soit souvent plus opposé, que la force de l'habitude. C'est une chaîne dont il est plus difficile de se dégager que de l'amour, surtout à un certain âge ; car je doute qu'on trouvât dans la jeunesse les exemples qu'on voudroit alléguer, non-seulement parce que les jeunes gens n'ont pas eu le temps de contracter cette habitude, mais parce qu'ils en sont incapables.

Le jeune homme qui aime l'objet le plus authentiquement méprisable, est bien loin de s'en douter. Il n'a peut-être pas encore attaché d'idée aux termes d'estime et de mépris; il est emporté par la passion. Voilà ce qu'il sent; je ne dirai pas: voilà ce qu'il fait ; car alors il ne fait ni ne pense rien, il jouit. Cet objet cesse-t-il de lui plaire, parce qu'un autre lui plaît davantage, il pensera ou répétera tout ce qu'on voudra du premier.

Mais dans un âge mûr, il n'en est pas ainsi : l'habitude est contractée; on cesse d'aimer, et l'on reste attaché. On méprise l'objet de son attachement, s'il est méprisable, parce qu'on le voit tel qu'il est, et on le voit tel qu'il est, parce qu'on n'est plus amoureux.

Puisque notre intérêt est la mesure de notre estime, quand il nous porte jusqu'à l'affection, il est bien difficile que nous y puissions joindre le mépris. L'amour ne dépend pas de l'estime; mais, dans bien des occasions, l'estime dépend de l'amour.

J'avoue que nous nous servons très-utilement de personnes méprisables que nous reconnoissons pour telles; mais nous les regardons comme des instrumens vils qui nous sont chers, c'est-à-dire, utiles, et que nous n'aimons point; ce sont ceux dont les personnes honnêtes paient le plus scrupuleusement les services, parce que la reconnoissance seroit un poids trop humiliant.

C'est avec bien de la répugnance que j'oserai dire que les gens naturellement sensibles ne sont pas ordinairement les meilleurs juges de ce qui est estimable, c'est-à-dire, de ce qui l'est pour la société. Les parens tendres jusqu'à la foiblesse sont les moins propres à rendre leurs enfans bons citoyens. Cependant nous sommes portés à aimer de préférence les personnes reconnues pour sensibles, parce que nous nous flattons de devenir l'objet de leur affection, et que nous nous préférons à la société. Il y a une espèce de sensibilité vague qui n'est qu'une foiblesse d'organes, plus digne de compassion que de reconnoissance. La vraie sensibilité seroit celle qui naîtroit de nos jugemens, et qui ne les formeroit pas.

J'ai remarqué que ceux qui aiment bien le public, qui affectionnent la cause commune, et s'en occupent sans ambition, ont beaucoup de liaisons et peu d'amis. Un homme qui est bon citoyen activement, n'est pas ordinairement fait pour l'amitié ni pour l'amour. Ce n'est pas uniquement parce que son esprit est trop occupé d'ailleurs; c'est que nous n'avons qu'une portion déterminée de sensibilité, qui ne se répartit point, sans que les portions diminuent. Le feu de notre âme est en cela bien différent de la flamme matérielle, dont l'augmentation et la propagation dépendent de la quantité de son aliment.

Nous voyons chez les peuples où le patriotisme a régné avec le plus d'éclat, les pères immoler leurs fils à l'état ; nous admirons leur courage, ou sommes révoltés de leur barbarie, parce que nous jugeons d'après nos mœurs. Si nous étions élevés dans les mêmes principes, nous verrions qu'ils faisoient à peine des sacrifices, puisque la patrie concentroit toutes leurs affections, et qu'il n'y a point d'objet vers lequel le préjugé de l'éducation ne puisse quelquefois nous porter. Pour ces républicains, l'amitié n'étoit qu'une émulation de vertu, le mariage une loi de société, l'amour un plaisir passager, la patrie seule une passion. Pour ces hommes, l'amitié se confondoit avec l'estime : celle-ci est pour nous, comme je l'ai dit, un simple jugement de l'esprit, et l'autre un sentiment.

Depuis que le patriotisme a disparu, rien ne peut mieux en retracer l'idée que certains établissemens qui subsistent parmi nous, et qui ne sont nullement patriotiques relativement à la société générale. Voyez les communautés ; ceux ou celles qui les composent sont dévorés du zèle de la maison. Leurs familles leur deviennent étrangères ; ils ne connoissent plus que celle qu'ils ont adoptée. Souvent divisés par des animosités personnelles, par des haines individuelles, ils se réunissent, et n'ont plus qu'un esprit, dès qu'il s'agit de l'intérêt du corps; ils y sacrifieroient parens, amis, s'ils en ont, et quelquefois eux-mêmes. Les vertus monastiques cèdent à l'esprit monacal. Il semble que l'habit qu'ils prennent soit le contraire de la robe de Nessus; le poison de la leur n'agit qu'au dehors.

La faveur des partis se porte encore plus loin. Ils ne se bornent pas à leurs avantages réels, la haine contre le parti contraire est d'obligation; c'est le seul devoir que la plupart soient en état de remplir, et dont ils s'acquittent religieusement, souvent pour des questions qu'ils n'entendent point, qui, à la vérité, ne méritent pas d'être entendues, et n'en sont adoptées et défendues qu'avec plus d'animosité. Nous en avons, de nos jours et sous nos yeux, des exemples frappans.

L'estime aujourd'hui tire si peu à conséquence, est un si foible engagement, qu'on ne craint point de dire d'un homme qu'on l'estime et qu'on ne l'aime point; c'est faire à la fois un acte de justice, d'intérêt personnel et de franchise; car c'est comme si l'on disoit que ce même homme est un bon citoyen, mais qu'on a sujet de s'en plaindre; ou qu'il déplaît, et qu'on se préfère à la société; aveu qui prouve aujourd'hui une espèce de courage philosophique, et qui autrefois auroit été honteux, parce qu'on aimoit alors sa patrie, et par conséquent ceux qui la servoient bien.

L'altération qui est arrivée dans les mœurs, a fait encore que le respect, qui, chez les peuples dont j'ai parlé, étoit la perfection de l'estime, en souffre l'exclusion parmi nous, et peut s'allier avec le mépris.

Le respect n'est autre chose que l'aveu de la supériorité de quelqu'un. Si la supériorité du rang suivoit toujours celle du mérite, ou qu'on n'eût pas prescrit des marques extérieures de respect, son objet seroit personnel comme celui de l'estime; et il a dû l'être originairement, de quelque nature qu'ait été le mérite de mode. Mais comme quelques hommes n'eurent pour mérite que le crédit de se maintenir dans les places que leurs aïeux avoient honorées, il ne fut plus dès-lors possible de confondre la personne dans le respect que les places exigeoient. Cette distinction se trouve aujourd'hui si vulgairement établie, qu'on voit des hommes réclamer quelquefois pour leur rang, ce qu'ils n'oseroient prétendre pour eux-mêmes. *Vous devez*, dit-on humblement, *du respect à ma place, à mon rang;* on se rend assez de justice pour n'oser dire *à ma personne*. Si la modestie fait aussi tenir le même langage, elle ne l'a pas inventé, et elle n'auroit jamais dû adopter celui de l'avilissement.

La même réflexion fit comprendre que le respect qui pouvoit se refuser à la personne, malgré l'élévation du rang, devoit s'accorder, malgré l'abaissement de l'état, à la supériorité du mérite ; car le respect, en changeant d'objet dans l'application, n'a point changé de nature, et n'est dû qu'à la supériorité. Ainsi il y a depuis long-temps deux sortes de respects, celui qu'on doit au mérite, et celui qu'on rend aux places, à la naissance. Cette dernière espèce de respect n'est plus qu'une formule de paroles ou de gestes, à laquelle les gens raisonnables se soumettent, et dont on ne cherche à s'affranchir que par sottise, et par un orgueil puéril.

Le vrai respect n'ayant pour objet que la vertu, il s'ensuit que ce n'est pas le tribut qu'on doit à l'esprit ou aux talens : on les loue, on les estime, c'est-à-dire, qu'on les prise, on va jusqu'à l'admiration ; mais on ne leur doit point de respect, puisqu'ils pourroient ne pas sauver toujours du mépris. On ne mépriseroit pas précisément ce qu'on admire ; mais on pourroit mépriser à certains égards ceux qu'on admire à d'autres. Cependant ce discernement est rare ; tout ce qui saisit l'imagination des hommes, ne leur permet pas une justice si exacte.

En général, le mépris s'attache aux vices bas, et la haine aux crimes hardis qui malheureusement sont au-dessus du mépris, et font quelquefois confondre l'horreur avec une sorte d'admiration. Je ne dis rien en particulier de la colère, qui n'a guère lieu que dans ce qui nous devient personnel. La colère est une haine ouverte et passagère; la haine une colère retenue et suivie. En considérant les différentes gradations, il me semble que tout concourt à établir les principes que j'ai posés; et, pour les résumer en peu de mots:

Nous estimons ce qui est utile à la société, nous méprisons ce qui lui est nuisible; nous aimons ce qui nous est personnellement utile, nous haïssons ce qui nous est contraire; nous respectons ce qui nous est supérieur; nous admirons ce qui est extraordinaire.

Il ne s'agit plus que d'éclaircir une équivoque très-commune sur le mot de *mépris*, qu'on emploie souvent dans une acception bien différente de l'idée ou du sentiment qu'on éprouve. On croit souvent, ou l'on veut faire croire qu'on méprise certaines personnes, parce qu'on s'attache à les dépriser. Je remarque, au contraire, qu'on ne déprise avec affectation que par le chagrin de ne pouvoir mépriser, et qu'on estime forcément ceux contre qui l'on déclame. Le mépris qui s'annonce avec hauteur, n'est ni indifférence, ni dédain; c'est le langage de la jalousie, de la haine et de l'estime voilées par l'orgueil; car la haine prouve souvent plus de motifs d'estime, que l'aveu même d'une estime sincère.

CHAPITRE XV.

Sur le prix réel des choses.

Nous n'avons examiné dans le chapitre précédent que l'estime relative aux personnes; faisons l'application de nos principes aux jugemens que nous portons du prix réel des choses, et alors estimer ne veut dire que priser.

Dans quelle proportion estimons ou prisons-nous les choses? Dans celle de leur utilité combinée avec leur rareté; et cette seconde façon de les considérer, c'est-à-dire la rareté, est ce qui distingue le prix que nous mettons aux choses d'avec l'estime que nous faisons des personnes. En effet, notre estime pour un homme ne diminue pas, si nous en trouvons d'autres aussi estimables; au lieu que le prix que nous mettons à une chose rare, diminue aussitôt qu'elle devient commune.

Cette distinction est si sûre, que nous n'estimons les personnes par leur rareté qu'en les considérant comme choses. Telle est, par exemple, l'estime que nous avons pour les talens, dont nous faisons alors abstraction d'avec la personne.

Il faut encore observer à l'égard des choses,

comme j'ai fait à l'égard des personnes, que le plaisir, soit réel, soit de convention, que ces choses peuvent nous faire en flattant nos sens ou notre amour-propre, se rapporte à leur utilité; c'est toujours avec la rareté qu'elle se combine pour le prix que nous y mettons. Ajoutons que l'utilité se mesure encore par son étendue; de façon que de deux choses dont l'utilité et la rareté sont égales, l'utilité qui est commune à un plus grand nombre d'hommes mérite le plus d'estime; et ces trois mobiles du prix que nous mettons aux choses, l'utilité, l'étendue de cette utilité, et la rareté, se combinent à l'infini, et toujours par les mêmes lois.

Eclaircissons ces principes par des exemples. Les choses de première nécessité, telles que le pain et l'eau, ne peuvent pas être rares, sans quoi elles ne seroient pas nécessaires; n'étant pas rares, elles ne peuvent attirer notre estime; mais si par malheur elles cessent pour un temps d'être communes, quel prix n'y mettons-nous point? Ce principe fait la règle du commerce.

Comment décidons-nous du prix de toutes les choses matérielles? par la même loi. Nous prisons beaucoup un diamant; en quoi consiste son utilité? Dans son éclat, dans le léger plaisir de la parure, et sur-tout dans la vanité frivole qui résulte de l'opinion d'opulence et de ses effets. Mais, d'un autre côté, sa rareté est de la première classe, et les degrés de rareté peuvent compenser ou surpasser les degrés d'utilité que d'autres auroient. D'ailleurs, sous un autre aspect, l'utilité du diamant est très-grande, puisqu'il est dans la classe des richesses qui sont représentatives de toutes les utilités physiques.

Passons aux talens; par où les prisons-nous? Par la combinaison de leur utilité, soit pour les commodités, soit pour les plaisirs; par le nombre de ceux qui en jouissent, et la rareté des hommes qui les exercent.

Les arts ou métiers de première nécessité sont peu estimés, parce que tout le monde est en état de les exercer, et qu'ils sont abandonnés à la partie de la société malheureusement la plus méprisée.

On n'a pas pour les laboureurs l'estime que la reconnoissance, la compassion, l'humanité devroient inspirer. Mais en supposant, par impossible, qu'il n'y eût à la fois qu'un homme capable de procurer les moissons, on en feroit un dieu, et la vénération ne diminueroit que lorsqu'il auroit communiqué ses lumières, et qu'il auroit acquis par là plus de droit à la reconnoissance. On pourroit après sa mort rendre à sa mémoire ce qu'on auroit ravi à sa personne. C'est ce qui a procuré les honneurs divins à certains inventeurs ; il y a eu plusieurs divinités dans le paganisme qui n'ont pas eu d'autre origine.

A l'égard des arts de pur agrément, et dont toute l'utilité consiste dans les plaisirs qu'ils procurent, dans quel ordre d'estime les rangeons-nous ? N'est-ce pas suivant les degrés de plaisir et le nombre des hommes qui peuvent en jouir ?

Il y a peu d'arts auxquels les hommes en général soient plus sensibles qu'à la musique; et le plaisir qu'elle leur fait dépendant de l'exécution, il semble qu'ils devroient préférer ceux qui exécutent les pièces à ceux qui les composent; mais, d'un autre côté, les compositeurs sont les plus rares, et leur utilité est plus étendue. Leurs compositions peuvent se transporter partout, et y être exécutées; au lieu que le talent de l'exécution, quelque supérieur qu'il puisse être, se trouve borné au plaisir de peu de personnes, du moins en comparaison du compositeur.

La rareté d'une chose sans aucune espèce d'utilité ne peut mériter d'estime. Celui qui lançoit des grains de millet au travers d'une aiguille, étoit vraisemblablement unique ; mais cette adresse n'étoit d'aucune utilité; la curiosité qu'il pouvoit exciter n'étoit pas même une curiosité de plaisir. Il y a des choses qu'on veut voir, non par le plaisir qu'elles font, mais pour savoir si elles sont.

Pourquoi les ouvrages d'esprit, en faisant abstraction de leur utilité principale, méritent-ils plus d'estime, et font-ils plus de réputation que des talens plus rares? C'est par l'avantage qu'ils ont de se répandre, et d'être partout également goûtés par ceux qui sont capables de les sentir. Corneille n'est peut-être pas un homme plus rare que Lulli, que Rameau; cependant leurs noms ne sont pas sur la même ligne, parce qu'il y a un plus grand nombre d'hommes à portée de jouir des ouvrages de Corneille que de ceux de Rameau, de Lulli, et que le plaisir qui naît des ouvrages d'esprit, développant celui des lecteurs, ou leur touchant le cœur, flatte le sentiment et l'amour-propre, et doit en plus d'occasions l'emporter sur le plaisir des sens que les talens nous causent.

Ce n'est pas que dans nos jugemens nous fassions une analyse si exacte, et une comparaison si géométrique; une justice naturelle nous les inspire, et l'examen réfléchi les confirme.

Qu'on parcoure les sciences et les arts, qu'on les pèse dans cette balance, on verra que l'estime qu'on en fait part toujours des mêmes principes, qui s'étendent jusque sur la politique et la science du gouvernement.

On a recherché bien des fois quel étoit le meilleur : les uns se déterminent pour l'un ou pour l'autre par leur goût particulier; d'autres jugent que la forme du gouvernement doit dépendre du local et du caractère des peuples. Cela peut être vrai; mais quelque forme que l'on préfère, il y a toujours une première règle prise de l'utilité étendue. *Le meilleur des gouvernemens n'est pas celui qui fait les hommes les plus heureux, mais celui qui fait le plus grand nombre d'heureux.*

Combien faut-il faire de malheureux pour fournir les matériaux de ce qui fait ou devroit faire le bonheur de quelques particuliers, qui même ne savent pas en jouir? Ceux à qui le sort des hommes est confié, doivent toujours ramener leurs calculs à la forme commune, c'est-à-dire, au peuple. Ce qu'il faut pour le bonheur physique d'un seigneur, suffiroit souvent pour faire celui de tout son village.

Tout est et doit être calcul dans notre conduite; si nous faisons des fautes, c'est parce que notre calcul, soit défaut de lumières, soit ignorance ou passion, n'embrasse pas tout ce qui doit entrer dans le résultat.

Ce n'est pas que les passions même ne calculent, et quelquefois très-finement; mais elles n'évaluent pas tous les temps qui devroient entrer dans le calcul, et de là naissent les erreurs; je m'explique:

La sagesse de la conduite dépend de l'expérience, de la prévoyance et du jugement des circonstances: on doit donc faire attention au passé, au présent et à l'avenir; et les passions n'envisagent qu'un de ces objets à la fois, le présent ou l'avenir, et jamais le passé. Quelques exemples rendent cette vérité sensible.

L'amour ne s'occupe que du présent; il cherche le plaisir actuel, oublie les maux passés, et n'en prévoit point pour l'avenir.

La colère, la haine et la vengeance, qui en est la suite, jugent comme l'amour. Ces passions prennent toujours le meilleur parti possible pour leur bonheur présent; l'avenir seul fait leur malheur : l'ambition, au contraire, n'envisage que l'avenir; ce qui étoit le but dans son espérance, n'est plus qu'un moyen pour elle, dès qu'il est arrivé.

L'avarice juge comme l'ambition, avec cette différence, que l'une est agitée par l'espérance, et l'autre par la crainte. L'ambitieux espère de proche en proche parvenir à tout; l'avare craint de tout perdre : ni l'un ni l'autre ne savent jouir.

L'avarice n'est, comme les autres passions, qu'un redoublement de l'amour de soi-même; mais elle agit toujours avec timidité et défiance. L'avare, craignant tous les maux, désire ardemment les richesses qu'il regarde comme l'échange de tous les biens. Il n'est cependant pas aussi dur à lui-même qu'on le suppose ; il calcule très-finement, conclut assez juste, d'après un faux principe, et trouve bien des jouissances dans ses privations. Il n'y a rien dont il ne se prive dans l'espérance de jouir de tout. Dans le temps qu'il se refuse un plaisir, il jouit confusément de tous ceux qu'il sent qu'il peut se procurer. Les vraies privations sont forcées ; celles de l'avare sont volontaires. L'avarice est la plus vile, mais non pas la plus malheureuse des passions.

On ne sauroit trop s'attacher à corriger ou régler les passions qui rendent les hommes malheureux, sans les avilir ; et l'on doit rendre de plus en plus odieuses celles qui, sans les rendre malheureux, les avilissent et nuisent à la société, qui doit être le premier objet de notre attachement.

CHAPITRE XVI.

Sur la reconnoissance et l'ingratitude.

On se plaint du grand nombre des ingrats, et l'on rencontre peu de bienfaiteurs ; il semble que les uns devroient être aussi communs que les autres. Il faut donc de nécessité, ou que le petit nombre de bienfaiteurs qui se trouvent, multiplient prodigieusement leurs bienfaits, ou que la plupart des accusations d'ingratitude soient mal fondées.

Pour éclaircir cette question, il suffira de fixer les idées qu'on doit attacher aux termes de bienfaiteur et d'ingrat. *Bienfaiteur* est un de ces mots composés qui portent avec eux leur définition.

Le bienfaiteur est celui qui fait du bien, et les actes qu'il produit peuvent se considérer sous trois aspects; les bienfaits, les grâces et les services.

Le bienfait est un acte libre de la part de son auteur, quoique celui qui en est l'objet puisse en être digne.

Une grâce est un bien auquel celui qui le reçoit n'avoit aucun droit, où la rémission qu'on lui fait d'une peine méritée.

Un service est un secours par lequel on contribue à faire obtenir quelque bien.

Les principes qui font agir le bienfaiteur sont ou la bonté, ou l'orgueil, ou même l'intérêt.

Le vrai bienfaiteur cède à son penchant naturel qui le porte à obliger, et il trouve dans le bien qu'il fait une satisfaction qui est à la fois, et le premier mérite et la première récompense de son action ; mais tous les bienfaits ne partent pas de la bienfaisance. Le bienfaiteur est quelquefois aussi éloigné de la bienfaisance que le prodigue l'est de la générosité ; la prodigalité n'est que trop souvent unie avec l'avarice ; et un bienfait peut n'avoir d'autre principe que l'orgueil.

Le bienfaiteur fastueux cherche à prouver aux autres et à lui-même sa supériorité sur celui qu'il oblige. Insensible à l'état des malheureux, incapable de vertu, on ne doit attribuer les apparences qu'il en montre qu'aux témoins qu'il en peut avoir.

Il y a une troisième espèce de bienfait, qui, sans avoir ni la vertu ni l'orgueil pour principe, part d'un espoir intéressé. On cherche à captiver d'avance ceux dont on prévoit qu'on aura besoin. Rien de plus commun que ces échanges intéressés, rien de plus rare que les services.

Sans affecter ici de divisions parallèles et symétriques, on peut envisager les ingrats, comme les bienfaiteurs, sous trois aspects différens.

L'ingratitude consiste à oublier, à méconnoître, ou à reconnoître mal les bienfaits; et elle a sa source dans l'insensibilité, dans l'orgueil ou dans l'intérêt.

La première espèce d'ingratitude est celle de ces âmes foibles, légères, sans consistance. Affligées par le besoin présent, sans vue sur l'avenir, elles ne gardent aucune idée du passé; elles demandent sans peine, reçoivent sans pudeur, et oublient sans remords. Dignes de mépris, ou tout au plus de compassion, on peut les obliger par pitié, et l'on ne doit pas les estimer assez pour les haïr.

Mais rien ne peut sauver de l'indignation celui qui, ne pouvant se dissimuler les bienfaits qu'il a reçus, cherche cependant à méconnoître son bienfaiteur. Souvent, après avoir réclamé les secours avec bassesse, son orgueil se révolte contre tous les actes de reconnoissance qui peuvent lui rappeler une situation humiliante; il rougit du malheur, et jamais du vice. Par une suite du même caractère, s'il parvient à la prospérité, il est capable d'offrir par ostentation ce qu'il refuse à la justice, il tâche d'usurper la gloire de la vertu, et manque aux devoirs les plus sacrés.

A l'égard de ces hommes moins haïssables que ceux que l'orgueil rend injustes, et plus méprisables encore que les âmes légères et sans principes, dont j'ai parlé d'abord, ils font de la reconnoissance un commerce intéressé ; ils croient pouvoir soumettre à un calcul arithmétique les services qu'ils ont reçus. Ils ignorent, parce que pour le savoir il faudroit sentir, ils ignorent, dis-je, qu'il n'y a point d'équation pour les sentimens ; que l'avantage du bienfaiteur sur celui qu'il a prévenu par ses services est inappréciable, qu'il faudroit pour rétablir l'égalité, sans détruire l'obligation, que le public fût frappé par des actes de reconnoissance si éclatans, qu'il regardât comme un bonheur pour le bienfaiteur les services qu'il auroit rendus ; sans cela ses droits seront toujours imprescriptibles ; il ne peut les perdre que par l'abus qu'il en feroit lui-même.

En considérant les différens caractères de l'ingratitude, on voit en quoi consiste celui de la reconnoissance. C'est un sentiment qui attache au bienfaiteur, avec le désir de lui prouver ce sentiment par des effets, ou du moins par un aveu du bienfait qu'on publie avec plaisir dans les occasions qu'on fait naître avec candeur, et qu'on saisit avec soin. Je ne confonds point avec ce sentiment noble une ostentation vive et sans cha-

leur, une adulation servile, qui paroît et qui est
en effet une nouvelle demande plutôt qu'un re-
mercîment. J'ai vu de ces adulateurs vils, toujours avides et jamais honteux de recevoir, exa-
gérant les services, prodigant les éloges pour
exciter, encourager les bienfaiteurs, et non pour
les récompenser. Ils feignent de se passionner,
et ne sentent rien; mais ils louent. Il n'y a point
d'homme en place qui ne puisse voir autour de
lui quelques-uns de ces froids enthousiastes,
dont il est importuné et flatté.

Je sais qu'on doit cacher les services et non
pas la reconnoissance; elle admet, elle exige
quelquefois une sorte d'éclat noble, libre et flatteur; mais les transports outrés, les élans dé-
placés sont toujours suspects de fausseté ou de
sottise, à moins qu'ils ne partent du premier
mouvement d'un cœur chaud, d'une imagination vive, ou qu'ils ne s'adressent à un bienfaiteur dont on n'a plus rien à prétendre.

Je dirai plus, et je le dirai librement: je veux
que la reconnoissance coûte à un cœur, c'est-
à-dire qu'il se l'impose avec peine, quoiqu'il la
ressente avec plaisir, quand il s'en est une fois
chargé. Il n'y a point d'hommes plus reconnoissans que ceux qui ne se laissent pas obliger par
tout le monde; ils savent les engagemens qu'ils
prennent, et ne veulent s'y soumettre qu'à l'é-

gard de ceux qu'ils estiment. On n'est jamais plus empressé à payer une dette, que lorsqu'on l'a contractée avec répugnance; et celui qui n'emprunte que par nécessité, gémiroit d'être insolvable.

J'ajouterai qu'il n'est pas nécessaire d'éprouver un sentiment vif de reconnoissance, pour en avoir les procédés les plus exacts et les plus éclatans. On peut, par un certain caractère de hauteur fort différent de l'orgueil, chercher, à force de services, à faire perdre à son bienfaiteur, ou du moins à diminuer la supériorité qu'il s'est acquise.

En vain objecteroit-on que les actions sans les sentimens ne suffisent pas pour la vertu. Je répondrai que les hommes doivent songer d'abord à rendre leurs actions honnêtes : leurs sentimens y seront bientôt conformes; il leur est plus ordinaire de penser d'après leurs actions que d'agir d'après leurs principes. D'ailleurs cet amour-propre, bien entendu, est la source des vertus morales, et le premier lien de la société.

Mais puisque les principes des bienfaits sont si différens, la reconnoissance doit-elle toujours être de la même nature? Quels sentimens doit-on à celui qui, par un mouvement d'une pitié passagère, aura accordé une parcelle de son superflu à un besoin pressant; à celui qui, par ostentation ou foiblesse, exerce sa prodigalité, sans acception de personne, sans distinction de mérite ou de besoin; à celui qui, par inquiétude, par un besoin machinal d'agir, d'intriguer, de s'entremettre, offre à tout le monde indifféremment ses démarches, ses soins, ses sollicitations?

Je consens à faire des distinctions entre ceux que je viens de représenter; mais enfin leur devrai-je les mêmes sentimens qu'à un bienfaiteur éclairé, compatissant, réglant même sa compassion sur l'estime, le besoin et les effets qu'il prévoit que ses services pourront avoir, qui prend sur lui-même, qui restreint de plus en plus son nécessaire pour fournir à une nécessité plus urgente, quoiqu'étrangère pour lui? On doit plus estimer les vertus par leurs principes que par leurs effets. Les services doivent se juger moins par l'avantage qu'en retire celui qui est obligé, que par le sacrifice que fait celui qui oblige.

On se tromperoit fort de penser qu'on favorise les ingrats en laissant la liberté d'examiner les vrais motifs des bienfaits. Un tel examen ne peut jamais être favorable à l'ingratitude, et ajoute quelquefois du mérite à la reconnoissance. En effet, quelque jugement qu'on soit en droit de porter d'un service, à quelque prix qu'on puisse le mettre du côté des motifs, on n'en est pas moins obligé aux mêmes devoirs pratiques du côté de la reconnoissance, et il en coûte moins pour les remplir par sentiment que par devoir.

Il n'est pas difficile de connoître quels sont ces devoirs; les occasions les indiquent, on ne s'y trompe guère, et l'on n'est jamais mieux jugé que par soi-même; mais il y a des circonstances délicates où l'on doit être d'autant plus attentif, qu'on pourroit manquer à l'honneur en croyant satisfaire à la justice. C'est lorsqu'un bienfaiteur, abusant des services qu'il a rendus, s'érige en tyran, et, par l'orgueil et l'injustice de ses procédés, va jusqu'à perdre ses droits. Quels sont alors les devoirs de l'obligé? Les mêmes.

J'avoue que ce jugement est dur; mais je n'en suis pas moins persuadé que le bienfaiteur peut perdre ses droits, sans que l'obligé soit affranchi de ses devoirs, quoiqu'il soit libre de ses sentimens. Je comprends qu'il n'aura plus d'attachement de cœur, et qu'il passera peut-être jusqu'à la haine; mais il n'en sera pas moins assujéti aux obligations qu'il a contractées.

Un homme humilié par son bienfaiteur est bien plus à plaindre qu'un bienfaiteur qui ne trouve que des ingrats. L'ingratitude afflige plus les cœurs généreux qu'elle ne les ulcère; ils ressentent plus de compassion que de haine: le sentiment de leur supériorité les console.

Mais il n'en est pas ainsi dans l'état d'humiliation où l'on est réduit par un bienfaiteur orgueilleux; comme il faut alors souffrir sans se plaindre, mépriser et honorer son tyran, une âme haute est intérieurement déchirée, et devient d'autant plus susceptible de haine, qu'elle ne trouve point de consolation dans l'amour-propre; elle sera donc plus capable de haïr que ne le seroit un cœur bas et fait pour l'avilissement. Je ne parle ici que du caractère général de l'homme, et non suivant les principes d'une morale épurée par la religion.

On reste donc toujours, à l'égard d'un bienfaiteur, dans une dépendance dont on ne peut être affranchi que par le public.

Il y a, dira-t-on, peu d'hommes qui soient un objet d'intérêt ou même d'attention pour le public. Mais il n'y a personne qui n'ait son public, c'est-à-dire une portion de la société commune, dont on fait soi-même partie. Voilà le public dont on doit attendre le jugement sans le prévenir, ni même le solliciter.

Les réclamations ont été imaginées par les âmes foibles; les âmes fortes y renoncent, et la prudence doit faire craindre de les entreprendre. L'apologie, en fait de procédés, qui n'est pas forcée, n'est dans l'esprit du public que la précaution d'un coupable; elle sert quelquefois

de conviction; il en résulte tout au plus une
excuse, rarement une justification.

Tel homme qui, par une prudence honnête,
se tait sur ses sujets de plaintes, se trouveroit
heureux d'être forcé de se justifier : souvent
d'accusé il deviendroit accusateur, et confondroit son tyran. Le silence ne seroit plus alors
qu'une insensibilité méprisable. Une défense
ferme et décente, contre un reproche injuste
d'ingratitude, est un devoir aussi sacré que la reconnoissance pour un bienfait.

Il faut cependant avouer qu'il est toujours
malheureux de se trouver dans de telles circonstances; la plus cruelle situation est d'avoir à se
plaindre de ceux à qui l'on doit.

Mais on n'est pas obligé à la même réserve à
l'égard des faux bienfaiteurs; j'entends de ces
prétendus protecteurs qui, pour en usurper le
titre, se prévalent de leur rang. Sans bienfaisance, peut-être sans crédit, sans avoir rendu
service, ils cherchent, à force d'ostentation, à se
faire des cliens qui leur sont quelquefois utiles,
et ne leur sont jamais à charge. Un orgueil naïf
leur fait croire qu'une liaison avec eux est un
bienfait de leur part. Si l'on est obligé par honneur et par raison de renoncer à leur commerce, ils crient à l'ingratitude, pour en éviter le
reproche. Il est vrai qu'il y a des services de

plus d'une espèce; une simple parole, un mot dit à propos, avec intelligence, ou avec courage, est quelquefois un service signalé, qui exige plus de reconnoissance que beaucoup de bienfaits matériels, comme un aveu public de l'obligation est quelquefois aussi l'acte le plus noble de la reconnoissance.

On distingue aisément le bienfaiteur réel, du protecteur imaginaire : une sorte de décence peut empêcher de contredire ouvertement l'ostentation de ce dernier; il y a même des occasions où l'on doit une reconnoissance de politesse aux démonstrations d'un zèle qui n'est qu'extérieur. Mais si l'on ne peut remplir ces devoirs d'usage qu'en ne rendant pas pleinement la justice, c'est-à-dire l'aveu qu'on doit au vrai bienfaiteur, cette reconnoissance faussement appliquée ou partagée, est une véritable ingratitude, qui n'est pas rare, et qui a sa source dans la lâcheté, l'intérêt ou la sottise.

C'est une lâcheté que de ne pas défendre les droits de son vrai bienfaiteur. Ce ne peut être que par un vil intérêt qu'on souscrit à une obligation usurpée : on se flatte par là d'engager un homme vain à la réaliser un jour; enfin, c'est une étrange sottise que de se mettre gratuitement dans la dépendance.

En effet, ces prétendus protecteurs, après

avoir fait illusion au public, se la font ensuite à eux-mêmes, et en prennent avantage pour exercer leur empire sur de timides complaisans; la supériorité du rang favorise l'erreur à cet égard, et l'exercice de la tyrannie la confirme. On ne doit pas s'attendre que leur amitié soit le retour d'un dévouement servile. Il n'est pas rare qu'un supérieur se laisse subjuguer et avilir par son inférieur; mais il l'est beaucoup plus qu'il se prête à l'égalité, même privée; je dis l'égalité privée; car je suis très-éloigné de chercher à proscrire, par une humeur cynique, les égards que la subordination exige. C'est une loi nécessaire de la société, qui ne révolte que l'orgueil, et qui ne gêne point les âmes faites pour l'ordre. Je voudrois seulement que la différence des rangs ne fût pas la règle de l'estime comme elle doit l'être des respects, et que la reconnoissance fût un lien précieux qui unît, et non pas une chaîne humiliante qui ne fît sentir que son poids. Tous les hommes ont leurs devoirs respectifs; mais tous n'ont pas la même disposition à les remplir; il y en a de plus reconnoissans les uns que les autres, et j'ai plusieurs fois entendu avancer à ce sujet une opinion qui ne me paroît ni juste, ni décente. Le caractère vindicatif part, dit-on, du même principe que le caractère reconnoissant, parce qu'il est également naturel de se ressouvenir des bons et des mauvais services.

Si le simple souvenir du bien et du mal qu'on a éprouvé, étoit la règle du ressentiment qu'on en garde, on auroit raison; mais il n'y a rien de si différent, et même de si peu dépendant l'un de l'autre. L'esprit vindicatif part de l'orgueil souvent uni au sentiment de sa propre foiblesse; on s'estime trop, et l'on craint beaucoup. La reconnoissance marque d'abord un esprit de justice; mais elle suppose encore une âme disposée à aimer, pour qui la haine seroit un tourment, et qui s'en affranchit plus encore par sentiment que par réflexion. Il y a certainement des caractères plus *aimans* que d'autres, et ceux-là sont reconnoissans par le principe même qui les empêche d'être vindicatifs. Les cœurs nobles pardonnent à leurs inférieurs par pitié, à leurs égaux par générosité. C'est contre leurs supérieurs, c'est-à-dire, contre les hommes plus puissans qu'eux qu'ils peuvent quelquefois garder leur ressentiment, et chercher à le satisfaire : le péril qu'il y a dans la vengeance leur fait illusion, ils croient y voir de la gloire. Mais ce qui prouve qu'il n'y a point de haine dans leur cœur, c'est que la moindre satisfaction les désarme, les touche et les attendrit.

Pour résumer en peu de mots les principes

que j'ai voulu établir : les bienfaiteurs doivent des égards à ceux qu'ils ont obligés; et ceux-ci contractent des devoirs indispensables. On ne devroit donc placer les bienfaits qu'avec discernement; mais du moins on court peu de risque à les répandre sans choix, au lieu que ceux qui les reçoivent prennent des engagemens si sacrés, qu'ils ne sauroient être trop attentifs à ne les contracter qu'à l'égard de ceux qu'ils pourront estimer toujours. Si cela étoit, les obligations seroient plus rares qu'elles ne le sont; mais toutes seroient remplies. J'ajouterai que si chacun faisoit tout le bien qu'il peut faire, sans s'incommoder, il n'y auroit point de malheureux.

FIN DES CONSIDÉRATIONS SUR LES MŒURS.

MÉMOIRE
SUR
LES DRUIDES.

SI le principal avantage de toutes les histoires est de concourir à former celle de l'esprit humain, il n'y en a point de plus intéressante que l'histoire des sectes de philosophes; et le degré d'intérêt croît à proportion du rapport qu'elles ont avec nous. C'est d'après ce principe que j'ai pensé que les différens morceaux épars dans les auteurs qui parlent des druides étant réunis, éclaircis et mis en ordre, pourroient former un point d'histoire assez curieux; ils pourroient même servir à faire connoître l'esprit des premières lois de notre nation, et même de celles que nous suivons aujourd'hui. Quelque révolution qui puisse arriver dans les lois d'un peuple, elle ne se fait guère que par voie insensible : les mœurs et les usages de tous les pays sont moins fondés sur la réflexion que sur des usages antérieurs, qui devoient leur naissance, partie au génie des peuples, et partie au hasard. Connoître bien ce qu'une nation a été dans des temps reculés, c'est un moyen de reconnoître ce qu'elle est encore aujourd'hui. Quoiqu'il ne nous reste pas assez de monumens au sujet des druides pour en former un corps d'histoire, on pourroit cependant tirer beaucoup de lumières de ceux qui subsistent, et les mettre dans un meilleur ordre. Je n'entreprends pas ici de traiter cette matière dans toute son étendue; mais d'éclaircir quelques points de leur doctrine, en commençant par leur hiérarchie.

Il y a sur l'origine du nom des druides plusieurs opinions, dont la plupart paroissent assez probables pour qu'on n'en puisse regarder aucune comme certaine. Les uns tirent ce nom de *drussim*, mot hébreu qui signifie contemplateur : d'autres du mot Δρῦς, un chêne; ou de *deron*, mot celtique qui signifie fort; nom qu'on donnoit aussi au chêne, comme *robur* et *quercus* sont synonymes en latin pour signifier cet arbre. On appuie cette dernière étymologie de l'usage qu'avoient les druides de célébrer leurs mystères dans les forêts. Je ne m'arrêterai pas à discuter ces différentes étymologies (*) : ces

(*) Celle que M. Fréret m'a communiquée depuis la lecture de ce mémoire, me paroît la plus naturelle de toutes, puisqu'il la trouve dans la langue celtique. Il la tire de deux mots, *de* ou *di* Dieu et *rhouydd* ou *rhaid*, participe du

recherches, qui n'exigent pas moins de travail que d'autres plus intéressantes, sont rarement utiles, et presque toujours terminées par une incertitude qui n'est que trop souvent le fruit de nos études, mais qui n'en doit pas être l'objet.

Pour faire mieux connoître ce qu'étoient les druides, il est important d'observer que le gouvernement des Gaules étoit aristocratique, du moins au temps de Jules-César, et l'on ne pourroit rien dire que de fabuleux sur les rois qu'on dit avoir régné dans des temps plus reculés.

La république des Gaulois étoit composée de trois différens états, les druides, les chevaliers, et le peuple.

Les druides étoient chargés du sacerdoce et de tout ce qui regardoit la religion et les lois; les chevaliers portoient les armes; et le peuple suivoit les chevaliers à la guerre ou cultivoit les terres. Laissant à part ce qui concerne les deux derniers états, je vais examiner dans ce mémoire la hiérarchie, la discipline et les principaux dogmes des druides.

Les druides, connus aussi sous les noms de *bardes, eubages, vacies, saronides, samothées,*

---

verbe *raidheim* ou *rhouidim*, parler, dire, haranguer, s'entretenir : par cette étymologie, le nom de *Derhouydd* aura la même signification que le Θεολόγος des Grecs, théologien.

ou *simnothées*, étoient distingués en trois principaux ordres (*).

Les premiers étoient les prêtres chargés des sacrifices, des prières, et d'interpréter les dogmes de la religion : à eux seuls appartenoient la législation, l'administration de la justice, et l'emploi d'instruire la jeunesse dans les sciences, telles que la théologie, la morale, la physique, la géométrie et l'astrologie ; je dis l'astrologie, parce que non-seulement ils étudioient le cours des astres, ce qui fait l'objet de l'astronomie; mais ils y cherchoient de plus la connoissance de l'avenir, erreur qui s'est trouvée dans toutes sortes de religions, dont on a fait quelquefois profession ouverte, et qui a toujours eu ses partisans secrets. Les bardes étoient commis pour chanter des vers à la louange de la divinité et des hommes illustres ; ils jouoient des instrumens et chantoient à la tête des armées, avant et après les combats, pour exciter et louer la valeur des sol-

(*) Il faut réduire ces six ordres aux trois marqués dans Diodore et dans Strabon. Les *vacies*, les *saronides* et les *samothées* sont les mêmes que les druides, les bardes et les eubages. (Voyez *Diod.* l. V, et *Strab.* l. IV.) César et Pomp. Méla ne parlent que des druides.

On trouve, dans l'*Astrée* de Durfé, beaucoup de choses curieuses, dont on feroit plus de cas qu'on n'en fait, si elles étoient ailleurs que dans un roman, ou qu'on sût qu'elles lui ont été fournies par le célèbre Papon.

dats, ou blâmer ceux qui avoient trahi leur devoir.

Les eubages tiroient les augures des victimes. Ces différentes classes avoient pour chef un souverain pontife qui avoit sur elles une autorité absolue; et, quoiqu'elles fussent expressément distinguées les unes des autres dans leurs fonctions, les auteurs comprennent souvent le corps général des druides sous le nom de quelques-unes de ces classes, qu'elles tiroient vraisemblablement de leurs premiers pontifes.

On voit, par les différens emplois des druides, qu'ils n'étoient pas uniquement renfermés dans les fonctions religieuses, et qu'ils devoient avoir la meilleure part dans le gouvernement. Chez plusieurs peuples, le sacerdoce a souvent été uni à l'autorité civile et politique, ou a servi de moyen pour y parvenir.

En effet, le chef des druides étoit aussi le souverain de la nation, et son autorité, fondée sur le respect des peuples, étoit fortifiée par le nombre prodigieux des prêtres qui lui étoient subordonnés. La multiplication des familles des druides formoit, pour ainsi dire, un peuple qui commandoit à un autre; tous les jours de nouveaux sujets entroient dans le sacerdoce; et quoique tous leurs enfans ne prissent pas le parti de s'y faire initier, ils demeuroient toujours attachés à leurs familles, dont le crédit leur faisoit donner les premiers emplois de la république.

Les druides, du moins ceux qui étoient revêtus du sacerdoce, s'appliquoient continuellement à l'étude, et se retiroient, hors le temps de leurs fonctions publiques, dans des cellules au milieu des forêts; ils étoient les arbitres de la paix et de la guerre, et exempts des charges publiques, tant civiles que militaires. Les généraux n'osoient livrer bataille qu'après avoir consulté les vacies et leur avoir fait faire des sacrifices : le soldat avoit plus de confiance en leurs prières que dans son courage, et le peuple étoit persuadé que la puissance et le bonheur de l'état dépendoient du grand nombre des druides et de l'honneur qu'on leur rendoit; tel étoit le respect qu'on avoit pour leurs jugemens, qu'ils étoient toujours sans appel. Une déférence si marquée et si contraire à l'esprit d'intérêt, prouve assez l'opinion qu'on avoit de leur équité.

Ceux qui vouloient entrer dans le corps des druides devoient en être dignes par leur vertu, et quelques-uns travailloient à s'en rendre capables par un cours de vingt années d'étude, pendant lequel il n'étoit pas permis d'écrire la moindre chose des leçons qu'on recevoit; il falloit tout apprendre par cœur, soit que ce fût pour exercer la mémoire en rendant les écoliers plus attentifs, ou pour ne pas divulguer les mystères.

Après le cours d'études, on subissoit un examen, et l'on n'étoit admis qu'en récitant plusieurs milliers de vers, soit en principes, soit en réponses à des questions : ainsi, toute la religion des druides étoit fondée sur une tradition peut-être moins invariable que des dogmes écrits; mais beaucoup moins sujette à dispute, parce que les changemens ou altérations se faisant par une voie insensible, on ne pouvoit attaquer cette tradition par des écrits subsistans, et les dogmes paroissoient toujours les mêmes.

Le premier, et originairement l'unique collége des saronides, étoit entre Chartres et Dreux; c'étoit aussi le chef-lieu ou la métropole des druides, et l'on en voit encore des vestiges; mais le grand nombre d'écoliers qui y accouroient de toutes parts, les obligea de bâtir des maisons en différens endroits des Gaules, pour y tenir des écoles publiques, dans lesquelles on enseignoit les dogmes religieux et les sciences.

Le principal corps des druides faisoit sa résidence dans l'Autunois pendant les six mois d'été, vers la montagne qu'on nomme encore aujourd'hui Mont des Druides, et ils passoient l'hiver à Chartres, où étoit le siége souverain de leur domination. On y tenoit les assemblées générales, et l'on y faisoit les sacrifices publics;

mais les siéges de justice ordinaires et les sacrifices particuliers étoient assignés en divers lieux des Gaules.

Le grand sacrifice du gui de l'an neuf se faisoit avec beaucoup de cérémonies près de Chartres, le sixième jour de la lune, qui étoit le commencement de l'année, suivant leur manière de compter par les nuits.

Lorsque le temps de ce sacrifice approchoit, le grand prêtre envoyoit ses mandemens aux vacies, pour en annoncer le jour aux peuples. Les prêtres, qui ne sortoient de leurs retraites que pour de pareilles solennités ou des affaires de grande importance et par ordre du souverain pontife, parcouroient aussitôt les provinces, criant à haute voix : *Au gui de l'an neuf! Ad viscum druidæ clamare solebant.*

La plus grande partie de la nation se rendoit aux environs de Chartres au jour marqué ; là on cherchoit le gui sur un chêne d'environ trente ans, et lorsqu'on l'avoit trouvé, on dressoit un autel au pied, et la cérémonie commençoit par une espèce de procession. Les eubages marchoient les premiers, conduisant deux taureaux blancs pour servir de victimes ; les bardes qui suivoient chantoient des hymnes à la louange de la divinité et en l'honneur du sacrifice ; les écoliers marchoient après, suivis du héraut d'armes vêtu de blanc, couvert d'un chapeau avec des ailes, et portant en main une branche de verveine, entourée de deux serpens, tel qu'on peint Mercure. Les trois plus anciens druides, dont l'un portoit le pain qu'on devoit offrir, l'autre un vase plein d'eau, et le troisième une main d'ivoire attachée au bout d'une verge, représentant la justice, précédoient le grand-prêtre qui marchoit à pied, vêtu d'une robe blanche et d'un rochet par-dessus, entouré de vacies vêtus à peu près comme lui, et suivis de la noblesse.

Ce cortége étant arrivé au pied du chêne choisi, le pontife après quelques prières brûloit un peu de pain, versoit quelques gouttes de vin sur l'autel, offroit le pain et le vin en sacrifice, et les distribuoit aux assistans; il montoit ensuite sur l'arbre, coupoit le gui avec une serpette d'or, et le jetoit sur une nappe blanche, ou dans le rochet d'un des prêtres. Le premier descendoit alors, immoloit les deux taureaux, et terminoit la solennité par ce sacrifice.

Les druides recueilloient avec moins d'apparat l'herbe appelée *selago*, espèce de bruyère ou de tamarin; mais on y employoit cependant quelques pratiques mystérieuses. Un prêtre à jeun, purifié par le bain, vêtu de blanc, commençoit par le sacrifice du pain et du vin; et s'avançant pieds nus dans la campagne, et comme s'il eût voulu cacher à ses propres yeux ce qu'il alloit faire, il passoit la main droite sous la manche du bras gauche, arrachoit l'herbe de terre sans aucun ferrement, et l'enveloppoit dans un linge blanc et neuf; il en exprimoit ensuite le suc, qui passoit pour un remède dans certaines maladies, et l'on supposoit apparemment que son efficacité étoit principalement due aux mystères avec lesquels il étoit cueilli et composé. C'est ainsi que, dans les fausses religions, on a eu recours aux mystères pour rendre respectables des choses qui, sans cela, n'auroient été que puériles. Le *samolus* se cueilloit avec des cérémonies à peu près pareilles.

Il y avoit encore des sacrifices qui se faisoient dans un profond silence de la part du prêtre et des assistans.

Les druides avoient beaucoup de foi à la vertu des œufs de serpens, qu'ils ramassoient avec des cérémonies mystérieuses; et ils portoient pour armoiries dans leurs enseignes, d'azur à la couchée de serpens d'argent, surmontée d'un gui de chêne garni de ses glands de sinople. Les habitans d'Autun, qui se prétendent descendus des druides, portent dans leurs armes, de gueule à trois serpens enlacés d'argent qui se mordent la queue, au chef d'azur chargé de deux têtes de lions arrachées d'or.

Les druides distribuoient le gui, par forme d'étrennes, au commencement de l'année; c'est de là qu'est venue la coutume du peuple chartrain, de nommer les présens qu'on se fait encore à pareil jour, *éguilables*, pour dire le gui de l'an neuf.

Les chefs des druides portoient une robe blanche ceinte d'une bande de cuir doré, un rochet et un bonnet blanc tout simple; et leur souverain pontife étoit distingué par une houppe de laine avec deux bandes d'étoffe qui pendoient derrière comme aux mîtres des évêques.

Les bardes portoient un habit brun, un manteau de même étoffe attaché avec une agrafe de bois et un capuchon pareil aux capes de Béarn, et à peu près comme des récollets.

Les états ou grands jours, qui se tenoient réglément à Chartres tous les ans lors du grand sacrifice, délibéroient et prononçoient sur toutes les affaires d'importance, et qui concernoient la république. On y recherchoit les malversations et tous les crimes qui étoient échappés aux tribunaux particuliers, ou qui étoient restés impunis. Les tribunaux ordinaires étoient composés d'un président, de plusieurs conseillers choisis parmi les vieillards et connus par leur capacité, et d'avocats pour défendre le droit des parties. Les juges, revêtus d'une robe tissue d'or, portoient un carcan, des brasselets et des anneaux d'or, et paroissoient avec cette magnificence majestueuse qui contribue à augmenter le respect des peuples. Ils faisoient quelquefois des tournées dans les provinces, autant pour prévenir que pour juger les procès.

Les principaux objets des lois des druides étoient l'honneur qu'on doit au souverain Être;

La distinction des fonctions des prêtres;

L'obligation d'assister à leurs instructions et aux sacrifices solennels;

La défense de discuter les matières de religion et de politique, excepté à ceux qui avoient l'administration de l'une ou de l'autre au nom de la république;

La permission aux femmes de juger les affaires particulières pour fait d'injures (*);

La défense de l'injure, du commerce étranger sans congé, et celle de révéler aux étrangers les dogmes ou les lois;

Les peines contre l'oisiveté, le larcin et le meurtre qui en sont les suites;

(*) On ne pouvoit appeler de leurs jugemens: on avoit enfin pour elles une extrême déférence. Il étoit dit, dans un traité fait entre les Gaulois et les Carthaginois, que si un Gaulois se plaignoit d'un Carthaginois pour des injures, l'affaire seroit portée devant le magistrat de Carthage; mais que si c'étoit un Carthaginois qui se plaignît, les femmes gauloises en seroient les juges. Nos mœurs semblent avoir remplacé les lois de nos ancêtres.

L'établissement des hôpitaux;

L'éducation des enfans qui étoient élevés en commun, hors de la présence de leurs parens;

Les devoirs qu'on devoit rendre aux morts. C'étoit honorer leur mémoire que de conserver leurs crânes, et de les faire border d'or ou d'argent, et de s'en servir pour boire.

Lorsque les sacrifices solennels étoient finis et les états séparés, les druides se retiroient dans les différens cantons où ils étoient chargés du sacerdoce; et là ils se livroient, dans le plus épais des forêts, à la prière et à la contemplation : ils n'avoient point d'autres temples, et croyoient que d'en élever, c'eût été renfermer la divinité qui ne peut être circonscrite.

Indépendamment des fonctions religieuses, de la législation et de l'administration de la justice, les druides exerçoient encore la médecine, où il entroit alors plus de pratiques superstitieuses que de connoissances physiques, c'est-à-dire, qu'ils étoient en possession de tout ce qui affermit l'autorité et subjugue les hommes, l'espérance et la crainte. Leur puissance a constamment subsisté jusqu'à la conquête des Gaules par les Romains, et ils continuèrent encore l'exercice de leur religion pendant près de soixante ans, jusqu'au temps où Tibère, craignant qu'elle ne fût une occasion de révolte, fit massacrer les prêtres druides, et raser les bois dans lesquels ils rendoient leur culte : je ne dois pas oublier de dire qu'il y avoit des fonctions du sacerdoce dont les femmes des druides étoient chargées; telle étoit la divination.

Après avoir exposé ce qui concerne la morale et la discipline des druides, il seroit à souhaiter que nous eussions un peu plus de connoissance de leurs dogmes que nous n'en avons; mais il me paroît que tout ce qu'on peut recueillir des différens auteurs qui ont parlé des druides, est qu'ils reconnoissoient l'immortalité de l'âme. Pomp. Méla dit : *Æternas esse animas, vitamque alteram ad manes*. Lucain est du même sentiment :

> . . . . . *Regit idem spiritus artus*
> *Orbe alio : longæ . . . . . vitæ*
> *Mors media est.*

César et Diodore de Sicile paroissent croire que le système des druides étoit celui de la métempsycose; il est vrai que les auteurs n'emploient pas assez de précision dans les jugemens qu'ils portent des religions anciennes ou étrangères, de sorte qu'ils donnent quelquefois comme un dogme commun à différens peuples, des opinions très-différentes entr'elles : c'est ainsi que l'on confond le dogme de l'immortalité de l'âme avec la métempsycose égyptienne et pythagoricienne.

La métempsycose exclut absolument l'idée d'une vie éternelle qui doit suivre celle-ci; en effet, si l'on dit que les âmes parcourent successivement plusieurs corps et passent indifféremment d'un animé dans un végétal, ce système sera celui de l'âme du monde et un pur matérialisme. Si l'on restreint la transmigration des âmes aux corps animés, on ne conçoit pas qu'on puisse regarder comme une substance numériquement et individuellement la même, une âme qui ne conserve pas dans les corps différens la mémoire d'un état antérieur et la *conscience*, c'est-à-dire, le sentiment d'une existence continue. Sans la *conscience*, une âme qu'on dit être la même en parcourant dix corps, sera dix êtres et dix âmes aussi distinctes l'une de l'autre que dix hommes qui vivent en même temps, et qui éprouvent des sensations différentes. Si l'âme d'Achille passe dans le corps de Tarquin ou de Lucrèce, cette âme ne sera pas plus alors celle d'Achille que celle de Thersite. Le système de la métempsycose n'est donc pas le même dogme que celui de l'immortalité de l'âme.

Une question plus importante est de savoir si les druides admettoient l'unité de Dieu; et je crois, malgré l'opinion commune, qu'on peut nier, ou du moins douter, qu'ils aient été polythéistes, du moins avant l'invasion des Romains. Commençons par fixer les sens des termes. L'idolâtrie consiste à rendre à des êtres créés et matériels le culte qui n'est dû qu'à Dieu; et le polythéisme à partager et multiplier la divinité. Or, il est d'abord certain que les druides n'étoient pas idolâtres, puisqu'ils n'avoient pas même de types représentatifs de la divinité; ils l'invoquoient dans des bois écartés, et n'avoient point de temples, parce qu'ils pensoient qu'il étoit injurieux à Dieu de prétendre le renfermer : c'étoit admettre son immensité jusqu'au scrupule, et cet attribut est absolument exclusif de la pluralité des dieux; les druides n'étoient donc ni polythéistes, ni idolâtres; je suis même persuadé qu'il n'y a jamais eu de polythéistes sans idolâtrie, ni d'idolâtrie sans images. Développons cette idée :

La première connoissance que les hommes ont eue de Dieu, a été et a dû être celle d'un être unique; mais les idées confuses qu'ils se sont formées de ses attributs, ont pu être la source de leurs erreurs : en voulant fixer ces idées et les communiquer à d'autres hommes, ils ont eu recours à des figures et des images sensibles; ces figures appliquées à un culte religieux, ont été une occasion d'idolâtrie et de polythéisme. La distinction de la représentation d'avec la chose représentée, n'est guère éclaircie dans l'esprit du peuple : chaque attribut a été pris pour un être complet, et la consécration des images les a fait insensiblement regarder comme étant devenues le siége de la divinité; je ne manquerois pas d'exemple de cette gradation d'idées grossières chez les peuples même où le nom d'idolâtrie est en horreur. Le second article du Décalogue, qui proscrit les figures dont l'abus est presqu'infaillible, est donc très-sage, si j'ose me servir d'une expression si foible en parlant de l'ouvrage de l'auteur de toute sagesse.

L'erreur où l'on est à l'égard des druides vient de ce que les payens ont pris dans leur propre religion les idées qu'ils se sont faites de celle des Gaulois; nous ne sommes pas assez instruits de cette religion pour savoir ce qu'on entendoit par Hesus, Teutates, etc.; mais nous le sommes assez pour penser que des hommes, qui ne représentent ni ne matérialisent la Divinité, ne doivent pas être regardés comme idolâtres; Tacite en convient en parlant des Germains qui suivoient la religion des Gaulois leurs aïeux, qui n'étoit pas autre que celle des druides; il dit : *Nulla simulacra ; nullum peregrinæ superstitionis vestigium ;* et dans un autre endroit : *Nec cohibere parietibus Deos, neque in ullam humani oris speciem assimilare ex magnitudine cœlestium arbitrantur. Lucos ac nemora consecrant, Deorumque nominibus appellant secretum illud quod solá reverentiá vident.*

On pourroit, dans une religion, admettre les figures et les représentations sans idolâtrie; mais il ne peut pas y avoir d'idolâtrie sans images. Quoique Tacite dise que les druides donnoient les noms de leurs dieux aux bois ou bosquets, *lucus, nemus,* dans lesquels ils rendoient leur culte, il parle d'après ses idées sur le polythéisme; mais il fournit lui-même les principes du raisonnement propre à les réfuter, puisqu'il rapporte des faits qui impliquent contradiction, dont les premiers, étant positifs, détruisent ceux qui ne sont que d'induction : c'est ainsi que les historiens les plus éclairés peuvent se tromper sur des mœurs, des lois ou des religions étrangères qu'ils n'approfondissent pas toujours, soit qu'ils ne s'y intéressent pas assez, ou qu'ils croient les avoir suffisamment examinées, ou qu'ils ne les regardent pas comme leur objet principal.

Les peuples des Gaules ont toujours conservé tant d'éloignement pour les figures religieuses, qu'ils ne les admirent pas non plus lorsqu'ils eurent embrassé le christianisme, de sorte que dans le temps où l'église grecque paroissoit avoir fait du culte des images une partie essentielle de la religion, le concile de Francfort se borne à recommander la vénération pour l'image de la croix, qui ne pouvoit induire en aucune erreur. L'abus qu'on avoit fait des images chez les Grecs avoit sa source dans l'ancienne idolâtrie, et peut-être dans leur goût pour la peinture et la sculpture.

Quelle que soit mon opinion sur les druides, je ne la crois pas incontestable; mais elle me paroît plus vraisemblable que l'opinion commune. Comme l'académie n'est point garant des opinions particulières de ses membres, elle a toujours également admis les mémoires les plus opposés; il n'y en a même aucun qui ne doive être contredit, du moins par voie d'examen, dans nos assemblées : c'est l'unique moyen d'éclaircir la vérité; et j'ai remarqué que ces discussions sont souvent plus utiles et plus intéressantes que les mémoires qui en sont l'objet; ainsi il me suffit d'avoir établi un doute raisonnable, toujours préférable à une erreur, et peut-être, en fait d'histoire, à une vérité mal prouvée.

FIN DU MÉMOIRE SUR LES DRUIDES.

MÉMOIRE
SUR
LES ÉPREUVES
PAR LE DUEL ET PAR LES ÉLÉMENS,

Communément appelées JUGEMENS DE DIEU.

CE ne sont pas toujours les points d'histoire traités par un plus grand nombre d'auteurs, qui sont les mieux éclaircis; les historiens sont souvent les échos les uns des autres. Un lecteur, après avoir parcouru une histoire, la retrouve à peu près la même dans un autre historien, ou, s'il y remarque quelques endroits opposés, il manque souvent de moyens pour discerner la vérité; ainsi il lira plusieurs auteurs, ou sans rien apprendre de nouveau, ou sans éclaircir ce qui sera douteux ou contradictoire.

Si les faits sont obscurs, on trouve encore moins de lumières sur ce qui concerne les usages d'une ancienne nation : l'obscurité qu'on rencontre à cet égard dans l'histoire, vient de ce que les auteurs qui écrivent celle de leur temps, ne s'avisent guère d'expliquer les usages connus auxquels sont relatifs les faits qu'ils rapportent; mais leurs ouvrages venant à passer à la postérité, et ces usages étant abolis ou changés, on trouve beaucoup d'obscurité dans des choses qui étoient fort claires pour des contemporains. C'est ainsi que la lettre la plus simple d'un ami à un autre seroit souvent un énigme pour un tiers.

Rien ne justifie mieux ma réflexion que l'histoire d'un peuple étranger. L'éloignement des lieux fait à notre égard le même effet que celui des temps; de là vient que ceux qui entreprennent d'écrire l'histoire d'une nation étrangère, commencent par nous donner une idée de ses mœurs et de ses coutumes : ils sentent que, sans cette connoissance, nous ne serions pas en état d'entendre la plupart des faits qu'ils ont à rapporter; et les écrivains entrent à ce sujet dans des détails d'autant plus grands que le peuple dont ils veulent parler est plus éloigné, et par conséquent plus étranger pour nous. L'éloignement des temps nous rend aujourd'hui notre propre nation étrangère, et nous ne connoissons qu'imparfaitement nos ancêtres. Les commentateurs cherchent en vain à dissiper ces ténèbres; avec beaucoup de travail et d'esprit ils nous donnent des conjectures, et non pas des lumières; peut-être même en coûteroit-il moins pour trouver la vérité, que pour former des conjectures aussi subtiles.

Parmi les coutumes qui ont régné anciennement dans la monarchie, il n'y en a peut-être point de plus singulières et de moins éclaircies que les épreuves dont on appuyoit le serment dans les affaires douteuses, soit civiles soit criminelles. Les juges déféroient alors le serment à l'accusé, qui, pour preuve de la vérité de son affirmation, subissoit quelques-unes des épreuves dont je vais parler. Ces jugemens étoient nommés *jugemens de Dieu*, parce que l'on étoit persuadé que l'événement de ces épreuves, qui auroit pu en toute autre occasion être imputé au hasard, étoit dans celle-ci un jugement formel par lequel Dieu faisoit connoître clairement la vérité en punissant le parjure.

Les auteurs qui parlent de ces épreuves, rapportent simplement des faits sans liaison, souvent contradictoires, et plus propres à faire naître les doutes qu'à les résoudre.

Je vais tâcher d'éclaircir ce point d'histoire; et, pour le traiter avec plus d'ordre, j'exposerai sommairement ce qui se pratiquoit dans les épreuves; j'examinerai ensuite quel jugement on en peut porter.

Lorsque les Romains s'emparèrent des Gaules, ils trouvèrent des peuples barbares, et qui, par conséquent, ne devoient pas être encore assez corrompus pour avoir beaucoup multiplié les lois, qui ne naissent qu'avec les crimes ; mais les Romains, qui vouloient que leur empire ne fût qu'un grand corps gouverné par un même esprit, portoient partout leurs lois avec leurs conquêtes ; ils y assujettirent les Gaulois, et ce fut peut-être à ces lois que ceux-ci durent la première connoissance des crimes, du moins des crimes réfléchis. D'ailleurs, ces barbares frappés d'admiration pour les Romains, voulurent les imiter ; ils cherchèrent à se polir, et le premier pas vers la politesse n'est que trop souvent contre l'innocence ; ils affectèrent le luxe de leurs vainqueurs, ils ne songèrent plus à secouer le joug, et ils devinrent polis et esclaves ; ainsi la Gaule étoit devenue toute romaine lorsque les Francs s'en emparèrent.

Les Francs, assez semblables aux anciens Gaulois, bornoient leurs lois à quelques usages qu'ils avoient reçus de leurs ancêtres : il suffit de jeter les yeux sur le code des lois antiques, pour juger de leurs mœurs ; tous les cas détaillés ou prévus ne sont que des larcins, des querelles, et tout ce qui peut naître de la violence.

Nos premiers rois, en conservant leurs usages,

laissèrent vivre suivant la loi romaine les Gaulois et les Romains, qui ne formoient alors qu'un peuple dans les Gaules.

Cependant le mélange des peuples fit qu'insensiblement les vainqueurs empruntèrent les lois des vaincus, et ceux-ci adoptant plusieurs usages des vainqueurs, il y en eut qui leur furent absolument communs: tels étoient ceux qui concernoient les épreuves comprises sous le nom général de *jugemens de Dieu*.

Les Francs, avant que d'avoir l'usage de l'écriture, et même depuis, se servoient plus, dans leurs procès, de témoins que de titres; mais, soit que le nombre des témoins ne fût pas suffisant, ou leur témoignage assez clair, les affaires paroissoient souvent douteuses : c'étoit dans ces occasions que l'on recouroit au serment et aux épreuves. Il y en avoit de bien des espèces; mais elles se rapportoient toutes à trois principales, savoir, le serment, le duel, et l'ordalie ou l'épreuve par les élémens.

Le serment, qu'on nommoit aussi *purgation canonique*, se faisoit de plusieurs manières. L'accusé (*) prenant une poignée d'épis, les jetoit en l'air en attestant le ciel de son innocence. Quelquefois, une lance à la main, il déclaroit qu'il étoit prêt à soutenir par le fer ce qu'il

(*) *Jurator vel sacramentalis.*

affirmoit par serment; mais l'usage le plus ordinaire et le seul qui subsista dans la suite, étoit de jurer sur un tombeau, sur des reliques, sur l'autel ou sur les évangiles.

Quand il s'agissoit d'une accusation grave, formée par plusieurs témoins, mais dont le nombre étoit moindre que celui que la loi exigeoit, ils ne pouvoient former qu'une présomption plus ou moins grande suivant le nombre des accusateurs. Ce cas étoit d'autant plus fréquent, que la loi, pour convaincre un accusé, exigeoit beaucoup de témoins. Il en falloit soixante-douze contre un évêque, quarante contre un prêtre, plus ou moins contre un laïque suivant la qualité de l'accusé ou la gravité de l'accusation. Lorsque ce nombre n'étoit pas complet, l'accusé ne pouvoit être condamné; mais il étoit obligé de présenter plusieurs personnes, ou le juge les nommoit d'office, et en fixoit le nombre suivant celui des accusateurs, mais ordinairement à douze (*); ces témoins attestoient l'innocence de l'accusé, ou, ce qui est le plus raisonnable de penser, certi-

(*) *Conjuratores, compurgatores vocabantur.* Vide decretum Childeberti regis. *Duodecim personis se ex hoc sacramento exuat:* Leges Burgund. tit. VIII. *Cum duodecim juret:* Leges Bojor. tit. VIII, parag. III. *Cum duodecim sacramentalibus juret de lite suâ:* Leges Frisonum, tit. XIV. *Suâ duodecimâ manu juret.*

fioient qu'ils le croyoient incapable du crime dont on l'accusoit, et par là formoient en sa faveur une présomption d'innocence capable de détruire ou de balancer l'accusation intentée contre lui. Nous trouvons dans l'histoire un exemple bien singulier d'un pareil serment.

Gontran, roi de Bourgogne, faisant difficulté de reconnoître Clotaire II pour fils de Chilpéric son frère, Frédégonde, mère de Clotaire, non-seulement jura que son fils étoit légitime, mais fit jurer la même chose par trois évêques et trois cents autres témoins; Gontran n'hésita plus à reconnoître Clotaire pour son neveu : s'il formoit des doutes, il n'étoit pas du moins fort difficile sur les preuves.

Quelques lois exigeoient que dans une accusation d'adultère, l'accusée fît jurer avec elle des témoins de son sexe. Étoit-ce, de la part de la loi, faveur ou sévérité?

On trouve aussi plusieurs occasions où l'accusateur pouvoit présenter une partie des témoins qui devoient jurer avec l'accusé, de façon cependant que celui-ci pût en recuser deux de trois. Mais comment un accusateur pouvoit-il fournir à son adversaire les témoins de son innocence? cela paroît d'abord contradictoire. Pour résoudre la difficulté, il suffit d'observer, comme nous l'avons déjà établi, que les témoins qui s'unissoient au serment de l'accusé, juroient simplement qu'ils le croyoient innocent, et fortifioient leur affirmation de motifs plus ou moins forts suivant la confiance qu'ils avoient en sa probité ; ainsi l'accusateur exigeoit que tels et tels qui étoient à portée de connoître les mœurs et le caractère de l'accusé, fussent interrogés ; ou bien l'accusé étant sûr de son innocence et de sa réputation, et dans des cas où son accusateur n'avoit point de témoins, il le défioit d'en trouver, en se réservant toujours le droit de récusation.

Il est certain que la religion du serment étoit en grande vénération chez ces peuples ; ils avoient peine à supposer qu'on osât être parjure ; mais, en louant ce sentiment, on ne sauroit assez admirer par quelles ridicules et basses pratiques ils croyoient qu'on pouvoit en éluder l'effet.

Le roi Robert voulant exiger un serment de ses sujets, et craignant aussi de les exposer au châtiment du parjure, les fit jurer sur une châsse sans reliques ; comme si le témoignage de la conscience n'étoit pas le véritable serment, dont le reste n'est que l'appareil. C'étoit avoir une idée bien grossière et bien fausse du Dieu d'esprit et de vérité.

Quelquefois, malgré le serment de l'accusé, l'accusateur persistoit dans son accusation ; alors l'accusateur, pour preuve de la vérité, et l'accusé pour preuve de son innocence, ou tous deux ensemble demandoient le combat. Il falloit y être autorisé par sentence du juge; s'il jugeoit *qu'il échéoit gage de bataille*, l'accusé jetoit un gage, qui, d'ordinaire, étoit un gant; ce gage étoit relevé par le juge ou par l'accusateur avec permission du juge; ensuite les combattans étoient constitués prisonniers, ou remis à la garde de gens qui en répondoient. Les gages étant reçus, les parties ne pouvoient plus s'accommoder que du consentement du juge, qu'ils n'obtenoient qu'avec peine, et en payant l'amende que le seigneur avoit droit de prétendre sur les biens ou la succession du vaincu. Si, avant le combat, l'un des deux s'enfuyoit, il étoit déclaré infâme, et convaincu du crime, ou d'accusation calomnieuse.

Le juge fixoit le jour, le lieu et la durée du combat, régloit et visitoit les armes; il faisoit deshabiller les combattans pour savoir s'il n'y avoit ni fraude ni charme; car on croyoit aussi aux charmes; il leur partageoit le soleil et l'avantage du champ de bataille.

Avant que d'entrer en lice, on déposoit les gages devant le juge, pour tenir lieu de l'amende du vaincu; on faisoit la bénédiction des armes avec des prières dont nous avons encore les formules, et les combattans, après s'être donné réciproquement plusieurs démentis, en venoient aux mains. Le temps du combat étant expiré, ou durant jusqu'à la nuit avec un succès égal, l'accusé étoit regardé comme vainqueur. La peine du vaincu étoit celle qu'eût mérité le crime dont il étoit question.

La preuve par le duel étoit ordinairement celle des nobles; mais les ecclésiastiques, les malades, les estropiés, les jeunes gens au-dessous de vingt-un ans, et les hommes au-dessus de soixante en étoient dispensés; quelquefois on le leur permettoit, et quelquefois on les obligeoit de faire combattre un champion à leur place.

Les champions (*) étoient des braves de profession, qui, pour une somme d'argent, entroient en lice pour quelqu'un dispensé du combat; les femmes en pouvoient aussi employer. Les champions étoient réputés infâmes; ils combattoient toujours à pied avec un habit et des armes qui leur étoient particulières. Celui qui les employoit restoit en ôtage; et si son champion restoit vaincu, l'un et l'autre subissoient la même peine. La condition des champions, dans quelques endroits, étoit encore plus

(*) Vide *Constit. Sic.* lib. II, tit. XXXVII. *Beaumanoir*, cap. LXI. *Assi Hierosol.* cap. XCVII, *et præsertim vetera urbis Ambianensis usatica, et consuetudinem Normanniæ*, cap. LXVIII. Vide *Statuta sancti Ludovici*.

dure; car ils avoient le poing coupé, ou étoient mis à mort, quoique celui qui les avoit employés en fût quitte pour une amende, quand il ne s'agissoit pas de crime capital. Le champion, qui avoit été vaincu, et à qui l'on avoit fait grâce, ne pouvoit plus combattre qu'à son corps défendant; ainsi, aucun ne pouvoit continuer cette profession que par une suite de victoires. L'accusé pouvoit seul employer un champion; car l'accusateur devoit combattre en personne.

Gontran, roi de Bourgogne, ayant trouvé dans une forêt un buffle nouvellement tué, un garde du bois en accusa un chambellan; celui-ci niant le fait, Gontran voulut que le duel en décidât, et obligea le chambellan, qui étoit âgé et infirme, de faire combattre en personne son neveu à sa place. Ce jeune homme blessa et terrassa le garde; mais voulant le désarmer, il s'enferra lui-même dans l'épée de son ennemi, et tomba mort: son oncle voulut s'enfuir; mais il fut arrêté et lapidé sur-le-champ. Cet exemple pourroit prouver que la peine du vaincu, comme parjure, étoit plus sévère que celle qu'eût méritée le crime dont il s'agissoit, d'autant qu'il ne paroît pas que celui du chambellan eût mérité la mort chez des peuples où la peine des crimes capitaux se rachetoit par des amendes.

Outre les dispenses de condition et d'état, il

y avoit quelques circonstances qui empêchoient le duel; elles sont rapportées dans les lois faites à ce sujet; mais rien ne pouvoit en dispenser quand on étoit accusé de trahison : les princes du sang même étoient obligés au combat (*).

La preuve par le duel étoit si commune et devint si fort du goût de ces temps-là, qu'après avoir été employée dans les affaires criminelles, on s'en servit indifféremment pour décider toutes sortes questions, soit publiques, soit particulières. S'il s'élevoit une dispute sur la propriété d'un fonds, sur l'état d'une personne; si le droit n'étoit pas bien clair de part et d'autre, on prenoit des champions pour l'éclaircir.

L'empereur Othon Ier, vers l'an 968, ayant consulté les docteurs pour savoir si en ligne directe la représentation devoit avoir lieu; comme ils étoient de différens avis, on nomma deux braves pour décider ce point de droit : l'avantage étant demeuré à celui qui soutenoit la représentation, l'empereur ordonna qu'elle eût lieu à l'avenir.

Les épreuves auxquelles recouroient ceux qui ne portoient pas les armes, étoient toutes comprises dans l'ordalie.

(*) Car li vilains cas sont si vilains, que nul épargnement ne dût être envers celi qui accuse. (*Voyez Beaumanoir*).

L'ordalie, terme saxon, ne signifioit originairement qu'un jugement en général; mais comme les épreuves passoient pour les jugemens par excellence, jusque-là qu'on les nommoit *jugemens de Dieu*, on ne l'appliqua qu'à ces derniers, et l'usage le détermina dans la suite aux seules épreuves par les élémens, et à toutes celles dont usoit le peuple.

La première et celle dont se servoient aussi les nobles, les prêtres et autres personnes libres qu'on dispensoit du combat, étoit la preuve par le fer ardent; c'étoit une barre de fer d'environ trois livres pesant; ce fer étoit béni avec plusieurs cérémonies et gardé dans une église qui en avoit le droit, car toutes ne l'avoient pas; et c'étoit une distinction aussi utile qu'honorable, car, avant que de toucher le fer, on payoit un droit à l'église où se faisoit l'épreuve.

L'accusé, après avoir jeûné trois jours au pain et à l'eau, entendoit la messe, il y communioit, et faisoit, avant de recevoir l'eucharistie, serment de son innocence; il étoit conduit à l'endroit de l'église destiné à faire l'épreuve, on lui jetoit de l'eau bénite, il en buvoit même; ensuite il prenoit le fer qu'on avoit fait rougir plus ou moins selon les présomptions et la gravité du crime, il le soulevoit deux ou trois fois, ou le portoit plus ou moins loin, suivant la sentence.

Pendant cette opération les prêtres récitoient les prières qui étoient d'usage ; on lui mettoit ensuite la main dans un sac que l'on fermoit exactement, et sur lequel le juge et la partie adverse apposoient leurs sceaux, pour les lever trois jours après; alors, s'il ne paroissoit point de marque de brûlure, où, ce qu'il est important de remarquer, suivant la nature et à l'inspection de la plaie, l'accusé étoit absous, ou déclaré coupable.

La même épreuve se faisoit encore en mettant la main dans un gantelet de fer rouge, ou en marchant sur des barres de fer jusqu'au nombre de douze, mais ordinairement de neuf.

L'épreuve par l'eau bouillante se faisoit avec les mêmes cérémonies, en plongeant la main dans une cuve, pour y prendre un anneau qui y étoit suspendu plus ou moins profondément.

Le pape Etienne V condamna toutes ces épreuves comme fausses et superstitieuses, et Frédéric II les défendit comme folles et ridicules.

L'épreuve par l'eau froide, qui étoit celle du petit peuple, se faisoit assez simplement. Après quelques oraisons prononcées sur le patient, on lui lioit la main droite avec le pied gauche, et la main gauche avec le pied droit, et dans cet état on le jetoit à l'eau ; s'il surnageoit on le traitoit en criminel ; s'il enfonçoit il étoit déclaré innocent. Sur ce pied-là il devoit se trouver peu de coupables, parce qu'un homme ne pouvant faire aucun mouvement, et son volume étant d'un poids supérieur à un égal volume d'eau, il doit nécessairement enfoncer. On n'ignoroit pas sans doute un principe de statique aussi simple et d'une expérience si commune; mais la simplicité de ces temps-là attendoit toujours un miracle, qu'ils ne croyoient pas que le ciel pût leur refuser pour faire connoître la vérité. Il est vrai que dans cette épreuve le miracle devoit s'opérer sur le coupable, au lieu que dans celle du feu il devoit arriver dans la personne de l'innocent.

L'épreuve par l'eau froide étoit en usage dès le neuvième siècle, puisque Louis-le-Débonnaire la défendit par un capitulaire exprès de 829 (*). Cependant, quelque temps après, elle reprit faveur, et continua d'être pratiquée jusqu'en 1215, qu'elle fut absolument défendue par le concile de Latran. Dans le seizième siècle elle recommença en Westphalie d'où elle repassa insensiblement en France; le parlement de Paris la défendit par un arrêt de la Tournelle, du 1.er décembre 1601. On dit qu'on en trouve encore des vestiges, mais non pas juridiques, dans quelques

---

(*) *Ut examen aquæ frigidæ, quod hactenùs faciebant à missis nostris omnibus interdicatur, ne ulteriùs fiat.* Conc. tom. VII, 1587, p. 667.

provinces. Il est encore parlé, dans les lois anciennes, de l'épreuve de la croix et de celle de
l'eucharistie.

Dans l'épreuve de la croix (*), les deux parties se tenoient devant une croix les bras élevés ;
celle des deux qui tomboit la première de lassi-
tude, perdoit sa cause. L'empereur Lothaire la
défendit.

L'épreuve par l'eucharistie se faisoit en recevant la communion. Le pape Adrien II la fit faire
à Rome par Lothaire, roi de Provence et de Lor-
raine, et par les seigneurs françois qui l'accompagnoient. Ce prince jura avec eux, en recevant
la communion (**), qu'il avoit renvoyé Waldrade
sa concubine, ce qui étoit faux. On attribua à
ce parjure sacrilége la mort de Lothaire, qui arriva un mois après, en 868. Cette épreuve fut abo-
lie par le pape Alexandre II.

Il est inutile de rapporter tous les sorts différens qui furent alors en règne ; il sera aisé de
leur faire l'application de ce que nous dirons au
sujet des épreuves que je viens d'exposer.

Nos anciennes histoires sont remplies de ces
épreuves, et l'on sent que les auteurs qui adop-

(*) *Ad crucem cadere, crucem vindicare, ad crucem stare; cruce contendere.* Vide Leges Frisonum.

(**) *Corpus Domini sit mihi in probationem hodie.* Gratian. Conc. Worm. cap. XV.

tent de pareils faits, n'ont pas dessein d'en affoiblir le merveilleux. Mais quel jugement devons-nous porter de ces prétendus miracles ? que devons-nous penser de l'effet et du principe ?

Ces épreuves se trouvent dans un trop grand nombre d'auteurs contemporains; il en est trop souvent parlé dans nos anciennes lois, pour qu'on puisse douter qu'elles ne soient rapportées, sinon telles qu'elles se passoient en effet, du moins telles qu'elles paroissoient se passer, et telles qu'on les croyoit communément. Elles étoient ordonnées par les lois civiles, elles étoient tolérées par les lois ecclésiastiques; mais tout ce qui concourt à les établir, est ce qui conduit à en trouver le dénouement.

Ce qui arrivoit étoit-il surnaturel ? étoit-ce l'ouvrage de l'artifice et de l'ignorance ? Pour se déterminer, je crois qu'il suffit d'observer ce qui leur a donné naissance, la manière dont elles se pratiquoient; comment elles ont fini, et les vestiges qui s'en trouvent encore aujourd'hui.

Parmi les différentes épreuves qui étoient en usage, on doit distinguer celles dont la pratique est naturelle, celles qui supposent du surnaturel.

Lorsque, dans les affaires douteuses on déféroit le serment à l'accusé, il n'y avoit rien que de raisonnable et d'humain. Dans le risque de condamner un innocent, il étoit juste d'avoir recours à son affirmation, et de laisser à Dieu la vengeance du parjure. Cet usage subsiste encore parmi nous; il est vrai que nous l'avons borné à des cas de peu d'importance, parce que notre propre dépravation nous ayant éclairés sur celle des autres, nous a fait connoître que la probité des hommes tient rarement contre de grands intérêts.

Quant au duel, il n'y avoit dans l'exécution nul caractère sensible de miracle; il étoit naturel qu'un homme triomphât d'un autre; la superstition ne consistoit qu'à regarder la victoire comme la preuve de l'innocence, ou de la vérité de l'accusation, sans songer que le droit et la raison ne dépendent ni de la force ni de l'adresse. Lorsque deux combattans périssoient, l'accusé étoit censé convaincu, et l'on supposoit apparemment que Dieu punissoit quelque crime secret de l'accusateur.

Plusieurs de ceux qui étoient sortis vainqueurs du combat, furent dans la suite reconnus coupables; mais la loi défendoit de rechercher pour le même fait ceux qui avoient subi l'épreuve. Il semble du moins qu'on auroit dû se détromper de cette épreuve; mais les erreurs les plus absurdes trouvent toujours des défenseurs.

Un certain Ansel ayant volé des vases sacrés

dans l'église de Laon, un marchand qui les avoit achetés, avec serment de tenir le vol secret, fut effrayé de l'excommunication qui fut lancée à ce sujet. Ce recéleur timoré alla dénoncer Ansel; celui-ci fit serment de son innocence, et, pour la prouver, offrit de combattre son dénonciateur : Ansel sortit vainqueur du combat, et par conséquent innocent. Quelque temps après, encouragé par le succès ou entraîné par l'habitude, il vola la même église, et fut convaincu; il avoua même le vol précédent. Les casuistes du duel furent consultés ; ils n'avoient pas l'esprit assez juste pour être détrompés, ni même embarrassés ; ils répondirent avec assurance que le marchand avoit été puni pour avoir trahi le serment qu'il avoit fait à Ansel. Il semble qu'un tel événement, et encore plus les raisonnemens des docteurs, auroient bien dû ramener les esprits ; cependant l'épreuve soutint son crédit.

Que les événemens soient suivis ou opposés, l'opinion ne manquera jamais d'expliquer ce qui arrête la raison. Si l'innocent est persécuté, c'est Dieu qui éprouve; si le coupable devient malheureux, c'est Dieu qui châtie : le préjugé téméraire sonde et dévoile les décrets divins, que le vrai philosophe adore comme impénétrables.

Rien ne fortifie le préjugé comme un ancien usage.

Les Francs et tous les peuples qui vinrent du Nord, étoient des barbares sans police, sans éducation, n'ayant que l'exercice des armes, accoutumés à la guerre qui faisoit leur unique profession, à charge par leur nombre à leur propre pays qui ne pouvoit les nourrir tous, et par conséquent destinés à la violence et à l'usurpation, autant par la nécessité que par leurs mœurs féroces; ces peuples ne reconnoissoient de droit que celui de l'épée. Leurs descendans, en se policant, conservèrent toujours quelque chose des mœurs de leurs pères. Les droits de l'épée leur furent toujours chers: c'étoit le génie de la nation, et l'épreuve du duel fut celle qui subsista plus long-temps; mais une aventure qui arriva sous le règne de Charles VI la fit absolument défendre.

La femme d'un chevalier, nommé Carrouge, fut violée par un homme masqué; elle crut cependant le reconnoître, et accusa un chevalier nommé Le Gris. Carrouge fit ajourner Le Gris, et le parlement déclara qu'il *échéoit gage de bataille*. Les deux chevaliers combattirent en présence des juges; Le Gris fut blessé et terrassé; mais comme il persistoit toujours à soutenir son innocence, Carrouge le tua; ce qui étoit permis au vainqueur. Quelque temps après, un homme, au lit de la mort, déclara qu'il étoit coupable du crime dont Le Gris avoit été faussement accusé.

Cet exemple, précédé de plusieurs autres, fit enfin proscrire le duel; du moins il cessa d'être juridique, quoiqu'on en trouve encore quelques-uns d'autorisés sous François I.er et sous Henri II.

Oserois-je suivre ici les progrès de cet usage? Suivant toutes les apparences, la première origine du duel n'a pas été juridique. Un homme, accoutumé à se servir de son épée, a-t-il été accusé de quelque crime dans une querelle particulière, il a eu recours aux armes, sans doute pour venger son injure, plutôt que pour prouver son innocence. Quand il est sorti vainqueur du combat, on a été plus circonspect à lui faire quelque reproche : insensiblement, et par un sentiment secret de crainte ou d'admiration, on l'a jugé innocent, on a cru qu'il étoit naturel que le ciel favorisât la bonne cause; on a dans la suite regardé ce pressentiment comme un jugement infaillible; le courage de l'innocent outragé en est devenu plus vif, et c'est un grand pas vers la victoire : plusieurs succès favorables ont fait adopter ce sentiment par les lois, qui d'ailleurs se prêtoient au génie de la nation; et ce n'a été qu'une expérience réitérée de faux jugemens portés sur ce principe, qui a fait proscrire le duel par les lois. Mais le génie d'un peuple ne change que bien difficilement, et c'est sans doute à ces anciennes mœurs qu'on doit rapporter la fureur des duels, que la sagesse et la sévérité de nos rois ont eu tant de peine à réprimer, et dont il reste toujours un levain dans le cœur de ceux qui sont destinés aux armes : ils croient que l'épée est le seul moyen noble qu'ils aient pour décider les querelles qu'on appelle de point d'honneur.

D'ailleurs, ce point d'honneur, quelquefois chimérique, peut avoir l'avantage d'entretenir une certaine sensibilité d'âme plus généreuse et plus puissante que le simple devoir; il a même mérité d'avoir un tribunal particulier et respectable, dont les décisions promptes et sages ne font acheter la justice ni par les longueurs ni par les frais, et qui, en conservant les droits d'un honneur délicat, en préviennent les effets dangereux.

Voilà l'idée la plus raisonnable qui m'ait paru résulter des monumens historiques sur l'origine, les progrès et la fin des épreuves par le duel.

Il n'en est pas ainsi des différentes ordalies, ou épreuves par les élémens.

Tant de merveilles qu'on nous raconte, peuvent-elles être naturelles? comment tant de personnes se trompoient-elles? comment ces épreuves auroient-elles eu si long-temps cours, s'il n'y eût pas eu quelque chose de surnaturel? c'est ainsi que parlent les amateurs du merveilleux. Mais ce qu'ils prennent pour des preuves, ne sont que des raisons de douter; en recourant au miracle, on se croit dispensé de donner des preuves, et ce privilége n'est peut-être pas si flatteur qu'on pourroit se l'imaginer. Il est plus aisé de croire que d'expliquer; cependant c'est faire injure à la raison, que d'adopter le surna-turel avant que d'avoir épuisé toutes les voies naturelles par lesquelles une chose peut arriver; et si l'on ne trouve rien qui satisfasse pleinement, ce n'est pas encore un motif suffisant pour admettre le surnaturel : les bornes de notre esprit ne sont pas celles de la nature. Le miracle, aussi bien que les effets physiques, doit avoir ses preuves, quoique d'un genre différent; il faut du moins établir la nécessité du surnaturel. C'est profaner la foi que de l'appliquer à des matières qui n'ont pas été destinées à en être l'objet.

Les épreuves n'étoient point approuvées par l'église. Si l'on trouve un canon du concile de Tivoli en 895 qui les tolère, c'étoit pour ne pas heurter absolument les lois civiles qui les ordonnoient. Dès le commencement du neuvième siècle, Agobard, archevêque de Lyon, écrivit avec force contre cet usage (*). Yve de Chartres, dans

(*) *Contra damnabilem opinionem putantium divini*

le onzième siècle, les a attaquées, et il cite à ce sujet une lettre du pape Étienne V à Lambert, évêque de Mayence, qui est aussi rapportée dans le décret de Gratien. Les papes Célestin III, Innocent III et Honorius III réitérèrent ces défenses (*). Nous voyons enfin que l'église en général, bien loin d'y reconnoître le doigt de Dieu, les a toujours regardées comme lui étant injurieuses et favorables au mensonge. A l'égard de ceux qui les ont attribuées au démon, en supposant leur bonne foi, et respectant leur simplicité, je me dispenserai de les combattre, et je me bornerai à prouver que les épreuves, quelque singulières qu'elles paroissent, étoient l'ouvrage des hommes, et par conséquent de l'artifice et de l'ignorance.

Le merveilleux disparoîtroit de toutes les épreuves, pour peu que l'on fît attention aux circonstances du fait, aux idées différentes qu'en avoient les contemporains, et au peu de considération que méritent la plupart de ceux qui les rapportent.

Nous accordons souvent notre confiance à des historiens à qui leurs contemporains l'auroient refusée. Qu'un auteur aujourd'hui, sans être

judicii veritatem, igne, vel aquis, vel conflictu armorum patefieri. Agob. tom. I, édit. Baluz.

(*) Lib. V, Decret. tit. V *de Purgatione vulgari.*

sorti du fond de la Bretagne, entreprit, sur des relations vagues et populaires, d'écrire l'*Histoire du fanatisme des Cévennes*, et prétendît être cru, sous prétexte d'avoir vécu dans le même siècle et dans le même royaume, nous ferions assurément peu de cas de ses prétentions : nous ne devons pas donner plus de croyance aux fables ridicules des épreuves arrivées dans les temps d'ignorance et de superstition, sur le témoignage peu uniforme d'auteurs qui n'ont pas eu les mêmes avantages que l'écrivain que je viens de supposer ; mais dans l'histoire, comme dans l'optique, l'éloignement rapproche les objets entr'eux.

D'ailleurs, plusieurs historiens ne rapportent pas ces faits comme certains, mais comme l'histoire de la croyance vulgaire ; les faits sont souvent contradictoires, ou accompagnés de circonstances bien capables d'affoiblir la foi du prodige. Le prétendu merveilleux des épreuves les plus célèbres dans ces temps, trouvoit dès lors des contradicteurs ; insensiblement les yeux s'ouvrirent : des accusés, qu'on eût pu autrefois contraindre juridiquement à subir ces épreuves, les refusèrent hautement.

George Logothète parle d'un homme qui, dans le treizième siècle, refusa de subir l'épreuve du feu, disant qu'il n'étoit point charlatan; l'archevêque ayant voulu lui faire quelqu'instance à ce sujet, il lui répondit qu'il prendroit le fer ardent, pourvu qu'il le reçût de sa main : le prélat, trop prudent pour accepter la condition, convint qu'il ne falloit pas tenter Dieu.

C'est ainsi que les épreuves ne pouvoient réussir que pour ceux qui y avoient foi. Ce qui est un miracle aux yeux d'un homme, seroit pour un autre un artifice et une chose fort naturelle. Rien ne porta plus d'atteinte aux épreuves, que celle qui fut tentée à Constantinople, sous Andronic, fils de Michel Paléologue. Le clergé étoit divisé sur l'élection du patriarche et sur plusieurs autres articles. Les deux partis convinrent d'écrire leurs raisons chacun dans un cahier séparé; que les deux cahiers seroient ensuite jetés au feu; et que celui qui échapperoit aux flammes, donneroit gain de cause à son parti. La cérémonie se passa de bonne foi de part et d'autre; aussi l'événement fut-il fort simple : les deux cahiers furent consumés; et les ecclésiastiques, honteux du succès, n'osèrent plus autoriser de pareilles épreuves, qui, cependant, ne s'abolirent pas encore partout. Si cette épreuve n'eût pas été aussi publique, les parties intéressées auroient tâché de la tenir cachée, ou d'y donner une explication; c'est ce qui arrivoit dans les épreuves particulières, où l'ignorance et l'artifice entretenoient la superstition.

Une autre épreuve, qui se fit avec le plus grand appareil en 1103, fut celle de Luitprand, prêtre de Milan. Il accusa de simonie Grosulan, son archevêque, et offrit de prouver la vérité de son accusation en traversant un bûcher allumé. Il y entra, dit-on, au travers des tourbillons de flammes qui se divisoient devant lui, et en sortit aux acclamations du peuple. On remarqua simplement que sa main avoit reçu quelqu'atteinte du feu en jetant de l'eau bénite et de l'encens dans le bûcher, et qu'il avoit eu le pied froissé. Il semble qu'on ne devoit pas chicaner un homme qui, après avoir traversé un large bûcher où il devoit périr, en étoit quitte à si bon marché; cependant cette épreuve fut jugée insuffisante à Rome, le pape renvoya l'archevêque absous, et Luitprand se retira dans la Walteline; c'est ce qui me fait penser qu'on ne fut pas si frappé de cette prétendue merveille. En effet, interprétons un peu ce récit, diminuons la grandeur du bûcher et la vivacité du feu, augmentons la plaie de la main et du pied de Luitprand, et regardons sa retraite dans la Walteline comme un exil de la part du pape, prononcé contre un fanatique; nous serons à peu près au vrai, sur-tout sachant que cette épreuve est rapportée par Landolfe, le jeune, neveu de Luitprand, qui aura voulu présenter le tout à l'avantage de son oncle. Il paroît que Pierre Ignée et Luitprand ont été fabriqués sur le même modèle.

Souvent le même fait est attribué à différentes personnes. Cunégonde, femme de l'empereur Henri II, étant accusée d'adultère, se justifia, dit Baronius, en prenant des fers rouges comme un bouquet de fleurs. D'autres font faire cette épreuve par Cunilde, femme de l'empereur Henri III. Quelle certitude doivent avoir sur le fait ceux qui ne s'accordent pas sur la personne? C'est ce qui fait voir que la plupart de ces histoires étoient écrites d'après une tradition vague et populaire.

On peut objecter qu'à la vérité les anciens historiens ont écrit beaucoup de fables; mais que ces fables même servent cependant de preuves au fonds de l'histoire. Il y a eu plusieurs épreuves faites pour des affaires d'état, devant des personnes qui avoient intérêt, droit et pouvoir de les éclaircir. Il falloit que ces épreuves fussent vraies pour donner occasion de les prescrire par des lois, au point que Charlemagne les ordonna par un capitulaire exprès de 808.

A l'égard de la raison qu'on tire des lois qui les ont autorisées, il suffit de répondre qu'elle est pleinement détruite par la raison qui les a fait proscrire, d'autant plus que la dernière naissoit de la réflexion et de l'expérience.

Mais enfin, pour montrer le peu d'avantage qu'on peut tirer des épreuves qu'on dit avoir été faites avec plus d'éclat, examinons celle qui fut faite, devant Lothaire, en faveur de la reine Thetberge, accusée d'adultère incestueux avec un de ses frères; l'époque en est d'autant plus importante, que ce ne fut qu'environ cinquante ans après le capitulaire de Charlemagne en faveur des épreuves, et dans le plus fort de leur crédit.

Un homme prouva l'innocence de la reine, en faisant l'épreuve de l'eau bouillante sans se brûler. Les évêques déclarèrent Thetberge innocente, et Lothaire la reprit : deux ans après, elle avoua le même crime dont elle avoit été si parfaitement justifiée. Le roi qui aimoit Waldrade, sa concubine, et qui ne cherchoit qu'une occasion de divorce avec la reine, la crut sur sa parole, et fit casser son mariage par quelques évêques, qui assurèrent dans le second concile d'Aix-la-Chapelle, que toutes ces épreuves n'étoient que des artifices propres à confondre le vrai et le faux (*).

Tout le monde n'eut pas la même foi pour la

(*) *Adinventiones humani arbitrii, in quibus sæpissimè per maleficia falsitas locum obtinet veritatis.*

reine, et il y a peu de femmes à qui on la refuse en pareille occasion.

Hincmar soutint qu'on devoit s'en rapporter à l'épreuve qui avoit été faite, et composa à ce sujet son *Traité du divorce de Lothaire et de Thetberge*. Les raisonnemens qui furent faits à l'occasion de cette épreuve, sont encore plus admirables; les docteurs, pour en soutenir l'honneur, sacrifioient celui de la raison, et prétendoient que celui qui l'avoit faite, avoit été préservé du feu, parce que la reine s'étoit confessée auparavant. D'autres disoient qu'en faisant serment de son innocence, la reine avoit détourné son intention sur un autre de ses frères qui n'étoit pas coupable. Hincmar n'adopta pas à la vérité ces explications; mais il soutint toujours la validité de l'épreuve; cependant, quelque temps après, il refusa au moine Gottescale, condamné par un synode, la permission de se justifier par le feu; ce qui prouve qu'il ne croyoit pas les épreuves infaillibles, à moins qu'il ne craignît que l'épreuve ne démentît le synode.

Il faut convenir que, dans les disputes qui s'élevèrent alors au sujet des épreuves, les raisons qu'on alléguoit de part et d'autre étoient de la même force; c'étoit une logique bien singulière. Les adversaires de Hincmar lui objectoient, au sujet de l'épreuve par l'eau froide, que, bien loin que les coupables dussent surnager, ils avoient été ensevelis sous les eaux du déluge; que Pharaon l'avoit été pareillement dans la Mer Rouge. Hincmar répond que, depuis que les eaux du baptême ont chassé le démon, l'eau sanctifiée ne peut recevoir ce qui est coupable et impur. Quoique la question fût assez mal discutée, on voit du moins que, dans ce temps même de crédulité, la foi des épreuves n'étoit pas uniforme, et que plusieurs évêques les regardoient comme un artifice.

Il seroit inutile de rapporter un plus grand nombre de faits; vouloir examiner tous ceux de cette nature, ce seroit discuter d'anciennes légendes aussi peu dignes de critique que d'apologie. Il suffit d'avoir développé le ridicule, l'ignorance et l'artifice de plusieurs épreuves qui eurent le plus de crédit : Nous devons juger dès-là que toutes les autres se réduiroient à aussi peu de chose, si nous étions instruits des circonstances qui nous en donneroient le dénouement, et les feroient regarder comme des fables ridicules.

J'ajouterai encore que plusieurs de ceux qui demandoient les épreuves, pouvoient connoître les drogues qui empêchent l'effet du feu, et qui sont fort communes (*). Nous voyons d'ailleurs

(*) Mélange de pur esprit de soufre, sel ammoniac, esqu'on faisoit chauffer le fer plus ou moins, suivant la gravité de l'accusation ; n'étoit-ce point aussi suivant le crédit et la générosité de l'accusé ? Ne pouvoit-on pas employer assez de temps dans les prières, l'aspersion et les autres cérémonies, pour laisser refroidir le fer de façon qu'on pût le toucher impunément ?

Il étoit de l'intérêt des lieux privilégiés où les fers destinés aux épreuves étoient gardés, que ces usages subsistassent ; c'étoit un droit utile : on entretient souvent par intérêt des superstitions que l'ignorance a fait naître.

Dans l'épreuve par l'eau froide, il y avoit des patiens chargés d'une si grande quantité de cordes, qu'elles étoient suffisantes pour les faire surnager ; cette circonstance se trouvant principalement dans les épreuves de ceux qu'on jugeoit les plus coupables ; l'événement favorisoit le préjugé, et entretenoit la superstition.

Il n'est pas inutile d'observer qu'il y avoit beaucoup d'accusés dont la condamnation intéressoit foiblement le public, qui gagnoit au contraire un prodige à leur justification. Il est souvent parlé de femmes accusées d'adultère ; c'est-à-dire, qui n'ont qu'un homme pour partie, et qui trouvent dans tous les autres des juges fort in-

ence de romarin et suc d'oignon. (*Voyez le Journal des Savans de 1680*.) Il y a encore d'autres compositions.

dulgens; il étoit naturel que le prodige s'opérât en leur faveur.

Mais, dira-t-on, tous ne subissoient pas l'épreuve avec succès. Je réponds que si un miracle étoit continuel, il perdroit tout crédit; les plus malheureux, à cet égard, pouvoient bien n'être pas les plus coupables: il étoit même assez naturel qu'un innocent superstitieux y apportât moins de précaution. D'ailleurs, on étoit quelquefois obligé de subir l'épreuve à toute rigueur, soit faute de crédit, soit parce que les accusateurs examinoient avec trop de soin pour qu'on eût pu user de fraude; dans ce cas on se brûloit immanquablement, mais il restoit encore une ressource. Nous voyons dans les auteurs, et je l'ai rapporté, qu'après l'épreuve par le feu, on renfermoit dans un sac la main de celui qui l'avoit subie, pour examiner trois jours après l'effet de la brûlure; d'où il est aisé de juger que ce qui devoit d'abord se décider par un miracle formel, dépendit dans la suite d'une espèce d'augure qu'on avoit la faculté d'interpréter. Ce furent de telles fraudes et de telles puérilités qui firent enfin regarder ces épreuves comme fausses, ridicules et plus propres à favoriser le crime qu'à justifier l'innocence.

Chaque siècle a ses folies et ses erreurs, le commun des hommes pense d'après le génie de son siècle; mais lorsque l'ivresse en est passée, on est surpris à quel point on a été dupe : la superstition et le goût pour le merveilleux, ont toujours été les maladies incurables de l'esprit humain. Parmi le vulgaire, et il y en a de tous les états, un homme qui a cru voir un prodige, s'en estime infiniment plus; ceux à qui il le raconte, l'écoutent avec avidité : ils croient du moins en le publiant, participer à l'honneur : ces sortes de gens en voient souvent, parce qu'ils voient les choses comme ils les désirent; et dans les fables qu'ils racontent, ce sont des menteurs de la meilleure foi. Dans le fort du fanatisme, les personnes raisonnables n'osent ou ne daignent contredire; voilà précisément ce qui arrivoit dans les épreuves. Les hommes ont toujours aimé à prendre le sort pour arbitre, et les peuples les plus anciens on eu leurs épreuves (*); elles sont encore en usage dans les royaumes de Congo, Matamba et Angola. Ce n'est pas que ces nations aient pris ces usages des anciens peuples; mais il y a dans l'esprit humain des germes universels de folie qui éclosent d'eux-mêmes.

(*) Voyez l'*Antigone* de Sophocle; Eustathius lib. VIII et IX *de Amoribus Ismeniæ et Ismenis*; Tatius lib. IX. *de Amoribus Clitoph. Histoire naturelle et politique de Siam*; Paris, 1688. *Description de l'Afrique de* Draper, *Anglia Sacra*, Londres, 1691.

Au royaume de Thibet, lorsque deux parties sont en procès, on jette dans une chaudière d'eau bouillante deux pièces, l'une blanche et l'autre noire. Les deux parties plongent ensemble le bras dans l'eau; celui qui rencontre la pièce blanche gagne son procès, et pour l'ordinaire ils sont tous deux estropiés. Nous admirons avec raison leur stupide superstition, sans faire réflexion que ce qui se pratiquoit autrefois parmi nous, n'étoit pas plus merveilleux, mais que nous étions aussi barbares. Nous serions encore heureux, si les lumières que nous avons acquises, en nous détrompant de nos anciennes erreurs, nous en faisoient éviter de nouvelles.

FIN DU MÉMOIRE SUR LES ÉPREUVES.

MÉMOIRE
SUR
LES JEUX SCÉNIQUES
DES ROMAINS,

Et sur ceux qui ont précédé en France la naissance du poëme dramatique.

IL n'y a point de peuple qui n'ait eu ses spectacles : la Grèce en eût dès son origine, et les Romains en avoient lorsqu'ils n'étoient encore qu'une troupe de proscrits, et avant que des succès leur eussent mérité le titre de conquérans.

Romulus avoit à peine tracé l'enceinte de Rome, qu'il invita à des jeux les Sabins et les autres peuples voisins : et c'est à ces premiers jeux qu'on doit rapporter l'origine du cirque et de l'amphithéâtre. Je n'examinerai point les divers progrès de tous les spectacles de Rome; laissant à part ceux du cirque, j'exposerai simplement l'origine et la division des jeux scéniques.

Les jeux qui naissent de la force et de l'adresse, sont toujours les premiers connus d'un peuple naissant. Tout ce qui a rapport aux exercices du corps, plaît et devient nécessaire, avant qu'on ait la moindre idée des talens de l'esprit, qui ont besoin d'une longue suite de temps, pour être cultivés; au lieu que les combats, les joutes, les courses parviennent bientôt à la gloire dont ils sont susceptibles, et sont presqu'aussitôt perfectionnés qu'imaginés; mais il y avoit près de quatre siècles que Rome étoit florissante, lorsqu'on y reçut la première idée des jeux scéniques.

Ce n'est pas que la poésie ne fût déjà connue des Romains; on la vit naître chez eux, comme chez les Grecs, à l'occasion de la moisson, des vendanges, et de tout ce qui inspire la joie aux habitans de la campagne. Ils se livroient alors au plaisir, et chantoient dans leurs transports ces vers naïfs et sans art, connus sous le nom de *vers fescennins*, de Fescennia, ville d'Étrurie. Les louanges des dieux en faisoient d'abord la matière; mais on y mêla dans la suite des railleries grossières.

Ces poënies informes appelés *satires*, à cause de la diversité des sujets qui s'y traitoient, passèrent de la campagne à la ville, et y devinrent par conséquent moins grossiers et plus vicieux. Tout fut l'objet de cette licence, qui fut portée au point qu'elle excita souvent l'attention des magistrats et la sévérité des lois. Cependant, le goût de ces satires se conserva toujours à Rome; et la perfection du poëme dramatique, qui auroit dû naturellement les faire oublier, ne put jamais les proscrire. C'est de ce poëme imparfait, que la satire, inventée par Ennius, cultivée par Lucilius, et perfectionnée par Horace, emprunta son nom : telle a été la naissance de la poésie. Les arts qui, dans la suite, ont exigé le plus de délicatesse, ne sont pas ceux qui peuvent se glorifier le plus de leur origine. Les Romains étoient encore bien éloignés alors d'avoir des jeux scéniques : et, si l'on s'étonne qu'ils aient été si long-temps sans les connoître, on doit être encore plus surpris de ce qui leur donna naissance.

L'an 390 ou 391 de sa fondation, sous le consulat de C. Sulpitius Pœticus et de C. Licinius Stolon, Rome étant ravagée par la peste, on eut recours aux Dieux. Il n'y a rien que les hommes, dans le paganisme, n'aient jugé digne d'irriter ou d'appaiser la divinité. On imagina de faire venir d'Étrurie des farceurs, dont les jeux furent regardés comme un moyen propre à détourner la colère des dieux. Ces joueurs, dit Tite-Live (*), sans réciter aucun vers, et sans aucune

(*) *Sine carmine ullo, sine imitandorum carminum actu, ludiones ex Etruriâ acciti; ad tibicinis modos sal-*

imitation faite par des discours, dansoient au son de la flûte, et faisoient des gestes et des mouvemens qui n'avoient rien d'indécent. La jeunesse romaine imita ces danses, et y joignit quelques plaisanteries en vers, qu'ils se disoient les uns aux autres : ces vers n'avoient ni mesure ni cadence réglées. Cependant, cette nouveauté parut agréable ; à force de s'y exercer, l'usage s'en introduisit ; ceux d'entre les esclaves qu'on employoit à ce métier, furent appelés *histrions*, parce qu'un joueur de flûte s'appeloit *hister* en langue étrusque. Dans la suite, à ces vers sans mesure, on substitua les satires ; et ce poëme devint exact, par rapport à la mesure des vers ; mais il y régnoit toujours une plaisanterie li-

tantes, haud indecoros motus, more Tusco, dabant. Imitari deinde eos juventus, simul inconditis, inter se jocularia fundentes, versibus cœpere ; nec absoni à voce motus erant. Quia hister Tusco verbo vocabantur, nomen histrionibus inditum ; qui non sicut ante fescennino versu similem, incompositum, temere ac rudem alternis jaciebant ; sed impletas modis satiras, descripto jam ad tibicinem cantu, motuque congruenti peragebant. Livius post aliquot annos, qui ab satiris ausus est primus argumento fabulam serere, idem scilicet, id quod omnes tum erant, suorum carminum actor ; dicitur, etc. T. Liv. L. VII. cap. II. Décad. I. Je me propose d'éclaircir, ou du moins de discuter la suite de ce passage, dans un mémoire sur la déclamation notée et l'action partagée.

cencieuse. Le chant étoit accompagné de la flûte, et le chanteur joignoit à sa voix des gestes et des mouvemens convenables. Il n'y avoit dans ces jeux aucune idée du poëme dramatique; les Romains en ignoroient alors jusqu'au nom (*). Ils n'avoient encore rien emprunté des Grecs à cet égard : ils ne commencèrent à les imiter que lorsqu'ils entreprirent de former un art de ce que la nature ou le hasard leur avoit présenté. Livius Andronicus, Grec de naissance, esclave de Marcus Livius Salinator, et depuis affranchi par son maître, dont il avoit élevé les enfans, porta à Rome la connoissance du poëme dramatique : il osa, le premier, abandonner les satires, pour donner des pièces dans lesquelles il introduisit la fable, ou la composition des choses qui doivent former le poëme dramatique, c'est-à-dire une action. Ce fut l'an 514 de la fondation de Rome, 160 ans après la mort de Sophocle et d'Euripide, et 52 ans après celle de Ménandre.

L'exemple de Livius Andronicus fit naître plusieurs poëtes qui s'attachèrent à perfectionner ce nouveau genre, et qui jouèrent eux-mêmes dans leurs pièces, jusqu'à ce qu'il se fût for-

(*) *Cujus (dramaticæ poëseos) ne nomen quidem norant Romani.* Casaubon. de satir. Græc., poes. et satir. Rom.

me parmi les histrions des comédiens capables de les représenter. On continua d'imiter les Grecs; on traduisit leurs pièces; et l'usage de ces poëmes, faits sur les règles de l'art et sur de bons modèles, fit négliger les satires : cependant la jeunesse de Rome n'y voulut pas renoncer, et se réserva le plaisir de les jouer, en abandonnant aux comédiens de profession le vrai genre dramatique. On inséroit ordinairement les satires dans les atellanes, qui étoient des pièces à peu près du même goût, quant au comique bas et licencieux, mais qui conservoient en total le genre dramatique, par la composition du sujet. Les atellanes tiroient leur nom de la ville d'*Atella*, dans la Campanie, d'où elles avoient passé à Rome. Les atellanes et les satires étoient aussi appelées *exodia*, à cause de l'usage où l'on étoit de les jouer à la suite d'autres pièces.

Les Romains portèrent dans la suite leurs jeux au dernier degré de magnificence, et devinrent si passionnés pour tous les spectacles, que les généraux et les empereurs ne croyoient pas avoir de moyen plus sûr de plaire au peuple, que de faire construire des théâtres, et donner des jeux. C'est un reproche que Juvénal fait aux Romains : « Ce peuple (*), dit-il, qui créoit autrefois les con-

(*) . . . . *Nam qui dabat olim Imperium, fasces, legiones, omnia, nunc se*

» suls, les généraux, demeure aujourd'hui tran-
» quille, pourvu qu'il ait du pain et des spectacles,
» *panem et circenses* ». Juvénal, en parlant des
jeux du cirque, prend l'espèce pour le genre de
tous ceux qui occupoient alors les Romains, et
qui peuvent se rapporter au cirque et au théâtre.

Ceux du cirque étoient distingués en autant
d'espèces qu'on y représentoit de fêtes différentes, telles que les courses de chevaux ou de
chars, les combats de gladiateurs ou d'animaux,
et même des représentations navales.

Les jeux du théâtre, ou scéniques, compre-
noient la tragédie et la comédie. Il y avoit deux
espèces de tragédies; l'une, dont les mœurs, les
personnages et les habits étoient grecs, se nommoit *palliata* ; l'autre, dont les personnages
étoient romains, s'appeloit *prætextata*, du nom
de l'habit que portoient à Rome les personnes
de condition.

La comédie, ainsi que la tragédie, se divisoit
premièrement en deux espèces; savoir la comédie grecque ou *palliata*; et la comédie romaine
ou *togata*, parce qu'on s'y servoit de l'habit de
simple citoyen.

La comédie romaine se subdivisoit encore en

Continet, atque duas tantùm rex anxius optat,
Panem et circenses. . . . .

JUVENAL, satir. X.

quatre espèces : la *togata* proprement dite, la *tabernaria*, les *atellanes* et les *mimes*. Les pièces du premier caractère sont quelquefois appelées *prætextatæ*, parce qu'elles étoient sérieuses, et admettoient des personnages nobles.

Les pièces du second caractère étoient moins sérieuses, et tiroient leur nom de *taberna*, qui signifie un lieu où se rassemblent des personnes de toutes conditions et de tous états.

Les atellanes étoient des pièces dont le dialogue n'étoit point écrit. Les acteurs jouoient d'imagination, sur un *scenario* dont ils convenoient. Ces pièces, quoique d'un ordre inférieur au deux premières comédies, n'étoient jouées que par la jeunesse romaine, qui, en se réservant cette espèce de plaisir, ne permettoit pas qu'elles fussent représentées par des comédiens de profession.

Les acteurs des atellanes étant des citoyens, en conservoient tous les droits : ils servoient dans les légions, n'étoient point exclus de leur tribu, et jouissoient enfin de toutes les prérogatives de citoyen (*). Le peuple n'avoit pas le droit de les faire démasquer, ni de les punir. Les commentateurs, tels que Casaubon, se sont donc trompés, lorsqu'ils ont supposé que les priviléges dont

(*) *Eò institutum manet ut atellanarum actores nec tribu moveantur, et stipendia, tanquam expertes artis ludicræ, faciant.* Tit. Liv. cap. II, lib. VII, Decad. I.

jouissoient les acteurs des atellanes, n'avoient d'autre principe que la nature de ces pièces, qui étoient semées de plaisanteries fines, sans offrir aucune idée de libertinage et d'obscénité. Si la dignité des acteurs eût dépendu de celle des pièces qu'ils représentoient, les comédiens qui jouoient dans la tragédie et dans la comédie noble, auroient dû jouir par préférence des prérogatives de citoyen ; cependant ils en étoient exclus ; parce qu'étant nés dans l'esclavage, ils ne devenoient pas plus privilégiés, quoiqu'ils jouassent dans les pièces du genre le plus noble. La différence qu'on mettoit entre les uns et les autres ne venoit donc pas du caractère des pièces, mais de la différente condition des acteurs. Les comédiens n'étoient réputés infâmes à Rome, que par le vice de leur naissance, et non pas à cause de leur profession ; et si elle n'eût été exercée que par des hommes libres, ils auroient eu autant de considération que leur art en mérite, et telle qu'ils l'avoient en Grèce, où les comédiens étoient de condition libre.

Les mimes étoient la quatrième et la dernière espèce des comédies romaines. Ce n'étoient que des farces où les acteurs jouoient sans chaussure, ce qui faisoit quelquefois nommer cette comédie *déchaussée* (*) ; au lieu que dans les trois au-

(*) *Apud Romanos prætextata, tabernaria, atellana,*

tres, les acteurs avoient pour chaussure le brodequin, comme le tragique se servoit du cothurne. On ne doit pas regarder la satire comme une espèce particulière de comédie, puisqu'elle fut confondue avec les atellanes....

Les Romains donnoient encore le nom de satire à une espèce de pièce pastorale qui tenoit, dit-on, le milieu entre la tragédie et la comédie : c'est tout ce que nous en savons. Les scènes des mimes, quoique désunies et sans art, étoient semées de traits souvent dignes du plus haut tragique (*). Les poëtes mimiambes ou mimographes des Latins, du moins les plus célèbres, sont, *Cneius Mattius*, *Laberius*, *Publius Syrus*, jusqu'au temps de César; *Philistion* sous Auguste, *Silon* sous Tibère, *Virgilius Romanus* sous Trajan, *M. Marcellus* sous Antonin. Ils avoient conservé la coutume des premiers poëtes de jouer eux-mêmes dans leurs pièces. Les applaudissemens qu'on donnoit aux pièces de Plaute et de Térence, n'empêchoient pas que l'on ne vît

planipes.... quarta species est planipedis, qui græcè dicitur mimus; ideò autem latinè planipes, quod actores planis pedibus, id est, nudis, proscenium introirent, non ut tragici actores cum cothurnis, neque ut comici cum soccis. Diomedes, lib. III. cap. IV.

(*) *Quantùm disertissimorum versuum inter mimos jacet ? quam multa publici, non excalceatis, sed cothurnatis dicenda sunt ?* Senec. epist. VIII.

avec plaisir les farces des mimes. Les mimes, qui ont été les fondateurs de tous les théâtres, ont toujours conservé leur genre au milieu des progrès de l'art dramatique; ils ont même survécu partout à la destruction des théâtres qu'ils avoient fait naître, pour aller ensuite ailleurs donner naissance à d'autres, comme ils l'ont donnée au théâtre françois.

On voit, par l'examen des différentes espèces de pièces dramatiques des Romains, que le comique se réduisoit à la comédie noble, à la comédie familière, aux atellanes et aux scènes détachées des mimes.

Il ne paroît pas que la tragédie eût fait de grands progrès à Rome : les pièces qui portent le nom de *Sénèque*, ne sauroient être comparées aux chefs-d'œuvre en d'autres genres, qui parurent sous Auguste; et les tragédies dont nous ne connoissons que les titres, telles qu'un *Œdipe* attribué à Jules-César, l'*Ajax* d'Auguste et la *Médée* d'Ovide, seroient vraisemblablement parvenues jusqu'à nous, comme plusieurs autres ouvrages excellens de ces temps-là, si elles eussent été assez estimées pour que les copies s'en fussent multipliées.

La bonne comédie ne fut guère plus heureuse. Nous ne connoissons dans ce genre que celles de Plaute et de Térence, qui furent négligées par le goût de la multitude pour les atellanes et les farces des mimes.

Il est certain qu'un peuple continuellement armé, occupé de guerres étrangères et de dissentions domestiques, devoit être moins sensible à un art délicat, qu'à des représentations grossières et licencieuses. La délicatesse est rarement le partage de ceux qui vivent dans le tumulte des armes. Le peuple est partout le même; le soldat est plus peuple que le citoyen, et tout Romain étoit soldat. D'ailleurs, la jeunesse de Rome, en se réservant les atellanes, marquoit assez qu'elle y étoit plus sensible qu'à la tragédie et à la bonne comédie. Ce peu d'empressement pour un spectacle régulier ne contribuoit pas peu au mépris que les Romains avoient pour les comédiens de profession, sans les autres raisons que j'ai alléguées. On s'accoutume insensiblement à la considération pour les artistes dont on estime les arts. C'est par là que les comédiens en France sont plus estimés à Paris que dans la province, et plus considérés encore à Paris par les personnes de condition que par le peuple, par la seule raison que les premiers ont plus de goût pour la comédie.

Ce qui s'opposa le plus aux progrès du vrai genre dramatique, fut l'art des pantomimes, qui, sans rien prononcer, se faisoit entendre par le

seul moyen du geste et des mouvemens du corps.
Je n'entreprendrai point d'en fixer l'origine. Zosime, Suidas et plusieurs autres, la rapportent au temps d'Auguste, peut-être, par l'unique raison que les deux plus fameux pantomimes, *Pylade* et *Bathylle*, parurent sous le règne de ce prince, qui aimoit particulièrement ce genre de spectacle. D'abord, un seul pantomime représentoit plusieurs personnages dans une même pièce ; mais il se forma bientôt des troupes complètes, qui exécutoient également toutes sortes de sujets tragiques et comiques. Ce ne fut pas le peuple seul qui se passionna pour ce nouveau spectacle : Sénèque et Lucien parlent de leur goût pour les pantomimes ; saint Augustin et Tertullien font l'éloge de leurs talens. La passion des Romains pour les pantomimes fit qu'il s'en forma des écoles, plus suivies que celles des orateurs, et fréquentées par les plus grands de Rome. Cette passion devint même si indécente, que dès le commencement du règne de Tibère, le sénat fut obligé de rendre un décret, pour défendre aux sénateurs de fréquenter les écoles des pantomimes, et aux chevaliers de leur faire cortége en public (*). Ce décret prouve encore

---

(*) *Ne domos pantomimorum senator introiret, ne egredientes in publicum equites Romani cingerent.* Tacit. Annal. lib. I.

ce que j'ai avancé, que les professions qui sont chéries sont bientôt honorées, et que le préjugé ne tient pas contre le plaisir. En effet, les personnes sensées, quoique sensibles à ces jeux, se plaignoient que les écoles des philosophes étoient désertes, et que le nom de leur instituteur étoit oublié, pendant que la mémoire d'un célèbre pantomime subsistoit avec éclat. « Les écoles de » Pylade et de Bathylle, dit Sénèque (*), subsis-» tent toujours, conduites par leurs élèves ; dont » la succession n'a point été interrompue. Rome » est pleine de professeurs qui enseignent cet art » à une foule de disciples ; ils trouvent partout » des théâtres ; les maris et les femmes se dispu-» tent à qui leur fera le plus d'honneurs ». On prétend que les femmes portoient encore les égards plus loin (**).

Ceux qui connoissent les grandes capitales, concevront aisément l'espèce de frénésie qui régnoit à Rome. Ils savent que le début d'une actrice, les succès d'un acteur forment des partis,

(*) *At quantâ curâ laboratur, ne alicujus pantomimi nomen intercidat ? Stat per successores Pyladis et Bathylli domus ; harum artium multi discipuli sunt, multique doctores : privatim urbe totâ sonat pulpitum ; mares inter se uxoresque contendunt uter dei latus illis.* Senec. Quæst. lib. VII, cap. XXXII.

(**) *Quibus viri animas, feminæ aut illi etiam, corpora sua substernunt.* Tertull. de Spect.

dont la chaleur paroît ridicule à des hommes occupés ; mais ces petits intérêts deviennent très-vifs, et sont les affaires importantes des personnes plongées dans l'oisiveté et dans l'abondance.

C'est ainsi que Rome, trop puissante pour être encore vertueuse, étoit divisée en une infinité de cabales au sujet des pantomimes, qui étoient distingués en plusieurs troupes, et par des livrées différentes : et les Romains prenoient part à toutes les jalousies réciproques de ces acteurs, comme on le voit par la réponse de Pylade à Auguste, qui l'exhortoit à vivre dans l'union avec Bathylle son concurrent : « Ce qui peut » arriver de mieux à l'empereur, dit-il, c'est que » le peuple s'occupe de Bathylle et de Pylade ». En effet, le goût des plaisirs faisoit perdre aux Romains cette idée de liberté si chère à leurs ancêtres.

Quelquefois l'animosité de ces cabales dégénéroit en factions, qui devenoient dangereuses pour le gouvernement. Les empereurs, pour prévenir les désordres, étoient alors obligés de chasser les pantomimes, comme cela arriva sous Néron et sous plusieurs autres. Mais leur exil n'étoit jamais long : la politique qui les avoit chassés, les rappeloit bientôt, pour plaire au peuple, ou pour faire diversion à des factions plus à craindre pour l'empire. Domitien, par exemple, les ayant chassés, Nerva, son successeur, les fit revenir ; et Trajan les chassa encore. Il arrivoit même que le peuple, fatigué de ses propres désordres, demandoit l'expulsion des pantomimes ; mais il demandoit bientôt leur rappel avec plus d'ardeur. Ce qui achève de prouver à quel point leur nombre s'augmenta, et combien les Romains les croyoient nécessaires, est ce qu'on voit dans Ammien Marcellin (*). Rome étant menacée de la famine, on prit la précaution d'en faire sortir tous les étrangers, ceux même qui professoient les arts libéraux ; mais on laissa tranquilles les gens de théâtre ; et il resta dans la ville trois mille danseuses et autant d'hommes qui jouoient dans les chœurs, sans compter les comédiens. Les historiens assurent que ce nombre prodigieux augmenta encore dans la suite.

Il est aisé de concevoir que l'ardeur des Romains pour les jeux des pantomimes, dut leur

(*) *Postremò ad id indignitatis est ventum ut cùm peregrini ob formidatam non ita dudum alimentorum inopiam pellerentur ab urbe præcipites, sectatoribus disciplinarum liberalium impendio paucis sine respiratione ullâ extrusis, tenerentur mimarum asseclæ veri, quique id simularunt ad tempus ; et tria millia saltatricum ne interpellata quidem, cum choris totidemque remanerent magistris.* Ammi. Marcell. Hist. lib. XIV.

faire négliger la bonne comédie. En effet, on vit depuis le vrai genre dramatique déchoir insensiblement, et bientôt il fut presqu'absolument oublié; mais cela ne porta point de préjudice aux jeux du cirque, parce que les fêtes qui s'y donnoient étoient toujours du goût et dans le génie d'un peuple guerrier.

Ces spectacles, qui faisoient une des principales attentions du gouvernement, n'étoient pas simplement permis comme ceux qui le sont aujourd'hui chez les différens peuples de l'Europe; ils se donnoient à Rome aux dépens du trésor public, sans compter que des particuliers y sacrifioient souvent une partie de leurs richesses. Je ne parlerai pas ici de la construction des différens théâtres; cette matière a été traitée dans des ouvrages uniquement destinés à cet objet.

La passion des spectacles passa bientôt des Romains chez toutes les nations qui leur étoient soumises. La politique de Rome, qui vouloit assujettir à ses lois et à ses mœurs les peuples vaincus, n'eut pas de peine à leur faire recevoir des jeux qui sembloient les consoler de leur servitude. Les spectacles que les Romains portèrent dans toutes les provinces, furent sans doute ceux qui étoient le plus en usage à Rome, c'est-à-dire, les jeux du cirque, ceux des pantomimes et des mimes. D'ailleurs, quand on supposeroit, ce qui peut être vrai, qu'il y eût encore à Rome beaucoup de personnes d'un esprit cultivé, qui eussent conservé le goût de la bonne comédie, il est certain qu'ils ne faisoient pas la multitude : ils pouvoient être dans le sénat et parmi ceux qui faisoient leur occupation des lettres ; mais ils ne devoient guère se trouver au milieu de la soldatesque effrénée, qui faisoit à la fois la force et le malheur de l'empire. Les troupes qui inondoient les provinces, y faisoient représenter les jeux qui les charmoient le plus, et ce furent ceux-là qui s'y établirent. En effet, lorsque Salvien déclame contre les spectacles (*), la peinture qu'il fait des imitations honteuses, des discours et des postures obscènes, marque assez quel étoit le goût des spectateurs, et prouve que toutes les villes romaines avoient leurs spectacles qui portoient le caractère de l'idolâtrie, au sein du christianisme. Cette fureur devint encore plus violen-

(*) *Quis enim integro verecundiæ statu dicere queat illas rerum turpium imitationes, illas vocum ac verborum obscenitates, illas motuum turpitudines, illas gestuum fœditates ?* . . . . *Christo ergo, ô amentia monstruosa ! Christo circenses offerimus et mimos !* Salv. de Gubern. Dei. l. VI.

Salvien étoit originaire de Trèves, et fut prêtre de l'église de Marseille. Il florissoit, selon M. Baluze, en 439. *Baluz. not. ad Salvian, p.* 376.

te dans les provinces, qu'elle ne l'avoit été à Rome.

En 439, les Carthaginois étant occupés à voir représenter des jeux, leur ville fut prise par Genséric, roi des Vandales; et cet événement fut si subit, que les cris de ceux qu'on massacroit, se confondoient avec les applaudissemens de ceux qui étoient au cirque.

La ville de Trèves ayant été pillée trois fois, les habitans qui avoient échappé à la fureur des Francs, demandoient aux empereurs le rétablissement des spectacles, comme le seul remède à leurs maux.

Après avoir vu la naissance, les progrès et les révolutions des jeux scéniques des Romains, il nous reste à examiner quelle influence ces jeux peuvent avoir eue sur ceux qui ont paru en France.

La première idée qui se présente sur l'origine des usages d'une nation, est de penser qu'elle a dû les emprunter du peuple à qui elle a succédé, par la pente que les hommes ont à l'imitation, sur-tout lorsqu'ils reconnoissent quelque supériorité dans leurs prédécesseurs; et les Francs pensoient sur les arts à l'égard des Romains, comme ceux-ci avoient pensé à l'égard des Grecs. Cependant, quoique les Francs aient pu recevoir des Romains les jeux du cirque, ils ne tirèrent pas le moindre avantage des progrès que les Romains avoient faits dans le genre dramatique; l'origine de nos jeux scéniques a été pareille à celle de ces mêmes jeux chez les Romains.

Il n'y a pas toujours dans les arts la tradition qu'on suppose de peuple en peuple. Des nations éloignées les unes des autres par une grande distance de lieux ou de temps, ont des arts et des usages communs. Les Chinois ont un théâtre (*), sans qu'on puisse les soupçonner d'en avoir pris l'idée des Européens, ou de la leur avoir communiquée. Lors de la découverte de l'Amérique, on y trouva des jeux scéniques (**). Il ne faut pas croire que des nations absolument ignorées les unes des autres, eussent toujours des mœurs et des arts différens. Les mêmes besoins, les mêmes goûts, les mêmes caprices font naître les mêmes idées et fournissent les mêmes moyens. L'imitation n'est souvent qu'un développement plus prompt de ce que les imitateurs même auroient imaginé, sans secours étrangers, mais qu'ils n'auroient perfectionné que dans un temps plus

(*) Acosta *Americ.* 9 part. l. VI, et toutes les relations modernes. Le R. P. du Halde a fait imprimer, dans son *Histoire de la Chine*, la traduction d'une de leurs pièces tragiques.

(**) Garcilass. *Hist. des Incas.* La relation de Frezier nous apprend qu'il en subsiste encore quelques traces parmi les Péruviens.

long. D'ailleurs il faut qu'il y ait déjà quelque rapport entre un peuple qui cherche à imiter et celui qu'il prend pour modèle : les nations policées ne sont guère imitées que par celles qui ont déjà commencé à se polir; et il y a des arts, tel que le dramatique, qui exigent presqu'autant de goût pour être sentis, que pour être cultivés.

Qu'un prince entreprît de porter les arts chez une nation barbare, il pourroit en peu d'années, en y appelant les meilleurs maîtres, y former un grand nombre d'élèves et d'écoles en tous genres. La géométrie, l'astronomie, enfin toutes les sciences exactes pourroient y fleurir bientôt. Un petit nombre d'hommes livrés à ces études peut en répandre les fruits chez toute une nation; la nature se prête avec plus de facilité aux besoins qu'elle nous donne, qu'à ceux que nous nous formons nous-mêmes. Les arts de goût, quoique bien inférieurs en utilité à beaucoup d'autres connoissances, ne se perfectionnent chez un peuple qu'à proportion qu'il se polit lui-même : il faut que les juges de ces arts aient déjà l'esprit cultivé et exercé jusqu'à un certain point pour les sentir. Les Francs auroient été peu touchés d'une représentation de mœurs trop différentes des leurs; ils n'auroient ni imité, ni senti une fable bien faite, un plan suivi, la vraisemblance et la liaison entre des faits particuliers, qui concourent à exposer, former et développer une action principale; en un mot, plus le poëme dramatique auroit été parfait, plus il auroit été étranger pour eux. Il y avoit près de deux siècles que le théâtre grec étoit porté à son dernier degré de perfection, avant que les Romains pensassent à l'imiter; ils n'en connoissoient pas encore assez le prix.

Les Francs, loin d'avoir imité le poëme dramatique, n'ont pas même été à portée de le connoître, puisqu'il est certain que les spectacles furent interrompus par les révolutions qui troublèrent l'Occident, et qu'ils cessèrent enfin par l'extinction de l'empire.

Dès le commencement du cinquième siècle, un esprit de conquête s'empara de l'Europe; mais on ignoroit la science d'affermir une domination. Un torrent de barbares, après avoir ravagé un pays, disparoissoit sous une autre inondation : tout cédoit au premier feu de l'audace; et il suffisoit d'attaquer, pour être sûr de la victoire.

Des peuples toujours les armes à la main, ne devoient pas s'occuper de jeux qui ne conviennent qu'à une nation puissante et affermie. Salvien, qui avoit été témoin de la fureur pour les spectacles, et des révolutions qui les firent cesser, dit expressément qu'il n'y eut plus de spectacles dans les villes romaines, depuis qu'elles furent réduites sous la puissance des barbares (*).

Le cinquième canon du concile d'Arles, en 452, ne détruit pas le témoignage de Salvien (**). Il paroît par ce canon qu'il y avoit des jeux scéniques, puisqu'on y renouvelle l'excommunication lancée contre ceux qui montent sur le théâtre ; mais il faut observer qu'en 452 Arles étoit encore sous la domination des Romains, et qu'elle y resta jusqu'en 466, qu'Évarice s'en rendit maître.

On ne peut pas douter que l'extinction de l'empire d'Occident, dans le cinquième siècle, n'ait fait cesser entièrement les spectacles dans les Gaules ; ils cessèrent en Espagne dès 409 ou 410, par l'irruption des barbares; et en Afrique, l'an 439, par la prise de Carthage.

Il faut pourtant convenir que, dans le sixième siècle, deux de nos rois de la première race ont donné à leurs peuples les jeux du cirque suivant l'usage des Romains.

Le premier exemple se trouve dans Procope,

(*) *Ex illo tempore in urbibus Romanis hæc mala (spectacula) non sunt, ex quo in barbarorum jure esse cœperunt.* Salv. de Gubern. Dei lib. VI.

(**) *De theatricis et ipsos placuit, quamdiu agunt, à communione separari.* Conc. Arelat. II, can. 2.

qui dit que les jeux du cirque furent représentés à Arles, vers l'an 546. Dès 536, Vitigès, roi des Ostrogots, successeur de Théodat, avoit cédé la Provence aux François. Les empereurs prétendoient conserver leurs droits sur ce pays, et ils obligeoient le pape à ne point donner, sans leur consentement, le pallium aux évêques de Provence. Mais en 546 l'empereur Justinien, voulant engager les François dans son parti contre Totila, roi des Ostrogots, confirma la cession de la Provence, et en assura la possession libre et tranquille aux François; et *depuis ce temps*, dit Procope, *il y a des jeux du cirque à Arles*. Justinien consentit alors que les rois françois présidassent à Arles aux jeux du cirque, comme faisoient les empereurs. En ce cas, le roi Childebert I.er, fils de Clovis, qui avoit eu Arles dans son partage, ne donna peut-être, en 546, les jeux du cirque dans cette ville, que pour faire un acte d'autorité absolue et indépendante, en les faisant représenter en son nom.

Il est vrai que le roi Chilpéric I.er, en 577, fit construire des cirques à Paris et à Soissons, pour donner ces jeux aux peuples. Grégoire de Tours parle de ces jeux (*) ; et Robert Gaguin dit que

(*) *Apud Suessonas atque Parisiis, circos ædificare præcepit, eosque populis spectaculum præbens.* Greg. Tur. Hist. Franc. lib. V, cap XVIII, ad an. 577.

ce fut après la mort de son fils Clovis, vers 581, que Chilpéric donna ces spectacles : de sorte qu'il est vraisemblable que les derniers jeux du cirque, selon l'usage des Romains, ont été donnés sous Chilpéric, vers 581, et non pas à Arles, en 546, comme l'assure le père Le Brun.

Puisque les jeux des Romains cessèrent dans les Gaules avec leur empire, on ne peut pas supposer que ceux qui se sont dans la suite introduits parmi nous, aient été empruntés des Romains. Je crois cependant qu'on pourroit en excepter ceux du cirque. Ces jeux, pour être célébrés, n'ont pas absolument besoin du calme de la paix : chez toutes les nations, ils doivent leur naissance à un génie guerrier, et les tournois pourroient bien n'avoir point eu d'autre origine que le cirque; ce qui dépend de la force et de l'adresse étoit fait pour être adopté par les Francs.

Les jeux du théâtre ont eu un sort bien différent. Ceux-ci, perfectionnés par l'art et le goût, ne pouvoient pas se soutenir chez une nation trop barbare encore pour en sentir les beautés, et qui n'entendoit ni la langue latine, ni la romane rustique, les seules qui fussent en usage dans les Gaules. C'est par cette raison que les jeux des premiers mimes qui parurent chez les François, consistoient en concerts, danses et gesticulations qui sont de toutes les langues. Si l'on compare de tels commencemens avec les premiers essais du théâtre romain, on verra que, sans supposer d'imitation, l'origine des arts est partout à peu près la même.

Le seul trait qui ait rapport à ces mimes, est dans une lettre de Théodoric, roi des Ostrogots, par laquelle ce prince, après avoir félicité Clovis sur la victoire qu'il venoit de remporter près de Tolbiac, en 496, ajoute (*) : « Nous vous avons » envoyé un joueur d'instrumens, habile dans » son art, qui joignant l'expression du visage à » l'harmonie de la voix et aux sons de l'instru- » ment, peut vous amuser; et nous croyons qu'il » vous sera d'autant plus agréable, que vous avez » souhaité qu'il vous fût envoyé ». Ce joueur a beaucoup de rapport avec les histrions dont parle Tite-Live, qui chantoient, gesticuloient et s'accompagnoient avec des instrumens à corde.

Les histrions, mimes ou farceurs, étoient fort répandus en France sous Charlemagne. Ce prince, dans l'article XLIV du premier capitulaire d'Aix-la-Chapelle, de l'année 789 (**), parle des

―――
(*) *Citharœdum etiam arte suâ doctum pariter destinavimus expeditum, qui ore, manibusque, consonâ voce cantando, gloriam vestræ potestatis oblectet. Quem ideò fore credimus gratum, quia ad vos eum judicastis dirigendum.* Cassiod. lib. II, ep. XLI.

(**) *Item in eodem* (*concilio Africano*) *præcipitur ut*

histrions, comme de gens notés d'infamie, auxquels il refuse le droit de pouvoir accuser; et il adopte en cela le quatre-vingt-seizième canon du conseil d'Afrique.

Par l'article XV (*) du troisième capitulaire de la même année, il est défendu aux évêques, abbés ou abbesses, d'avoir chez eux des joueurs, *joculatores*, ce que nous avons rendu, dans la suite en françois, par le mot de *jongleur*.

Sous le même empereur, en 813, le neuvième canon du concile de Châlons, le dix-septième canon du second concile de Reims, le huitième canon du troisième concile de Tours condamnèrent les jeux des histrions, et défendirent aux évêques, abbés et prêtres d'y assister (**).

viles personæ non habeant potestatem accusandi. omnes etiam infamiæ maculis aspersi, id est, histriones, ac turpitudinibus subjectæ personæ. Capit. Baluz. t. I, col. 229.

(*) *Ut episcopi, abbates et abbatissæ cupplas canum non habeant, nec falcones, nec accipitres, nec joculatores.* Capitul. Baluz. t. I, col. 244.

(**) *Histrionum, scurrarum, et turpium seu obscenorum jocorum insolentiam non solum ipsi respuant (sacerdotes); verumetiam fidelibus respuenda persuadeant.* Conc. Cabillon. can. 9.

Ut episcopi et abbates ante se joca turpia fieri non permittant. Conc. Rem. II, can. 17. *Sacerdotibus non expedit secularibus et quibuslibet interesse jocis.* Concil. Turon. III, can. 8.

Ces mêmes défenses furent renouvelées par le concile de Paris, tenu en 829, sous Louis-le-Débonnaire.

Les histrions étoient admis dans les maisons les plus considérables, et se trouvoient même dans les festins publics, pour amuser le peuple. Agobard, archevêque de Lyon, en 814, mort en 840, s'en plaint amèrement (*); et Thégan en parle dans sa chronique.

Hérard, archevêque de Tours, tint en 858 un synode, dont le cent-huitième chapitre défend aux prêtres et à tous les ecclésiastiques d'assister aux représentations des histrions (**). Malgré ces défenses, les évêques en avoient à leur service; les prêtres et les moines en faisoient eux-mêmes le métier (***).

(*) *Quanto majori malo suo..... satiat præterea et inebriat histriones, mimos, turpissimosque et vanissimos joculatores, cùm pauperes ecclesiæ fame discrutiati intereant.* Agob. de Disp. eccl. rerum parag. XXX, p. 299. t. I. Edit. Baluz. Theg. de gestis Lud. Pii, Du Chesne, t. II, p. 279.

(**) *Ut presbyteri et clerici ante se joca turpia fieri non permittant.* Concil. Gall. t. III, p. 115.

(***) *Turpis verbi vel facti joculatorem esse vel jocum secularem diligere.... ministris altaris Domini, nec non et monachis omninò contradicimus.* Baluz. Capitul. t. I. col. 1202. On lit de même, col. 1207 : *Clericos scurriles et verbis turpibus, joculares ab officio detrahendos.*

Tels furent les jeux qui régnèrent en France jusqu'à la fin du dixième siècle; mais vers l'an 1000, Robert, fils de Hugues Capet, ayant épousé Constance, fille de Guillaume, comte d'Arles et de Provence selon quelques écrivains, comte de Toulouse selon d'autres, cette princesse fut suivie de plusieurs gentilshommes, qui introduisirent la poésie en France.

Les histrions, très-différens des troubadours, voyant en quelle estime étoient les vers, voulurent en insérer dans leurs jeux, qui, auparavant, ne consistoient qu'en danses et en gesticulations au son des instrumens. Ils cherchèrent à composer des sujets, à l'imitation des troubadours; et c'est ce qui a donné occasion au commissaire La Mare de confondre les uns et les autres, sous le nom de troubadours.(*)

Si les jeux des histrions ne gagnèrent rien du côté des mœurs, et s'ils ne perdirent pas toute leur grossièreté, ils devinrent un peu plus ingénieux, lorsqu'ils roulèrent sur une action composée.

Jean de Salisburi, évêque de Chartres, en 1176, sous Louis VII, nous donne dans son livre des *Vains Amusemens de la Cour*, une idée des jeux qui étoient en règne de son temps (**). Il

(*) *Traité de la Police*, par le commissaire La Mare, t. I, p. 436, chap. II; liv. III; tit. III.

(**) *Nostra ætas prolapsa ad fabulas et quævis inania,*

dit que la douceur des instrumens, et l'harmonie des voix étoient jointes à la gaîté des chanteurs et à la grâce des acteurs. Il nous donne aussi une énumération des différentes espèces de joueurs connus sous le nom général de *tota joculatorum scena*; et il ajoute qu'on les admettoit dans les maisons les plus considérables.

Le père Le Brun conclut de ce passage que tous ces divertissemens ne se faisoient que dans des maisons particulières; mais il pourroit se tromper. Ce goût pour des jeux particuliers vient et fait souvent preuve d'un usage public. Il est vrai qu'on ne connoissoit point alors de tragédies ni de comédies; mais on représentoit des

non modo aures et cor prostituit vanitati, sed oculorum et aurium voluptate suam mulcet desidiam, luxuriam accendit, conquirens undique fomenta vitiorum. Nonne piger desidiam instruit et somnos provocat instrumentorum suavitate aut vocum modulis, hilaritate canentium aut fabulantium gratiâ?.... Admissa sunt ergo spectacula et infinita tirocinia vanitatis, quibus qui omninò otiari non possunt, perniciosius occupentur. Satius enim fuerit otiari quam turpiter occupari. Hinc mimi, salii vel saliares, balatrones, æmiliani, gladiatores, palæstritæ, præstigiatores, malefici quoque multi et tota joculatorum scena procedit; quoque adeò error invaluit, ut à præclaris domibus non arceantur, etiam illi qui obscenis partibus corporis oculis omnium eam ingerunt turpitudinem, quam erubescat videre vel cynicus. De Nugis Curialium; lib. I, cap. VIII.

farces, et, quoiqu'elles ne fussent pas faites sur les règles de l'art, et ne pussent mériter le nom de vraie comédie, elles tenoient un peu de ce dernier genre. Elles étoient enfantées par la gaîté et soutenues par la licence, sans autres règles que celles d'amuser le peuple. Nous voyons, par le même passage, qu'il y avoit autre chose que des sauts, des postures, et même de simples dialogues : *nostra ætas prolapsa ad fabulas*, dit Jean de Salisburi. *Fabula* signifie proprement la composition et l'arrangement des choses qui forment une action. Cette *fable* étoit, sans doute, très-imparfaite, sans goût et sans art; mais elle pouvoit ressembler à ces farces appelées *satires* ou *exodes* chez les Romains, et qui faisoient partie des atellanes. Les exhortations de l'évêque que nous venons de citer, ne produisirent pas un grand effet : il prêchoit, et les farceurs jouoient.

Vers ce même temps, des moines qui faisoient vendre leurs vins dans l'enceinte de leur monastère, y laissoient entrer des jongleurs, des histrions et des femmes de mauvaise vie, dont ils retiroient une rétribution (*).

(*) *De his quæ vidimus et audivimus testimonium perhibemus; scilicet quod quidam monachi et maximè exempti, intra fines nostræ legationis, occasione cujusdam libertatis, infra ambitum monasterii certis temporibus anni vendere faciunt vina sua, et pro modico quæstu in-*

Sous le règne de saint Louis, les jongleurs étoient en assez grand nombre pour mériter un article particulier dans un tarif que ce prince fit faire pour régler les droits de péage à l'entrée de Paris.

Les jongleurs, qu'on nomma aussi *ménestrels* ou *ménestriers*, étoient rassemblés dans le même quartier et donnèrent leur nom à l'église de St.-Julien, dont Jacques Grure et Hugues-le-Lorrain, tous deux jongleurs ou ménétriers, furent les fondateurs, en 1331.

La police avoit inspection sur les jongleurs, dont elle étoit souvent obligée de réprimer la licence. Pour les mieux contenir, on leur donna un chef, qu'on appeloit le *Prince des Saults*, parce que les sauts et la danse étoient leurs principaux exercices. On dit ensuite par corruption *Prince des sots*, et de là leurs farces furent nommées *soties* ou *sotises*.

Ces jeux, qui consistoient en sauts, tours d'adresse, chants, danses et récits dialogués, étoient les seuls en vogue, lorsqu'en 1398, sous le règne de Charles VI, quelques bourgeois s'avisè-

---

troducunt vel introduci permittunt personas turpes, inhonestas, videlicet joculatores, histriones, talorum lusores et publicas meretrices; quod.... arctiùs prohibemus. Raym. comitis Tolos. et legati papæ statuta anno 1233. (*Voyez* Du Chesne, t. V, p. 819).

rent d'élever un théâtre dans le bourg de St.-Maur, et d'y représenter par personnages la Passion de Jésus-Christ. Cette nouveauté eut un tel succès, que le roi permit à ces bourgeois, par lettres patentes du 4 décembre 1402, de transporter leur théâtre à Paris, et d'y jouer, exclusivement à tous les autres, sous le titre de *Confrères de la Passion*.

Plusieurs représentations pareilles, sous le nom de *Mystères*, inspirèrent l'émulation aux jongleurs et aux clercs du palais. Ceux-ci, connus sous le nom collectif de la *Bazoche*, n'ayant pas le droit de représenter des mystères, inventèrent un genre où tous les êtres moraux et abstraits étoient personnifiés. Ces allégories bizarres, ce mélange obscur du propre et du figuré, marquent la naissance de l'esprit, la foiblesse du talent, et la confusion des idées. Les pièces des bazochiens, intitulées *Moralités*, avoient pour base la satire. D'un autre côté, les *Enfans sans soucis*, sujets du prince des sots, et qui, vraisemblablement, étoient ceux des jongleurs qui étoient chargés des récits dialogués, perfectionnèrent leurs farces. Les moralités des bazochiens et les soties des jongleurs eurent la vogue, et le piquant de la satire l'emporta bientôt sur la dévotion. Les confrères de la passion se virent obligés de jouer des sujets profanes, toujours sous le nom de *mystères*, qui devint un terme générique : de sorte qu'on disoit également *le mystère de la Passion*, *le mystère de sainte Catherine*, *le mystère d'Hercule*. Et comme la simplicité s'altère, sans que le goût se perfectionne, on entreprit d'égayer les mystères sacrés. Il auroit fallu un siècle plus éclairé, pour conserver leur dignité; et dans un siècle éclairé on ne les auroit pas choisis. On mêloit aux sujets les plus respectables les plaisanteries les plus licencieuses, et que l'intention seule empêchoit d'être impies; car les auteurs ni les spectateurs ne faisoient pas une attention bien distincte à ce mélange monstrueux, et se persuadoient que la sainteté du sujet couvroit la licence des détails. D'ailleurs, ce qui nous paroîtroit aujourd'hui le comble du ridicule, ne faisoit pas alors la même impression : chaque siècle a son caractère particulier. La valeur, la galanterie, l'ignorance et la dévotion étoient alors le fonds du caractère national. Un chevalier prêt à combattre adressoit sa prière à Dieu, son invocation à sa dame, et marchoit à l'ennemi.

Je ne parlerai point ici des représentations muettes, où l'on n'employoit que des décorations et des machines, et qui se faisoient au couronnement ou à l'entrée des rois et des reines. Telles étoient encore les représentations mêlées de musique et de jeux, qu'on donnoit dans les banquets royaux, et que par cette raison on nommoit *Entremets* (*).

Je finirai par une observation sur *la Fête des Fous*, que dom Fabien confond avec la *Sotise*. La Fête des Fous étoit bien différente; c'étoit un reste du paganisme, une imitation des Saturnales, et qui duroit depuis Noël jusqu'à l'Épiphanie. Les puérilités qui sont encore en usage dans quelques églises, le jour des Innoçens, sont des vestiges de la Fête des Fous, qui est assez détaillée dans la lettre circulaire du 12 mars 1444, adressée au clergé du royaume par la faculté de théologie. On la trouve à la suite des ouvrages de Pierre de Blois, et Sauval en donne un extrait qui suffit pour faire connoître cette fête (**).

(*) Je supprime beaucoup de détails qui sont imprimés aujourd'hui, et dans lesquels j'étois entré autrefois, par la nouveauté de la matière, lorsque je lus ce mémoire, en 1742.

(**) Cette lettre porte que pendant l'office divin, les prêtres et les clercs étoient vêtus, les uns comme des bouffons, les autres en habits de femme, ou masqués d'une façon monstrueuse. Non contens de chanter dans le chœur des chansons déshonnêtes, ils mangeoient et jouoient aux dés sur l'autel, à côté du prêtre qui célébroit la messe, ils mettoient des ordures dans les encensoirs, et couroient autour de l'église, sautant, riant, proférant des paroles sales, et faisant mille postures indécentes. Ils alloient ensuite par toute la ville se faire voir sur des chariots. Quelquefois ils élisoient et sacroient un évêque ou un pape des fous qui célébroit l'office, et revêtu d'habits pontificaux donnoit la bénédiction au peuple. Enfin, telles folies leur plaisoient tant, et paroissoient à leurs yeux si bien pensées et si chrétiennes, qu'ils regardoient comme excommuniés ceux qui vouloient les défendre. *Sauv. t. 1, p.* 624.

FIN DU MÉMOIRE SUR LES JEUX SCÉNIQUES, ET DU TOME PREMIER.

TABLE
DES PRINCIPALES MATIÈRES

Contenues dans *les Considérations sur les mœurs.*

ACTIONS, leurs principes, page 117; suffisent-elles pour la vertu? 267.

Adulation, la plus excessive produit encore son effet, 101.

Affectation, ses effets, 178 et suiv.

Age. Voyez Caractère.

Air noble, ce qu'il étoit dans l'enfance de la nation, 150; ce qu'il est aujourd'hui; 151.

Alcibiade, son caractère n'est pas rare en France, 76.

Ambitions d'aujourd'hui, leurs principes, 154.

Ame. Voyez Facultés.

Amour (l') et le mépris n'ont jamais eu le même objet à la fois, 243; son objet, 260.

Amour-propre, un de ses effets, 91; ses causes, 216; sa science est la plus cultivée et la moins perfectionnée, 236.

Arts ou métiers de première nécessité, peu estimés, 256.

Avarice, ce qu'elle est, 260.

Auguste, crainte qu'il inspiroit à ses panégyristes, 99.

Auteurs de mérite, leur supériorité à l'égard de plusieurs professions, 219.

B.

Beaux-Esprits. Voyez Esprit.

Bienfaiteur, ce qu'il est, 262; le bienfait tombe rarement sur le besoin, 157.

Bien public, ceux qui l'aiment ont peu d'amis et beaucoup de liaisons, 247.

Bonheur, son plus grand avantage, 237.

Bon ton, en quoi il consiste, 165.

Bullion, surintendant, magnifique scandale qu'il a donné, 124.

C.

Candeur. *Voyez* Naïveté.

Caractère (le), ce qu'il est, 230. *Voyez* Esprit, Finesse. Opposition du caractère et de l'esprit, 234; le caractère trop vif nuit quelquefois à l'esprit juste, 235; caractères violens, 336; l'âge, la maladie, l'ivresse changent le caractère, 337 et 338.

Cas où l'on décide du prix des choses matérielles, 255.

Célébrité, ce qui la procure, 126; réduite à sa valeur réelle, elle perdroit bien des sectateurs, 129. *Voyez* Considération, Réputation.

Choses, proportion dans laquelle nous les prisons, 264.

Cœur (le) a des idées qui lui sont propres, 111.

Colère, ce qu'elle est, 252.

Commerçans, hommes estimables et nécessaires à l'état, 194; l'estime qu'ils font de leur état est d'accord avec la raison, 195; on ne doit pas les confondre avec les marchands, *ibid*.

Conscience. *Voyez* Sentiment intérieur.

Considération, elle diffère de la célébrité, ce qu'elle est, 142; comment on l'obtient, comment on l'usurpe, 143.

Courage d'esprit, de cœur, leurs effets, 147 et 148.

Courtisans, ce qu'ils sont, 170.

Crédit, ce qu'il est, 152; ses principes, 179.

Criminels d'état, pourquoi les nobles victimes qu'un crime

DES MATIÈRES.   371

conduit sur l'échafaud, n'impriment point de tache à leur famille, 107.

Critique, qualités qu'elle exige, 220.

D.

Dissimulation, espèce de dissimulation permise, 93.
Divinités du paganisme, origine de plusieurs, 257.

E.

Écrivains blâmables, 84.
Éducation, on trouve parmi nous beaucoup d'instruction, peu d'éducation; quelle est l'éducation qui devroit être générale et uniforme, 78 et 79; effets d'une éducation raisonnée, 88.
Envie, ses effets, 132.
Erreurs. *Voyez* Partis.
Érudits. *Voyez* Savans.
Espèce, terme nouveau, il y en a de toute classe, 143.
Esprit, son avantage, 198; deux sortes de beaux-esprits, 199; le bel-esprit est celui qui inspire le plus d'amour-propre, 217; l'esprit est moins estimé que la vertu; pourquoi, 204; le goût du bel-esprit n'est-il pas trop répandu? d'où vient la vanité qu'on tire du bel-esprit, 211; d'où vient l'opinion avantageuse qu'on a du bel-esprit, ce qui rend le bel-esprit si commun, 218; les beaux-esprits ne sont pas pour cela capables de toutes les autres perfections, 223; l'esprit est une faculté de l'âme qu'on peut comparer à la vue, 230; il y a des esprits du premier ordre, que l'on confond quelquefois avec la sottise, 231; aspects sous lesquels la dépendance mutuelle de l'esprit et du caractère peut être envisagée, 233.
Esprit de lumière; ses effets, 226.

Estime, ce qu'elle est, 242.
Étourderie, preuve très-équivoque de la franchise, 140.

F.

Facultés de l'âme, à quoi elles se réduisent toutes, 78 et 240.

Fausseté (la) a un air de respect dans les occasions où la vérité seroit une offense; pourquoi, 92.

Finance, cas où elle ne seroit pas méprisée, 184; elle ne peut l'être par les gens de condition, 188.

Financiers (les) du dernier siècle, 182; quelle est leur administration, 185; ce qu'ils sont, 195.

Finesse de caractère, finesse d'esprit; en quoi elles diffèrent, 232; la finesse est un mensonge en action, *ibid*.

Force, son effet chez les peuples barbares et chez nous, 216.

Fortunes, il y en a peu qui ne tombent dans quelques maisons distinguées, 186.

Fouquet, surintendant, fête qu'il a donnée, comment on la considéra, 123; gens de lettres qui, après sa disgrâce, lui restèrent attachés, 206.

Foux, fonction à laquelle suppléoient ceux que les princes avoient autrefois à leur cour, 97; combien et pourquoi la suppression de cette charge, qui pourroit être exercée par un honnête homme, est dommageable, 98.

François, différence et opposition des mœurs entre la capitale et les provinces, 71; grand défaut des François, 74; leur mérite distinctif, 75; le François est l'enfant de l'Europe, 76; il est celui de tous les peuples dont le caractère a éprouvé le moins d'altération, 160; caractère propre des François, *ibid*.

G.

Gouvernemens anciens, ce qui contribue à les faire admirer, 109.

Gouvernement, esprits nécessaires ou nuisibles dans les grandes affaires du gouvernement, 225.

Grâce, ce qu'elle est, 262.

Grands seigneurs, quel étoit le grand seigneur autrefois, 145; quel il est aujourd'hui, 148.

Guillaume III, son mot sur Newton, 224.

H.

Haine (la), ce qu'elle est, 240.

Heinsius, grand pensionnaire de Hollande, ruine sa patrie, 153.

Hommes (les), inconséquens dans leurs actions; pourquoi, 64; il est faux et dangereux de dire que l'homme ne peut produire rien d'estimable, 67; objet de l'examen des devoirs et des erreurs des hommes, 74; on juge les hommes sur leur état, leur éducation, leur situation, leurs lumières, 104; tel homme trouve le secret de n'être pas déshonoré par l'action la plus blâmable, 120; quel est l'homme le plus dangereux dans nos mœurs, 162; les hommes ne sont jamais plus jaloux de leurs avantages que lorsqu'ils les regardent comme leur étant personnels, 217; il n'est pas surprenant qu'un homme d'esprit soit trompé par un sot, 233; pourquoi l'on reproche tant de fautes aux gens d'esprit, 237; hommes faits pour la renommée, 126; les hommes en place, en crédit, ont peu d'amis, et ne s'en embarrassent guère, 154; leurs principaux moteurs, 157; hommes aimables, 161; sociables, *ibid.*; de lettres, 163; de cour, 170 et 201; du monde, 120; de fortune, 190.

Honneur (l') diffère de la probité ; son effet quant à la vertu ; comment il se développe, se fortifie et se soutient, 117 et 118 ; fanatisme d'honneur qui a régné parmi nous dans un siècle encore barbare, 122.

Honneurs divins, leur origine, 256.

Hypocrites de vice, 140.

I.

Idées (les) d'une république imaginaire ne sont pas tout à fait des chimères, 79.

Impression, ses effets, 228.

Indifférence générale qui règne à Paris, 73.

Infidélité au jeu, plus décriée aujourd'hui qu'autrefois, 119.

Ingénuité, cas où elle est une suite de la sottise, 231.

Ingratitude, ses espèces, 264.

Instruction, quel est ou devroit être son objet, 80.

Intérêt public, particulier, 241.

Ivresse. Voyez Caractère.

J.

Jugemens, les faux jugemens ne partent pas toujours de la malignité, 141 ; cas où nous n'en ferions jamais de faux dans les choses intellectuelles, 240.

Juges de réputation, 142.

L.

Législateurs, pourquoi les anciens semblent avoir été des hommes bornés ou intéressés, 112.

Législations, sort de toutes, 168.

Lettres, quoiqu'elles ne donnent pas un état, elles en tiennent lieu, 198 ; effets de l'amour des lettres, 206 ; quels sont ceux pour qui la connoissance et le goût modéré des lettres est une grande ressource, 212.

Lettrés d'autrefois, 197; les plus recherchés, 199; avis aux lettrés, 201; leur désunion va directement contre leur intérêt général et particulier, 209.

Lois (les) se sont prêtées à la foiblesse et aux passions, 104; elles se bornent à défendre, 113.

Louanges, leur origine, 96; le commerce ridicule des louanges est devenu d'obligation, 101.

Louis XII, sa réponse à l'accusation d'avarice dont on le taxoit, 139.

M.

Magistrats, pourquoi il n'est pas rare de trouver des magistrats aimables, 163; qualités requises dans un magistrat, 220.

Maladie. Voyez Caractère.

Marchands, différens des commerçans, 195.

Marine. Voyez Commerçans.

Maxime, la plus fausse dans nos mœurs: *Le crime fait la honte, et non pas l'échafaud*, 105.

Méchanceté, elle n'est aujourd'hui qu'une mode, ses effets, 166.

Mendians, mis au-dessous des esclaves, 190.

Mensonge, d'où il part, 232.

Mépris, il s'attache aux vices bas, 252.

Mérite. Voyez Or.

Mésalliance, par qui elle a commencé, 187; celle des filles de qualité est plus moderne et prend faveur, *ibid.*

Métiers. Voyez Arts.

Mode, elle est parmi nous le juge des actions, des idées et des sentimens, 173.

Mœurs, projet de cet ouvrage, 64; idées attachées au terme de mœurs, 66; aspect sous lequel elles doivent être considérées, 67; leurs effets à Paris, 71; effets de la négligence des mœurs, 171; celles d'un peuple sont le principe actif de sa conduite, 193; si un prince pourroit facilement changer, chez certains peuples, les mœurs les plus dépravées, et les diriger vers la vertu, *ibid. Voyez* Honneur.

Morale, toute sa science, 69; principale différence de la morale et de la satire, *ibid.*; son objet, 82.

N.

Naïveté (la) et la candeur, leurs définitions et leurs effets, 231.

Naturel (le) cherché ne se trouve pas, 180.

Newton, ce qu'en pensoit Guillaume III, 224.

Noble, signification de ce terme, 150.

O.

Obligations, mesure de nos obligations, 110.

Occupations, différentes à Paris et dans la province, 72 et 73.

Opérations pour lesquelles il faut nécessairement de l'esprit, 225.

Opinion (l') publique, peine des actions dont elle est juge, ne sauroit manquer d'être sévère sur les choses qu'elle condamne, 105.

Or, lieux et temps où l'or étoit méprisé, et le mérite seul honoré, 191.

Orateur, qualités qui font l'orateur, 220.

Ouvrages d'esprit; si, faisant abstraction de leur utilité principale, ils méritent plus d'estime, et font plus de réputation que des talens plus rares, 258.

P.

Partis bizarres que l'on prend, et erreurs où tombent ceux qui cherchent le vrai avec plus de bonne foi que de discernement, leurs causes, 82; jusqu'où se porte la fureur des partis, 249.

Passions, c'est bien peu les connoître que les faire raisonner, 132.

Patriotisme, établissemens qui peuvent le mieux en retracer l'idée, 249.

Persifflage, ce qu'on appelle ainsi, 165.

Peuples, les plus sauvages sont ceux chez lesquels il se commet le plus de crimes, 70; les plus polis ne sont pas les plus vertueux, *ibid.*; quel seroit le peuple qui se plaindroit qu'on trouvât chez lui un tarif des degrés de probité, 76.

Philosophes (les) seuls célèbres, 221.

Politesse, en quoi elle consiste, 90; comment il arrive que l'homme d'un génie élevé, d'un cœur généreux, etc., manque de politesse, tandis qu'elle se trouve dans un homme borné, intéressé, etc., 91; ce qui constitue la politesse de nos jours, *ibid.*; politesse d'usage, 93; quelle doit être celle des grands, 96; effet le plus malheureux de la politesse, *ibid.*

Préjugés, ce qu'on entend par préjugés, 83; ils doivent être traités et discutés avec circonspection, *ibid.*; les plus tenaces, 86; injustice et bizarrerie du préjugé cruel qui fait rejaillir l'opprobre sur ceux que le sang unit à un criminel, moyens de l'éteindre, 106.

Principes puisés dans la nature, quoique toujours subsistans, ce qu'il faut faire pour s'assurer de leur vérité, 63.

Probité, son premier devoir, 103; éclaircissement sur ce qui la concerne, 107; ce qu'une probité exacte doit s'interdire, 109; axiome dont l'observation fait la probité, 111. *Voyez* Vertu, Honneur.

Q.

Qualités propres à la société, 160; les qualités aimables, et leurs effets, 164.

R.

Raison (la) cultivée suffit à tout ce qui nous est nécessaire, 225.

Rareté (la) d'une chose, sans aucune espèce d'utilité, ne mérite point d'estime, 257.

Reconnoissance assez ordinaire, 158; si elle doit toujours être de la même nature, 271.

Renommée, ce qui la procure, ses avantages, 125 et 126; qualités qui lui sont uniquement propres, 127; la renommée et la réputation peuvent être fort différentes et subsister ensemble; elle est mieux fondée que la réputation, 127 et 128; dans bien des occasions elle n'est qu'un hommage rendu aux syllabes du nom; elle n'est jamais universelle, 129; elle est aussi le prix des talens supérieurs; son étendue, 143.

République des lettres, ses classes, 198.

Réputation, *célébrité* et *renommée*, ce qui leur a donné naissance. 125; une réputation honnête est à la portée du commun des hommes; comment elle s'obtient, 126; son plus sûr appui, 135; art honnête pour acquérir la réputation de vertu, 136; réputation de probité, 140; mal à propos souscrit-on légèrement à certaines réputations de probité, 141; les réputations se forment, se détruisent; elles se soutiennent quelquefois; similitude de certaines, réputations, 133; elles varient souvent dans la même personne, 137; réputations usurpées, 132.

Respect (le) souffre l'exclusion de l'estime, et peut s'allier avec le mépris; ce qu'il est, 250; deux sortes de respect, 251; le vrai respect n'ayant pour objet que les vertus, il s'en suit que ce n'est pas le tribut qu'on doit à l'esprit et aux talens, *ibid.*

Riches, s'ils ont grand tort de se croire supérieurs aux autres hommes, 189; il y en a peu qui, dans des momens, ne se sentent humiliés de n'être que riches ou regardés comme tels, *ibid.*

Richesses, en vain s'étonne-t-on de la considération qu'elles donnent, 190.

Ridicule, il ressemble souvent aux fantômes qui n'existent que pour ceux qui y croient; son domaine, son ressort, son usurpation; il est le fléau des gens du monde, 173 et suiv.; effets de la crainte puérile du ridicule, 176; ce n'est pas assez de ne pas s'exposer au ridicule pour ne pas s'en affranchir; art de le rendre sans effet, quoique le mieux mérité, 176.

S.

Sagesse de la conduite, d'où elle dépend, 260.

Savans ou *érudits*, on leur doit la renaissance des lettres; ceux qui s'occupent de sciences exactes, 198.

Sciences, temps dans lesquels les sciences ont fait de vrais progrès, 63; si l'utilité de certaines sciences est plus réelle ou plus reconnue que celle du bel-esprit, 218.

Sagacité requise dans les sciences pour inventer certaines méthodes, 221.

Seigneurs, par qui on peut commencer la liste, mais il seroit impossible de marquer où elle doit finir, 146; ils ne sont pas à craindre, 147.

Sensibilité d'âme, son effet, 111.

Sensibles (les gens) ne sont pas ordinairement les meilleurs juges de ce qui est estimable, 247.

Sentiment intérieur, ou la conscience, juge plus éclairé, plus sévère et plus juste que les lois et les mœurs, 108; ce dont il est juge infaillible, 110.

Service, ce que c'est, 263; comment il doit se juger, 269.

Siècle, le nôtre ne paroît pas être celui de l'honneur, autant qu'il l'a été, 119.

Singularité, effets de la singularité marquée, 178.

Société, qualités propres à la société, 160; conditions qui ont aujourd'hui plus de rapports avec la société, 171.

Sociétés littéraires, grands services qu'elles pouvoient rendre aux lettres, 223.

Sots, comment ils représentent les gens d'esprit, 205.

Statues, comment en usoient les anciens à l'égard de celles qu'ils avoient érigées à un empereur, 99.

Systèmes, ce qui est requis pour en inventer, 221.

T.

Talens, leur universalité est une chimère, 223; tout est talent, 225; ce qui est beaucoup plus rare que les grands talens, 226; ceux auxquels les talens sont ou deviennent personnels, *ibid.*; cas où ils tombent dans les bévues, 227; par où nous prisons les talens, 256; la plupart des talens dépendent des circonstances et de l'application qu'on en fait, 213.

U.

Utilité personnelle, ce que c'est, elle doit s'appliquer à l'amour, 242; mesure de celle des choses, 255.

V.

Vengeance (la), 260.

Vertu, maxime dont l'observation fait la vertu, 112; son caractère distinctif, *ibid.*; ce qu'elle exige, 113; ce qu'elle est lorsqu'elle n'exige aucun effort; attention requise pour en connoître le prix; actions rapportées à la vertu et où elle a peu de part; elle s'acquiert par la gloire de les pratiquer, 114 et suiv.; il y a une distribution de vertus et de vices à peu près égale, 118.

Vertus sociales, ce qu'elles sont, 91.

Vices. Voyez Vertus.

Violent, on est souvent très-violent sans être vif, 136.

Vivacité, jugemens de la vivacité extrême les mêmes que ceux de l'amour-propre, 136.

FIN DE LA TABLE DES MATIÈRES.

www.ingramcontent.com/pod-product-compliance
Lightning Source LLC
Chambersburg PA
CBHW060556170426
43201CB00009B/791